经济管理学术新视角丛书

基于微观视角的文化消费问题研究

——以河南省为例

Cultural Consumption in Henan Province Based on Micro-Perspective

李志兰 \ 著

本书受得国家自然科学基金青年项目『社会化媒体环境下品牌爱恋的生成：顾客间互动模式及其作用机理研究』（71602048）、国家社会科学基金青年项目『基于渠道变革、时空质均衡发展的零售业竞争力提升研究』（16CYJ060）的资助

经济管理出版社
ECONOMY & MANAGEMENT PUBLISHING HOUSE

图书在版编目（CIP）数据

基于微观视角的文化消费问题研究——以河南省为例/李志兰著. —北京：经济管理出版社，2018. 8

ISBN 978-7-5096-5957-1

Ⅰ. ①基… Ⅱ. ①李… Ⅲ. ①文化生活—消费—研究—河南 Ⅳ. ①G127. 61

中国版本图书馆 CIP 数据核字（2018）第 200792 号

组稿编辑：杨　雪
责任编辑：杨　雪
责任印制：司东翔
责任校对：王淑卿

出版发行：经济管理出版社
（北京市海淀区北蜂窝 8 号中雅大厦 A 座 11 层　100038）
网　　址：www. E-mp. com. cn
电　　话：（010）51915602
印　　刷：三河市延风印装有限公司
经　　销：新华书店
开　　本：720mm×1000mm/16
印　　张：20. 25
字　　数：281 千字
版　　次：2018 年 10 月第 1 版　　2018 年 10 月第 1 次印刷
书　　号：ISBN 978-7-5096-5957-1
定　　价：69. 00 元

前言

促进文化消费繁荣发展是新时代人民幸福和中华民族复兴的必然要求，尤其是在经济新常态的趋势下，提高文化消费需求、扩大文化消费在文化产业发展中的拉动作用，已经成为文化发展的主导性战略和长期方略。合理的文化消费水平不仅有利于促进文化产业的健康发展，也是实现文化强国和社会文明建设的基本条件。

河南省是中华民族和华夏文明的重要发祥地，文化底蕴深厚，是中国经济由东向西梯次推进发展的中间地带，也是当前国家促进中部地区崛起战略部署的关键一环。河南省的文化消费问题非常典型，对研究中国文化消费问题具有重要的参考价值和现实意义。当前，河南省文化消费潜力巨大，但消费水平长期偏低，文化消费需求增长仍然低于文化产业增加值的增长。因而，尽快扭转河南省文化消费不足的现状，扩大并释放文化消费的潜力，已成为当前不容忽视的重要现实问题。

已有关于文化消费的文献很多着眼于消费者外部因素，相关研究成果对提升文化消费具有一定的启示，但由于未考虑微观个体消费者的心理和行为，容易导致策略的低效率。已有少数关于消费者个体因素的研究，主要聚焦于人口统计因素、文化观念等社会变量对文化消费的影响，较少关注到个体消费者的心理感知因素，忽略了文化消费价值感知、文化体验接触感知这些重要的个体心理感知变量。并且，已有研究大都立足于经济学的视角，缺乏基于消费心理学和社会学等多视角的综合研究分析，偏重于金钱资源及其支出情况，对时间资源及其支出情况鲜有涉及。另外，文化消费与一个国家的经济和社会发展情况密切相关，不同国家文化消费特征会呈现明显差异，因此现有基于国外背景的研究结论不一定适合中国情境。因此，从个体微观心理感知视角探讨中国河南背景下文化消费意愿的内在影响机制，找到居民文化消费意愿不足的心理机制与作用方式，也是一项亟待解决的重大理论问题。

首先，为了了解河南省文化消费和文化经济的发展状况，以及河南省与中国其他主要地区消费水平的差距所在，本书根据国家统计局2006~2017年统计年鉴资料，对河南省及其他省市和地区的文化娱乐消费支出数据进行了整理、分析和比较。其次，对文化消费问题进行了文献回顾，总结了现有研究的主要成就及不足，为后续研究打下了坚实的理论基础。再次，本书构建了文化体验接触、消费价值感知对消费意愿影响的理论模型，基于大样本问卷调查数据（N=652），采用Probit模型，揭示了文化消费价值感知、参照群体影响、个体资源约束等因素对不同类型文化消费金钱和时间支出意愿的直接影响；根据问卷调查数据（N=710），采用结构方程、路径分析等方法，对文化体验接触、价值感知和消费意愿的关系机制进行了检验；为了进一步揭示居民文化消费意愿的一般特征，本书还采用描述性统计分析、单因素方差分析、LSD多重比较检验和多选项频数分析等方法，研究不同人口特征的居民在文化消费方面的差异化表现，以及个体消费者的文化消费活动偏好；本书还总结了中国其他省市地区的成功经验，总结了河南省居民在文化消费过程中的五大问题，之后从消费者行为模式的微观研究视角，提出并详细阐释了以个体体验感知为中心的多主体协同提升文化消费意愿的理论机制和框架。最后，本书从五大文化消费主体所应关注的重要文化问题入手，就如何提升居民文化消费意愿给出了具体的建议和对策。

本书具有极强的理论价值和现实意义。首先，开辟了从微观心理角度分析居民文化消费不足问题的新思路。其次，构建了影响居民文化消费意愿的心理机制理论模型，系统分析了文化消费体验接触因素、消费价值感知、参照群体影响、个体资源约束及个体人口特征等诸多因素对文化消费意愿的影响，填补了现有研究的空白。再次，基于国家统计局统计年鉴资料对河南省及其他省市地区文化消费数据的分析，以及基于一手调查数据对不同人口结构特征居民在文化消费方面的差异化分析，为深入了解居民文化消费现状和发展趋势提供了重要的材料。最后，基于个体消费行为的微观研究视角，提出以个体体验感知为中心的多主体协同提升居民文化消费意愿的理论机制和框架，并分别就五大文化消费主体如何提升文化消费意愿给出了具体的建议和对策，从而在扩大文化消费以及促进文化产业健康持续的发展方面具有重要的现实性意义。

目录

1　认识文化消费问题的新视角

1.1　研究背景

文化消费，指的是对文化内容产品和服务的消费，它属于较高层次的消费，能够满足人们对享乐、爱、归属、尊重、认知及审美等自我发展的需要，也是实现人们精神富足、文化自信和生活幸福的主要手段。已有研究表明，很多文化消费活动都会产生积极的体验，包括愉悦、逃离现实感和社会联系感（Hand，2018），从而对人们的情绪（Hills 和 Argyle，1998）、生活品质（Kim 和 Kim，2009）、身心健康和幸福感产生正向影响（Atkinson 和 Robson，2012；Kekäläinen 等，2016；Siu 等，2016；Wheatley 和 Bickerton，2016）。党的十九大报告提出，新时代中国社会的主要矛盾，已经转化为人民日益增长的美好生活需要和不平衡、不充分的发展之间的矛盾，而要满足人民过上美好生活的期待，就必须提供丰富的精神食粮，实施文化惠民工程，健全现代文化产业体系和市场体系。①

① 习近平．决胜全面建成小康社会　夺取新时代中国特色社会主义伟大胜利——在中国共产党第十九次全国代表大会上的报告［M］．北京：人民出版社，2017.

不仅如此，文化消费还具有积极的外部效应，对社会发展产生正向作用（Borowiecki 和 Navarrete，2018）。一方面，作为文化产品和服务价值实现的最终环节，文化消费内容和结构的升级必然对文化产业的壮大和健康成长产生促进作用。根据马克思社会再生产理论，社会再生产是生产消费和生活消费的统一，其顺利实现的核心问题在于实现社会总产品的价值补偿和物质补偿，而这一实现的关键条件又在于社会总供给必须与社会总需求相符。据此，文化消费成为实现和扩大文化领域再生产的决定性因素。另一方面，发挥以文化为主导的新消费引领作用，也是扩大内需和拉动经济增长的一个重要突破口。当前，中国经济走向新常态，不再简单地以国内生产总值增长率论英雄，而是强调要更为健康和稳健地推进经济社会发展和人民生活改善，要提高文化软实力，使国家物质力量和精神力量都能得到增强，让全国各族人民物质生活和精神生活都能得到改善。

由此可见，促进文化消费繁荣发展是新时代人民幸福和中华民族复兴的必然要求。尤其是在经济新常态的趋势下，中国文化产业的发展，包括河南省文化产业的发展，将开始更多依赖国内文化消费需求的拉动，文化消费成为推动文化产业发展的重要支撑力量。合理的文化消费水平不仅有利于促进文化产业的健康发展，也是实现文化强国、文化强省和社会文明建设的基本条件。在此背景下，提高文化消费需求、扩大文化消费在文化产业和经济发展中的拉动作用，已经成为社会、经济和文化发展的主导性战略和长期方略。而检验影响文化消费行为的关键因素和条件，无疑成为一项重要的研究课题。

2018 年中国《政府工作报告》中指出，“要增强消费对经济发展的基础性作用，发展消费新业态新模式……支持社会力量增加教育、文化、体育等服务供给……为人民过上美好生活提供丰富精神食粮……加快构建中国特色哲学社会科学，繁荣文艺创作，发展新闻出版、广播影视、档案等事业。加强文物保护利用和文化遗产保护传承。建好新型智库。加强互联网内容建设。深入实施文化惠民工程，培育新型文化业态”。[①] 实际上，早在2011年中共十七届六中全会上，中央政府就已经提出建设“文化强国”的重要战略，此后，各个省也纷纷提出“文化强省”的口号。

河南省不仅是全国重要的经济大省和人口大省，还是中华民族和华夏文明的重要发祥地，文化底蕴深厚，文物古迹众多。河南地处沿海开放地区与中西部地区的结合部，是中国经济由东向西梯次推进发展的中间地带。当前国家促进中部地区崛起的战略部署，更加凸显了河南省经济、社会和文化发展的重要性和必要性。因此，河南省的文化消费问题非常典型，分析河南省的文化消费需求的变化趋势，对研究中国文化消费问题具有重要的参考价值和现实意义。

河南省比较重视“文化强省”的重要方略，积极推动文化产业的发展和文化消费的进程。2018年河南省《政府工作报告》中强调：要培育消费热点，充分挖掘教育、体育、文化、旅游等消费领域潜力，深化城乡居民文化消费试点，加快健身休闲产业发展。要加强基层公共文化设施建设，提升文化惠民工程效能，持续开展群众文化活动，繁荣文艺创作，推动文化产业高质量发展。[②]

1.2 问题的提出

近年来，在政府的高度重视和大力扶持下，我国文化产业呈现蓬勃发展的态势，居民的文化消费能力也在不断增长。根据中国人民大学发

---

① 李克强．政府工作报告——2018年3月5日在第十三届全国人民代表大会第一次会议上[EB/OL]．新华网官方微博，http://www.mod.gov.cn/topnews/2018-03/05/content_4805962.htm.

② 陈润儿．2018年河南省政府工作报告——2018年1月24日在河南省第十三届人民代表大会第一次会议上[EB/OL]．河南省人民政府门户网站，https://www.henan.gov.cn/2018/02-02/227013.html.

布的中国文化消费指数（2017），中国文化消费综合指数由 2013 年的 73.7 增至 2017 年的 81.6，年均增长率为 2.6%。其中，文化消费环境指数增幅最高，年均增长率达到 6.9%，这说明我国文化消费环境已经有了很大的改善，居民文化消费有了一个良好的氛围。然而，从区域角度上看，以北京、上海、浙江、广东、天津、江苏和山东等为代表的东部地区文化消费情况，整体上要好于中西部地区。以地处中原地带的河南省为例，虽然在文化消费环境和满意度方面有较大的提升，但是在文化消费意愿、消费能力和消费水平上仍然比较落后，这与其深厚的文化底蕴和丰富的文化资源是不相符的。因此，如何提升以河南省为代表的中原地区的文化消费水平，有针对性地改善和增强其文化辐射力和影响力，就成为一项非常重要的任务。

1.2.1 河南省文化消费水平长期偏低

按照国际经验，当一个国家人均国内生产总值超过 5000 美元时，居民消费将进入精神文化需求的旺盛时期。2017 年，河南省人均 GDP 达到 6952 美元，表明文化消费成为河南省经济发展和收入提高的必然选择。河南省统计局就公众文化消费的调查也表明，居民普遍对加大文化消费有较高的预期，超过六成的家庭表示在未来 5 年会增加文化方面的消费，其中回答“增长 50%”以上的比例达到了 19.71%（潘勇，2014）。与巨大文化消费潜力不相称的是，当前河南省文化消费水平整体偏低。

河南省文化消费总量小，占总支出比例偏低。2005~2012 年，河南省城镇和农村居民文化消费占消费总支出的比例一直低于全国平均水平，也低于中国中部其他地区和东北部地区的平均水平。与国际文化消费占总支出比例相比，河南省这一比例更低。2013 年，美国、英国、日本和澳大利亚的人均文化消费分别达到 3285 美元、2105 美元、2803 美元和 2313 美元，在居民消费支出中的比例分别达到 12.3%、11.6%、12.5%和 14.9%（毛中根和孙豪，2016）。而 2013 年河南省城镇人均文化消费支出仅约 300 多美元，在总消费支出中的比例约为 6.42%。根据 Chenery 的理论（Chenery，1975），当人均 GDP 达到 3000 美元时，居民文化消费支出应该占到总支出的 23%。2016 年，河南省人均 GDP 约为 6410 美元，但城镇人均文化消费支出才刚达到 2078.8 元，在总消费支出中的比例仅为 11.49%。

河南省城镇居民文化消费需求的收入弹性变小，在很长一段时间内，河南省城镇居民文化消费支出占可支配收入的比重都呈现下降的趋势，这说明随着城镇居民收入的增加，其文化消费支出并未得到相应的增加，文化消费意愿没有明显增强的趋势，但农村居民文化消费占可支配收入比例大幅上升。但整体上，与全国平均水平相比，河南省居民文化消费支出占可支配收入比例仍然较低。根据《中国统计年鉴》（2017）的数据，2016 年，河南省城镇居民人均教育文化娱乐支出为 2078.8 元，占全省人均可支配收入的比例为 7.63%；农村居民人均教育文化娱乐支出为 948.8 元，占全省人均可支配收入的比例为 8.11%。而同年全国城镇居民人均教育文化娱乐消费支出为 2637.6 元，占全国人均可支配收入的比例为 7.85%；全国农村居民人均教育文化娱乐支出为 1070.3 元，占全省人均可支配收入的比例为 8.66%。

总之，当前河南省普通家庭在各文化消费项目上的消费率依然处于较低水平，有大量的文化消费研究对普通居民而言依然是空白（潘勇，2014）。这种情况与河南省作为一个具有悠久文化历史和丰厚文化传承的中原大省的地位是不相符的。

1.2.2 文化消费不足对河南经济与社会发展具有不利影响

根据国家统计局数据，2008~2012 年，河南省文化产业增加值占 GDP 的比重从 2.61%上升至 3.09%，而城镇居民人均文化消费占人均 GDP 的比重却从 5.16%下降至 4.84%，农村居民人均文化消费占人均 GDP 的比重从 1.12%下降至 1.09%。这说明了文化产业供给和需求发展是不平衡的，两者之间产生背离，这严重地威胁着文化产业的健康发展和文化市场的正常运转，也抑制了文化消费潜力的释放。不过，近几年来，这种供给和需求不平衡的局面有所改善。2014 年、2015 年和 2016 年，河南省文化产业增加值占 GDP 的比重分别为 2.82%、3.00% 和 3.02%①②③，一直持续增加。而根据国家统计局数据，2014 年、2015 年和 2016 年河南省人均文化消费支出分别为 1160.8 元、1337.2 元和 1439.5 元，占人均 GDP 的比重分别为 3.13%、3.42%和 3.38%。

从整体上看，2015 年和 2016 年河南省居民人均文化消费支出同比增长分别为 15.20% 和 7.65%；2015 年河南省文化产业增加值达到 1111.87 亿元，同比增长 12.92%；2016 年文化产业实现增加值 1212.8 亿元，同比增长 9.1%。可以看出，河南省文化消费需求增长要稍缓于文化产业增加值的增长。长此下去，文化消费需求增长将难以支撑文化产业持续健康的增长，文化产业生产有可能沦为一种无效生产，河南省将无法实现转型升级，无法实现文化强省的发展目标。

文化消费能够给人带来美好的心理体验和幸福感，具有提高素质、陶冶情操的特殊功能，其在消费结构中的比重是衡量一个社会进步和文明的标准。而作为文化产业价值链的最终环节，文化消费不足不仅会使文化产业丧失内在发展动力，还会抑制居民生活质量水平和消费结构的提升，影响人们精神健康和生活幸福感。因而，尽快扭转河南文化消费不足的现状，扩大并释放文化消费的潜力，既是推动文化产业发展的关键环节和重要着力点，也是当前亟待解决的重大社会现实问题。

---

① 黄莎．中原文化“走出去”成效明显，2014 年文化产值占 GDP 2.82%[EB/OL]．人民网河南分网［2016-03-29］．http：//henan.people.com.cn/n2/2016/0329/c356896-28040140.html.

② 陈关超．河南省文化产业连续 13 年高于同期 GDP 增速[EB/OL]．河南省文化厅官网，http：//gov.hawh.cn/content/201801/11/content_410514.html.

③ 温小娟．河南文化产业增加值首破千亿　比上年增 12.9%[EB/OL]．河南省人民政府门户网站，https：//www.henan.gov.cn/2016/09-27/365430.html.

1.2.3 文化消费意愿是决定文化消费水平的关键心理因素

河南省文化消费不足的关键在于居民的消费意愿不强。文化消费意愿，作为消费者心理的集中表现及实际购买行为的重要预测因子（Chen 等，2010；Newberry 等，2003；冯建英等，2006），是需求端最重要的心理变量，其强弱表明了消费者在心理上愿意进行消费的程度（江林，2016），又直接决定了其采取特定消费行为概率的大小（Kim 等，2011；Prendergast 等，2010）。Newberry 等（2003）指出，消费行为与消费意愿直接相关，消费意愿是衡量消费者是否会产生购买行为的重要指标。可以说，在购买力水平一定时，文化市场需求就是文化消费意愿的函数；同时，文化消费意愿和文化市场环境及相关企业行为又存在极为密切的内在联系。一方面，文化消费意愿的形成和实现应置于一定的市场环境之中，会直接受到作为市场供应方的企业市场行为的诱导，也会受到国家政策手段等的影响；另一方面，消费意愿又具有较强的反作用，借助文化消费者“用脚投票”的机制，它可以成为供给侧改革的重要抓手（傅才武，2017）。一定意义上，文化供给侧结构性改革的成功与否，政府关于文化产业和消费政策的实施效果如何，主要取决于对文化消费意愿的把握和适应程度。

因此，文化消费意愿是连接需求端和供给端的桥梁和关键着力点，既是影响个体居民文化消费行为的一个关键心理变量，也是决定居民文化消费水平的主要心理因素。要提高河南省文化消费水平，在强调提高居民收入的同时，更为关键的是要注意掌控影响居民文化消费意愿的各种个体心理感知因素，以采取切实有效的策略和措施来提升居民文化消费意愿。

1.2.4 文化消费现有研究对个体心理感知因素重视不够

从国外现有关于文化消费的研究来看，影响文化消费行为的因素可以归结为以下四类：其一，政府政策因素。政府可以采用企业资金补贴和消费者代金券等直接财政资金补贴方式，或者企业减税和降低文化产品与服务增值税等间接补贴的税务政策方式，来提升文化消费支出（Borowiecki 和 Navarrete，2018）。其二，文化企业供给因素。包括产品和服务的提供者、内容设计、品质与形象等。Urrutiaguer（2014）发现，法国表演类艺术节目编排的多样化和表演人员的选择，会对消费需求产生正向影响。Aucouturier 等（2015）发现，传统情境下音乐品质会影响再次体验意愿和购买意愿。Whang 等（2015）发现，旅游目的地形象不仅会影响旅游者的主观感知，也会影响目的地决策过程和行为结果。其三，社会文化环境因素。Bourgeon-Renault 等（2006）认为，戏剧化环境能够引发个体的情感和玩乐反应，从而提升文化消费参与度。Whang 等（2015）认为，流行文化通过目的地形象感知影响文化旅游意愿，同时民族性也会对消费行为产生一定影响。其四，消费者个体因素。首先是人口特征因素，主要包括性别、年龄、受教育程度、社会阶层（Alderson 等，2007；Brook，2016；Katz-Gerro，2006；Lazzaro 和 Frateschi，2017；Richards，1996）。其次是消费行为偏好和兴趣（Fernández-Blanco 等，2017；Kottasz，2015）。Faria 和 Machado（2015）发现，消费习惯对艺术博物馆参观行为具有显著正向影响，Miquel-Romero 和 Montoro-Pons（2017）根据消费者对不同倾听设备的行为偏好将其分为传统型、被动型、积极数字型和高科技型四种类型。

在上述研究中，前三者的研究着眼于消费者外部因素，相关研究成果对提升文化消费具有一定的启示，但由于未考虑微观个体消费的心理和行为，容易导致策略的低效率。文化消费与人们的消费生活息息相关，只有从文化生活细节着手，密切关注消费者自身的心理与感知因素，才能真正解锁文化消费行为“暗箱”。而已有关于消费者的个体因素研究，虽然取得了一些有价值的成果，但大多仍然采用经济学的范式来研究文化消费问题，较少关注到个体消费者的心理感知因素，忽略了文化消费价值感知等直接驱动个体进行文化消费的重要因素。另外，文化消费与一个国家的经济和社会发展情况密切相关，不同国家文化消费特征会呈现明显差异，因此现有基于国外背景的研究结论不一定适合中国情境。

在我国，学者们一般认为致使文化消费低迷的影响因素主要包括收入、文化产品和服务的有效供给（质量、规模和结构）、价格、个体因素（包括闲暇时间、年龄、受教育程度、生活方式、消费偏好等）、消费文化观念（如缺乏文化的市场化消费观念，保守的文化消费观念等）、文化消费环境和氛围因素、意外支出的预期以及在医疗、购房、养老和教育方面的经济压力等（白国庆，2014；陈海波和朱华丽，2014；胡雅蓓和张为付，2014；金元浦，2014；李惠芬和付启元，2013；李建，2014；李涛，2014；李忠飞和朱晓杰，2013；刘毅，2014；刘玉珠，2014；聂正彦和苗红川，2014；潘勇，2014；王琪延和徐玲，2014）。这些研究主要是从经济学的角度来研究文化消费问题，缺乏多学科分析角度，缺乏对个体消费者心理感知因素的重视。

整体而言，现有研究对于文化消费问题的研究还比较薄弱，涉及文化消费的文献大都立足于经济学视角，采用经济学研究方法，只有少数研究提到了人口统计因素、文化观念等社会变量对文化消费的影响，从个体心理感知角度探讨居民文化消费意愿影响机制的研究非常鲜见；并且，这些研究还处于比较浅的层次，对文化消费低迷成因缺乏系统、深入的研究，对影响居民文化消费的微观心理因素重视不够；另外，现有文献对文化消费的研究多采用定性理论分析，定量实证研究缺乏，只有极少数研究采用问卷调查和经济计量方法对文化消费的现状和影响因素进行了初步的探索。

因此，本书认为，有必要从个体心理感知角度出发，系统探讨文化消费意愿的内在影响机制，采用文献发掘、理论分析和定量实证分析相结合的分析技术，剖析个体心理感知因素与文化消费意愿及行为之间的内在关联机制，探索河南省居民文化消费意愿不足的内在心理机制与作用方式，并以此为基础提出提升居民文化消费意愿和消费水平的对策。

1.3 文化消费意愿受到多种个体心理感知因素的影响

通过增强居民文化消费意愿来提升文化消费水平，是克服文化消费不足问题的重要突破口，而要增强居民的文化消费意愿，需要从影响居民消费意愿的相关因素入手。根据体验接触理论，文化体验接触是个体消费者评价文化提供者价值水平的一种关键途径，对消费者的消费意愿和行为具有重要影响。因此，探索个体居民与文化企业互动接触的心理感知因素及其影响强度成为本书的关键。

文化消费体验接触是消费者关于其与文化企业或组织所有的直接和间接接触的主观感知和反应（Lemke 等，2011）。文化消费体验接触点非常多，包括可能与消费者产生交互作用的企业或组织的所有方面，其中既有文化提供者可以直接控制范围的因素，比如产品、服务、一线营销人员、消费环境等，也有超出其直接控制的因素，比如其他顾客的影响等。其中，最为关键的文化消费体验接触类型有三种，即文化消费环境接触、文化提供者接触和消费者间互动接触（Chang 等，2010；Hart 等，2007；Lemke 等，2011）。其中，文化消费环境接触是消费者对实体环境属性的主观感知反应，比如对品类多样性的欣赏、对选择丰富性的满意、对视觉吸引力的感知及其他与供给相关的积极评价（Hart 等，2007）；文化提供者接触是消费者对文化提供者的能力、效率、可靠性、承诺性等方面的感知（Chandon 等，1997；Wu 等，2009）；消费者间互动接触则强调消费者与其他消费者以及同行者之间的相互联系和影响（Al-Sabbahy 等，2011；Chang 和 Horng，2010），它被看作一种新的营销力量（Gummesson，2004），是教育、培训、旅游、健身等很多文化消费领域中的关键价值创造来源（Nicholls，2010）。个体居民对这三种互动接触方面的感知，将会对其文化消费偏好和意愿产生重要影响。

1.3.1 文化消费环境的互动接触感知的影响

文化价值传递的实体环境和氛围因素，通常被视为影响消费者行为的关键变量。这种观点运用了环境心理学，研究环境变量对个体感知及其后续行为的影响（Zomerdijk 和 Voss，2010）。按照这种观点，一个有秩序、专业的环境线索，可能意味着称职、效率、关怀以及其他积极属性；而一个混乱、不专业的环境线索，可能意味着不称职、效率低下和糟糕的服务（Bitner，1990）。因此，有效的管理环境氛围变量对创造吸引人的文化服务体验而言是非常重要的。我国很多学者也指出，文化消费环境和氛围因素，尤其是文化产品供给环境是文化消费的重要影响因素（陈海波和朱华丽，2014；李惠芬和付启元，2013；李建，2014；李涛，2014；刘毅，2014）。

1.3.2 文化提供者接触感知的影响

消费者与消费价值提供者的互动接触，被认为是影响顾客体验及其行为意向最重要的因素之一（Zomerdijk 等，2010）。消费者与文化提供者的接触成为影响文化价值交付和实现的重要因素，消费者与文化提供者互动接触的良好感知，会让消费者感受到自身的重要性和感觉受到尊敬（Butcher 等，2003），感知到信心利益、社会利益和特殊对待的利益（Kim 等，2011），从而对其惠顾意愿产生重要影响。可以说，个体消费者所感知到的文化提供者的专业性、可靠性、反应性和移情性等，都会对其文化消费意愿和行为产生重要影响。

1.3.3 消费者之间互动接触感知的影响

个体居民消费者关于彼此间互动接触的感知，对其文化消费意愿和行为意向会产生重要影响。Brocato 等（2012）研究表明，消费者之间的间接互动有效预测了顾客对零售服务体验的趋近或回避行为；Li 等

（2012）发现消费者之间的积极互动会通过服务质量感知对重购意愿产生正向影响，而与其他购物者负面的互动降低了顾客重购意愿；蒋婷和张峰（2013）也肯定了消费者间互动对再惠顾意愿的重要影响。因此，个体居民消费者关于彼此之间的互动接触感知，也会影响到其关于文化消费体验和质量的感知，进而对其之后的文化消费意愿和行为意向产生促进或抑制作用。

综上所述，文化消费意愿是一个复杂而综合的心理概念，受到三种主要互动接触心理感知因素的影响。本书采用以实证研究为主、定性分析与定量分析相结合的研究方法，将着重探索这些心理感知因素与文化消费意愿之间的关联机制和关联程度，并基于此，寻找刺激河南省居民文化消费意愿的对策和建议。

1.4 研究目的和意义

1.4.1 研究目的

第一，深入挖掘导致居民文化消费意愿不足的服务接触因素，基于微观心理感知因素构建影响文化消费意愿及行为的内在机制模型。本书的重点是深入挖掘导致居民文化消费意愿不足的心理成因，而首要的工作就是基于文献研究和质性分析的基础，系统分析可能影响居民文化消费意愿和行为的各种体验接触因素、体验价值因素及其之间的内在关系，进而构建影响居民文化消费意愿和行为的理论框架。

第二，详细揭示当前居民文化消费现状、行为特征及发展趋势，为深入了解和解决文化消费问题提供翔实的实证资料。本书将基于河南省居民文化消费心理与行为的一手数据资料，对河南省居民在各项文化产品和研究上的金钱花费、时间花费、类型偏好和期望进行调查，对居民关于文化消费活动的态度评价、行为意愿、体验感知及行为意向等内容展开深入调查，以期充分了解河南省文化消费的现状和问题，为提升河南省居民文化消费意愿提供支持。

第三，提出增强居民文化消费意愿、促进文化消费的有效对策。在对居民文化消费意愿、相关服务接触心理感知因素及体验价值感知因素之间的关联机制进行深入分析的基础上，结合当前文化消费中存在的主要问题，并借鉴各地区增强居民消费意愿的经验，提出促进和扩大河南省文化消费的有效措施和政策建议。

1.4.2 研究意义

第一，开辟从微观心理角度分析居民文化消费不足问题的新思路。本书突破从经济学角度考察文化消费的传统思路，将文化消费不足这一问题置于消费者心理和行为的研究框架之中，尝试基于居民微观心理感知因素深入挖掘影响居民文化消费意愿及行为的内在原因。

第二，构建影响居民文化消费意愿的微观心理机制的理论框架。本书基于消费者行为学、市场营销学、社会心理学等交叉学科的相关理论，拟建立影响居民文化消费意愿的微观心理机制的理论框架。这有助于弥补现有研究中偏重经济因素、缺乏心理和社会因素分析的不足，为文化消费领域的研究提出微观心理理论模式，为后续研究提供有价值的参考。

第三，以实证分析为主，为分析河南省文化消费问题提供实证研究基础。本书将基于河南省居民文化消费心理与行为的一手数据资料，对影响文化消费意愿的因素进行实证分析，为提高文化消费意愿研究的科学性、严谨性和规范化做出贡献，为深入了解河南省居民文化消费现状和发展趋势提供了重要的资料。

第四，提出增强居民文化消费意愿的系列对策和建议，有助于切实改变文化消费不足的状况。本书基于影响文化消费意愿的心理感知因素及参照群体等社会因素，提出增强居民文化消费意愿的相关对策和建议，从而在扩大文化消费以及促进文化产业健康持续发展方面，具有重要的现实性意义。

1.5 研究方法

第一，案面调查和比较研究法。查阅国内外相关数据库，获取河南省及中国其他主要省份（或地区）近年来文化消费水平变动的数据。在此基础上，基于河南省历史数据的纵向比较，掌握河南省文化消费水平现状和发展趋势；同时，通过横向的省际比较，发现河南省与其他省份（或地区）文化消费水平及变动趋势的差异及原因。

第二，文献研究法。查阅国内外关于文化消费、消费意愿、消费体验价值、体验接触、阶层感知、参照群体等方面的文献，了解文化消费问题的研究现状和研究进展，发现研究局限，在此基础上借鉴相关理论观点，构建研究模型，并收集和评估相关研究变量的测量量表。

第三，理论分析和经验分析法。本书根据以顾客为中心的体验价值理论、体验接触理论等相关研究成果，对居民各种微观心理感知因素和文化消费意愿之间的关系联结进行了推导，最终基于这些理论分析构建了研究的理论模型；另外，为了全方面思考提升居民文化消费意愿的对策路径，本书还对中国相关省份（或地区）一些比较成功的经验进行了归纳总结，为后续对策研究提供了有价值的借鉴。

第四，问卷调查和实证分析。采用实证研究法来检验居民文化消费意愿影响机制模型是本书的一个研究重点。在定量研究阶段，主要通过问卷调查法来收集资料，然后按照一定的统计分析程序和方法，运用SPSS、LISREL和STATA等统计分析软件对这些数据资料进行整理和分析，从而验证研究假设并探讨研究结论。

1.6 研究的主要内容和基本思路

1.6.1 主要研究内容

一是文化消费水平的省际比较。查阅相关数据库，比如国家统计局和各省统计局公布的统计年鉴及年度统计数据，对近年来河南省文化消费水平相关指标与其他各省相应数据指标的变动特征进行分析和比较，更深入揭示河南省文化消费的现况及存在的问题。

二是根据文献研究和质性分析构建影响居民文化消费意愿和行为的内在机制模型。通过系统梳理经济学、营销学、消费者行为学、社会心理学等领域关于文化消费、文化消费意愿、体验接触、体验价值、参照群体等方面的相关文献，结合相关质性分析结果，从多学科角度借鉴和构建本书的理论研究模型。

三是居民文化消费心理和行为特征的调查研究。根据本书构建的理论模型，在文献研究和质性分析结果的基础上，设计出居民文化消费意愿及其影响变量的调查问卷，并在全河南省范围内进行一手数据资料的收集。在此基础上进行统计分析，揭示居民文化消费意愿特征及其在人口统计特征上的差异。

四是文化消费意愿和行为影响机制模型的实证分析研究。在问卷调查收集的一手数据资料的基础上，本书将采用因子分析、Probit 模型、结构方程模型、路径分析等定量分析方法，对文化消费意愿影响机制的研究模型进行检验，揭示出体验接触、体验价值和文化消费意愿及支出行为之间的内在关系。

五是影响居民文化消费意愿的微观心理成因分析。在实证研究的基础上，结合河南省居民心理特点和现实文化消费状况，对文化消费意愿不足的现象进行阐释，详细分析体验接触因素对文化消费体验价值的影响，进一步解释其对居民文化消费意愿和行为的影响程度及影响路径，从而系统分析致使居民文化消费意愿不足的微观心理成因。

六是增强居民文化消费意愿、促进和扩大文化消费的对策研究。在居民文化消费意愿不足的微观心理成因分析基础上，借鉴现有国内各地区增强居民消费意愿的经验，从文化产品和服务的体验接触因素、体验价值感知因素、参照群体影响、收入、可支配时间以及人口统计因素等多种心理和社会因素出发，提出政府、企业、媒体、社区等各种社会主体共同推动以增强居民文化消费意愿、促进和扩大文化消费的政策和建议。

1.6.2 研究的基本思路

本书的研究思路如图 1-1 所示。

1.7 研究贡献

第一，以个体居民微观心理感知作为切入点，系统考察文化消费意愿的影响因素体系。本书区别于以往研究中从国家宏观经济政策、文化产业发展、企业文化产品和服务供给等宏观和中观层面考察文化消费的研究范式，选择居民个体心理感知因素作为切入点，从文化产业价值链条的最终环节入手，综合考察个体和社会群体等多种因素对居民文化消费意愿和行为的影响，为从根本上提出增强居民文化消费意愿的有效对策奠定坚实的基础。

第二，开辟了从消费心理学视角研究文化消费不足问题的新思路。本书突破以往研究偏重于经济学、产业经济学角度的局限，立足于消费者心理和行为视角挖掘文化消费的深层次原因，对探讨文化消费的成因提供系统深入的心理学解释。

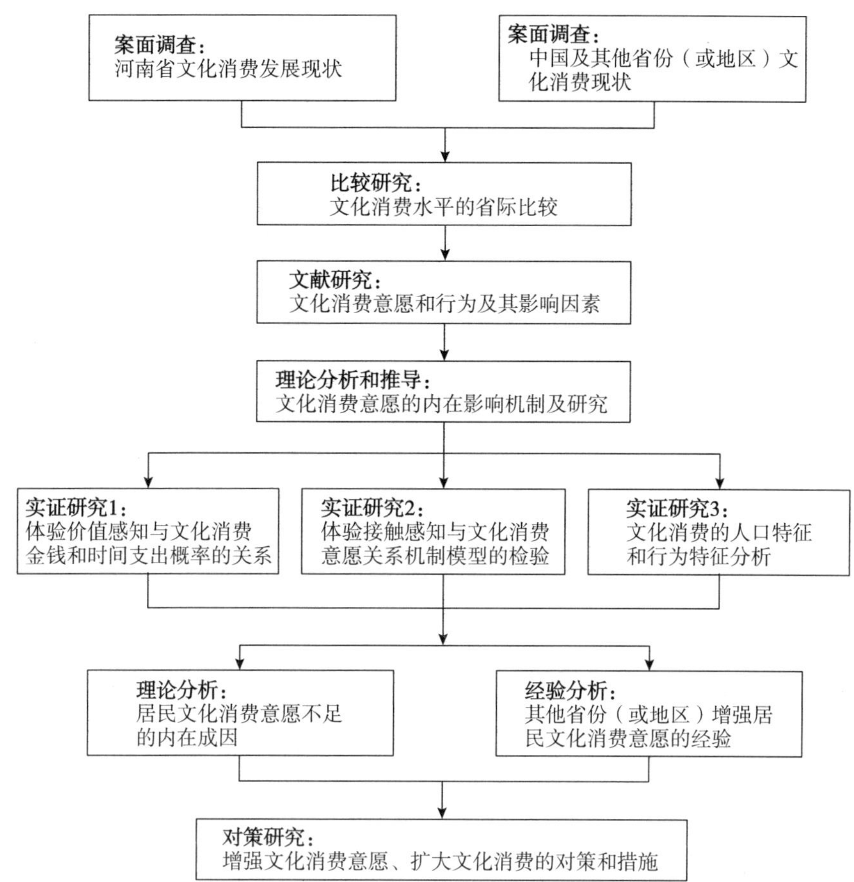

图 1-1　基于微观视角的文化消费意愿问题研究思路

第三，将影响文化消费意愿的消费者感知因素及心理机制系统化，构建分析文化消费问题的一个综合性理论框架。本书从个体消费者的微观心理感知因素出发，在综合考虑文化产品和服务的体验接触因素、消费价值感知等影响因素的基础上，提出一个系统分析居民文化消费意愿问题的综合性理论框架。该框架将消费价值感知和体验接触感知纳入文化消费行为影响因素的研究中，明晰了消费者关于彼此间互动的感知、与服务提供者互动的感知、与消费环境互动的感知、享乐性价值感知、逃避性价值感知、社交性价值感知及价格感知等因素对文化消费意愿和行为的具体影响，丰富了文化消费驱动因素的理论研究。尤其是该框架将影响居民文化消费意愿的微观感知因素及其相关关系系统化，弥补了现有研究缺乏成熟的综合性理论分析框架的不足，对进一步深化文化消费问题的理论研究具有创新价值。

第四，重点考虑了文化消费时间资源及时间支出行为决策，突破了当前文化消费研究中只重视金钱资源及其使用情况的一贯做法。本书将闲暇时间纳入个体资源约束的范畴中，将文化消费行为决策划分为金钱支出意愿和时间支出意愿两个维度，这与人们实际文化消费状况更为契合，推动了文化消费行为研究的完整性和深入性。

第五，详细分析了中国情境下文化消费的人口特征和行为特征。本书重点分析了中国情境下性别、年龄、受教育程度、社会阶层感知、居住区域等重要人口特征在不同类型文化消费上的差异，对于文化提供者的市场细分和营销努力聚焦具有重要的启示。

第六，综合采用定性和定量实证方法分析影响居民文化消费意愿的因素体系。以往研究多采用定性方法（如理论分析法、经验总结法等）来考察文化消费问题，只有少数研究采用了计量经济模型的经济学方法。本书不仅重视文献研究、理论分析等质性研究方法，还强调采用消费心理和行为领域的主流实证分析方法（如因子分析、结构方程模型、路径分析等）对文化消费的心理成因进行深入分析。综合采用质性研究和量化分析方法来系统分析影响居民文化消费意愿的心理感知因素体系，具有一定的创新性。

第七，突破现有研究中以经济学为主导的宏观对策建议模式，基于心理感知视角提出增强居民文化消费意愿的对策和建议。本书突破以往研究中偏重于宏观经济视角的对策建议模式，以居民个体消费心理和行为特点为基础，提出政府、企业、媒体、社区和个人等多主体参与、多层面促进文化消费意愿的对策建议模式，注重针对性和实效性，是研究对策和建议的创新所在。

2　文化消费水平及变动趋势的区域比较研究

河南位于中国中东部、黄河中下游，因大部分地区位于黄河以南，故称“河南”。《尚书·禹贡》将天下分为“九州”，豫州位居天下九州之中，现今河南大部分地区属九州中的豫州，故有“中原”“中州”之称。河南省是全国重要的经济大省和人口大省，2017 年全省生产总值 44988.16 亿元，比上年增长 7.8%，同年末全省总人口达到 10852.85 万人。如今，河南地处沿海开放地区与中西部地区的结合部，是中国经济由东向西梯次推进发展的中间地带。国家促进中部地区崛起的战略部署，更加凸显了河南省经济、社会和文化发展的重要性和必要性。

不仅如此，河南省还是中华民族和华夏文明的重要发祥地，文化底蕴深厚。历史上，从夏代到北宋，先后有 20 个朝代建都或迁都于此，全国政治、经济、文化中心长期会聚此处。河南文物古迹众多，比如裴李岗文化遗址、仰韶文化遗址、龙山文化遗址、黄帝故里和轩辕丘、白马寺、嵩山少林寺等。河南还是中国姓氏的重要发源地，当今的 300 个大姓中根在河南的有 171 个，有“陈林半天下，黄郑排满街”之称的海外四大姓氏均起源于河南。①

如上所述，河南省的文化消费问题非常典型，分析河南省的文化消费需求变化趋势，对于中国文化消费问题具有重要的参考价值和现实意义。因此，本书基于河南省的视角，根据国家统计局 2006～2017 年统

---

① 关于河南省概况的资料来源于《河南简介》，详见河南省人民政府门户网站，http://www.henan.gov.cn/hngk/system/2006/09/19/010008384.shtml.

计年鉴资料，系统整理了 2005～2016 年河南省及我国其他省市地区在文化娱乐消费支出等方面的数据资料，在此基础上对河南省文化消费水平及其变动特征进行深入研究，并将之与中国中部、东部、西部、东北部及全国平均文化消费水平的变动趋势进行比较，以准确把握河南省与其他主要地区消费水平的差距所在，了解河南文化消费和文化经济的发展状况，为提振文化消费提供有益启示。

2.1 河南省文化消费支出的基本情况

2.1.1 河南省文化消费水平的历史演变与变动特征

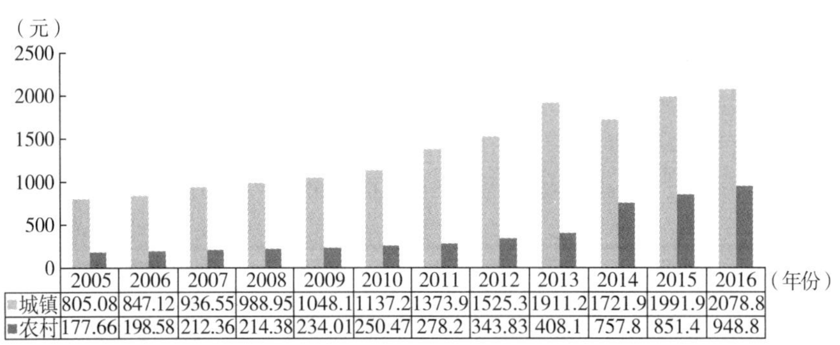

	2005	2006	2007	2008	2009	2010	2011	2012	2013	2014	2015	2016
城镇	805.08	847.12	936.55	988.95	1048.1	1137.2	1373.9	1525.3	1911.2	1721.9	1991.9	2078.8
农村	177.66	198.58	212.36	214.38	234.01	250.47	278.2	343.83	408.1	757.8	851.4	948.8

图 2-1　河南省城镇和农村文化消费人均年支出水平

河南省居民 2005～2016 年在文化消费支出方面[①]的变动轨迹如图 2-1 和图 2-2 所示，从中可以看出，城镇和农村居民的文化消费支出基本呈现逐年上升的趋势。尤其是农村居民文化消费支出，在 2014 年有

① 本章中的文化消费支出，主要指居民在教育、文化和娱乐方面的消费支出，所有数据均来自国家统计局统计年鉴。

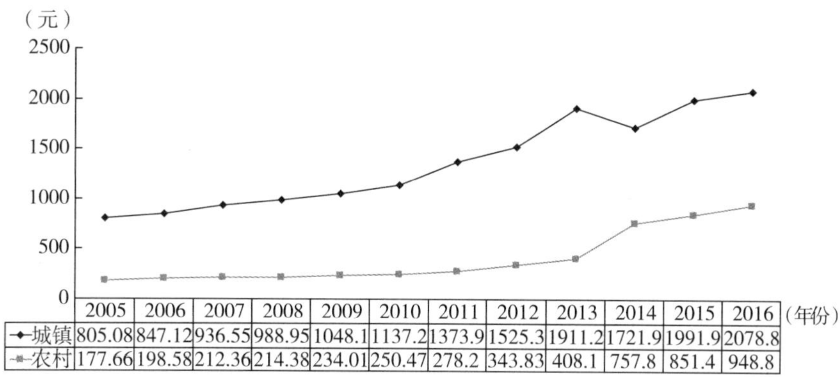

图 2-2　河南省城镇和农村文化消费人均年支出变动趋势

大幅提升，从 2013 年的 408.1 元升至 2014 年的 757.8 元，增长幅度达到 85.69%。而城镇居民文化消费支出在 2014 年则有小幅下跌，从 2013 年的 1911.2 元跌至 2014 年的 1721.9 元，跌幅为 9.89%，但在 2015 年和 2016 年又逐渐回升，保持了继续增长的势头。这说明，当前人们较低层次的衣食住行等物质消费已经得到较好的满足，他们开始追求更高级的消费需求，对文化消费需求的迫切性大大提升，文化消费需求对收入变得富有弹性，再加上政策因素的引导，致使文化消费水平大幅提升。

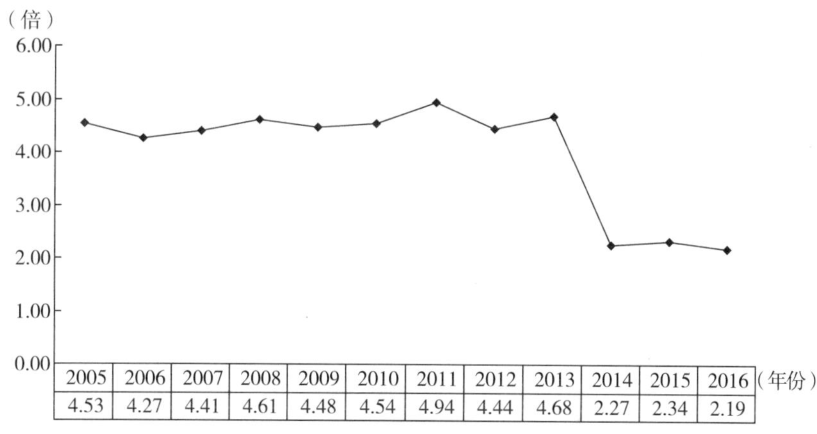

图 2-3　河南省城镇与农村文化消费支出比

另外，从图 2-3 中可以看出，城乡文化消费的差距较大，在各个时期城镇居民的文化消费水平都远远高于农村。从图 2-3 中还可以看到，在 2013 年及以前，城乡居民文化消费水平保持 4 倍还多的巨大差距，但 2014 年以来，这种城乡差距有了显著变化，城乡文化消费水平比显著下降。这主要是因为农村居民文化消费水平的大幅增长所致，与 2014 年城市居民文化消费水平小幅回落也有一定关系。

2.1.2 河南省文化消费支出占消费总支出比例的变动特征

文化消费支出在消费总支出中的比例大小，可以反映出居民生活水平和综合素质情况。在经济条件一定情况下，文化消费支出占消费总支出百分比越大，就说明居民的文化生活越丰富，生活水平和综合素质程度越高，消费结构也越合理。河南省城镇和农村居民人均文化消费支出占人均消费总支出比例情况如图 2-4 所示。

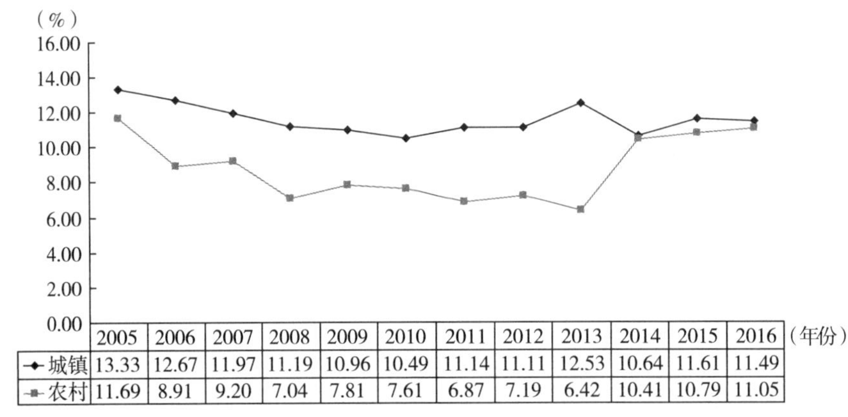

	2005	2006	2007	2008	2009	2010	2011	2012	2013	2014	2015	2016
城镇	13.33	12.67	11.97	11.19	10.96	10.49	11.14	11.11	12.53	10.64	11.61	11.49
农村	11.69	8.91	9.20	7.04	7.81	7.61	6.87	7.19	6.42	10.41	10.79	11.05

图 2-4 河南省城镇与农村文化消费支出占消费总支出比例的变动轨迹

从图 2-4 来看，河南省城镇居民文化消费支出占消费总支出比例，在 2005~2010 年一直处于逐年下降的局面，但在 2010~2013 年出现回升趋势，然而到了 2014 年又有跌幅，但 2015 年以后又逐渐回升；相对而言，河南省农村居民文化消费支出占消费总支出比例，从2005~2008年一直呈现逐年降低趋势，虽然在2008~2010年有小幅回升，但到2011年又回落到最低点6.87%，之后呈稳步上升局面，一直到2016年升至11.05%，与城镇文化消费支出占比趋于一致。从整体上来看，2014年以来，城乡居民人均文化消费支出占人均消费总支出比例的差异越来越小，逐渐趋向一致。2016年，两者都达到11%以上，说明河南省居民的生活水平和综合素质程度有所提高。但这一比例，即使与2013年美国、英国、日本和澳大利亚的12.3%、11.6%、12.5%和14.9%相比（毛中根和孙豪，2016），还是比较低的。

2.1.3 河南省文化消费支出占可支配收入比例的变动轨迹

河南省城镇和农村居民文化消费支出占可支配收入的比例，与占总消费支出比例的变动轨迹表现出了一致性。从图2-5中可以看到，河南省城镇居民文化消费支出占总消费支出比例，从2005年到2010年期间一直下滑，但在2010年至2013年出现回升，到了2014年又有下滑，但2015年和2016年又有所回升；而农村居民文化消费支出占总消费支出比例从2005年至2011年一直呈现下降趋势，但自2012年至2016年，这一比重呈大幅上升趋势，在2016年升至8.11%，超过了同期城镇文化消费支出占比0.48个百分点。这说明随着经济条件的改善，近年来河南省农村居民文化消费水平开始增加，对精神消费越来越重视，这也可能是因为之前农村文化消费水平过低的缘故。但相对而言，城镇居民文化消费水平的增幅则不太明显，甚至还出现回落。这可能与城镇居民文化消费的迫切性有关，对他们而言，文化消费可能不再属于非常迫切的高层次需求，而是逐渐成为日常生活的一种常态，其消费需求的收入弹性开始变小，也可能与文化消费自身升级有关。

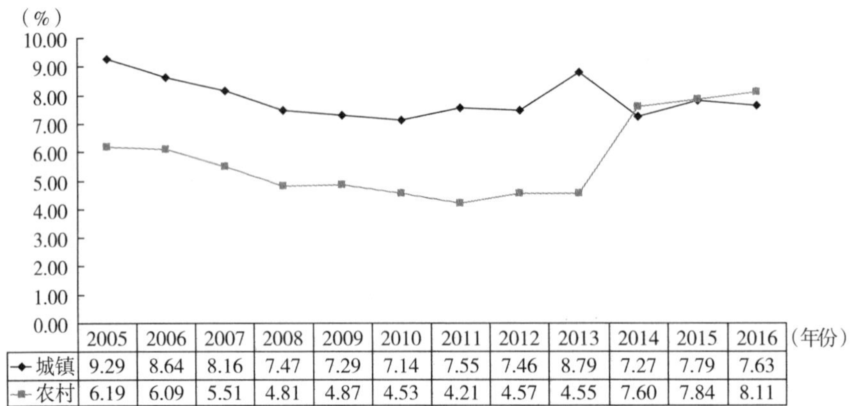

	2005	2006	2007	2008	2009	2010	2011	2012	2013	2014	2015	2016
城镇	9.29	8.64	8.16	7.47	7.29	7.14	7.55	7.46	8.79	7.27	7.79	7.63
农村	6.19	6.09	5.51	4.81	4.87	4.53	4.21	4.57	4.55	7.60	7.84	8.11

图 2-5 河南省城镇与农村文化消费支出占可支配收入比例的变动轨迹

2.2 河南省文化消费支出与全国平均水平的比较

2.2.1 河南省文化消费水平与全国平均水平的比较

从 2005 年至 2016 年，河南省城镇文化消费水平一直都低于全国平均水平，总体变动轨迹呈现出与全国平均水平相一致的变动趋势，如图 2-6 所示。

就农村居民文化消费水平而言，自 2005 年至 2016 年，河南省和全国平均水平都处于逐年上升的趋势，两者变动的轨迹也大体一致。但是，河南省农村居民文化消费水平仍然低于全国平均水平，如图 2-7 所示。

因此，从整体上看，河南省居民文化消费水平是低于全国平均水平的，这与河南省作为一个具有悠久文化历史和丰厚文化传承的中原大省

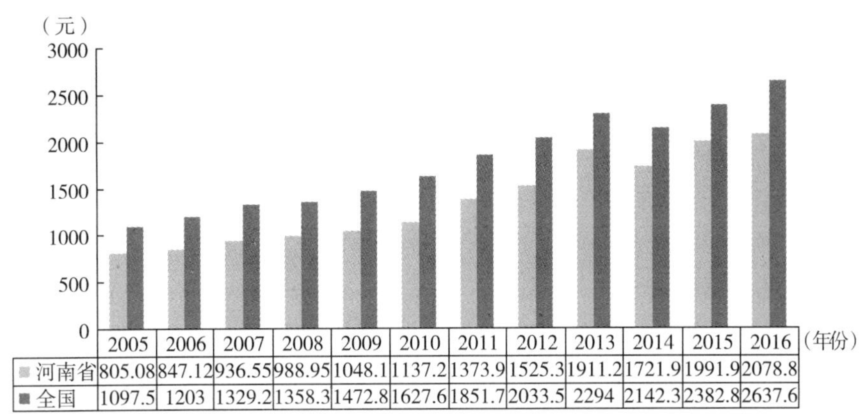

	2005	2006	2007	2008	2009	2010	2011	2012	2013	2014	2015	2016
河南省	805.08	847.12	936.55	988.95	1048.1	1137.2	1373.9	1525.3	1911.2	1721.9	1991.9	2078.8
全国	1097.5	1203	1329.2	1358.3	1472.8	1627.6	1851.7	2033.5	2294	2142.3	2382.8	2637.6

图 2-6　河南省城镇居民文化消费水平与全国平均水平的比较

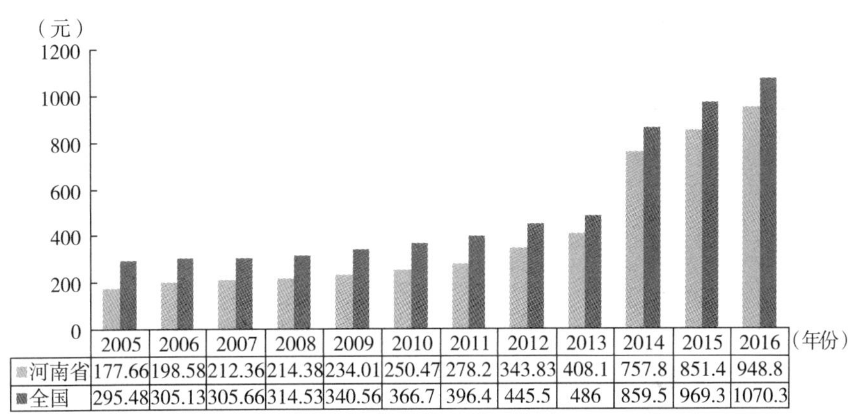

	2005	2006	2007	2008	2009	2010	2011	2012	2013	2014	2015	2016
河南省	177.66	198.58	212.36	214.38	234.01	250.47	278.2	343.83	408.1	757.8	851.4	948.8
全国	295.48	305.13	305.66	314.53	340.56	366.7	396.4	445.5	486	859.5	969.3	1070.3

图 2-7　河南省农村居民文化消费水平与全国平均水平的比较

地位是不相符的。可以说，河南居民文化消费潜力的发展空间是非常大的，亟待进一步激活。

2.2.2　河南省文化消费占消费总支出比例与全国平均水平的比较

自 2005 年至 2012 年，河南省城镇居民文化消费占消费总支出的比例，一直低于全国平均水平，但这种局面在 2014 年之后得到明显扭转。

从图 2-8 中可以看出，2014~2016 年，河南省城镇居民文化消费占消费总支出的比例与全国平均水平基本趋于一致。值得注意的是，在 2014 年，两者都有大幅回落，降幅达到或超过了 2 个百分点。从整体上看，城镇居民文化消费占消费总支出比例的变动趋势，河南省与全国平均水平趋于一致。

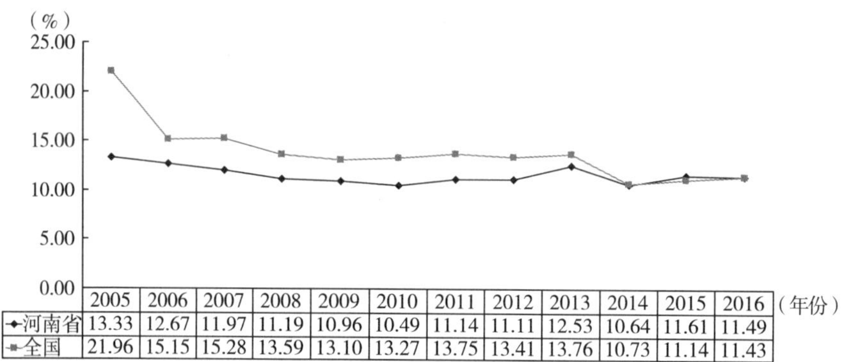

	2005	2006	2007	2008	2009	2010	2011	2012	2013	2014	2015	2016
河南省	13.33	12.67	11.97	11.19	10.96	10.49	11.14	11.11	12.53	10.64	11.61	11.49
全国	21.96	15.15	15.28	13.59	13.10	13.27	13.75	13.41	13.76	10.73	11.14	11.43

图 2-8　河南省与全国城镇居民的文化消费占消费总支出的比例

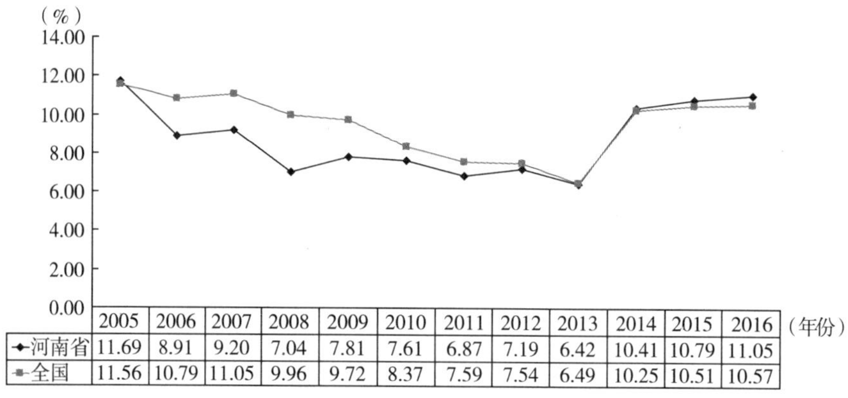

	2005	2006	2007	2008	2009	2010	2011	2012	2013	2014	2015	2016
河南省	11.69	8.91	9.20	7.04	7.81	7.61	6.87	7.19	6.42	10.41	10.79	11.05
全国	11.56	10.79	11.05	9.96	9.72	8.37	7.59	7.54	6.49	10.25	10.51	10.57

图 2-9　河南省与全国农村居民文化消费占消费总支出的比例

河南省农村居民文化消费占现金消费总支出的比例，在 2005 年之后一直到 2012 年，是低于全国农村居民文化消费占比的。但这种情况在 2013 年之后得到改变，从图 2-9 中可以看到，在 2014~2016 年，河南省农村居民文化消费占现金消费总支出的比例超过了全国平均水平。这说明近年来河南省农村居民消费结构得到重大调整，精神生活得到极大改善。

2.2.3 河南省文化消费支出占可支配收入比例与全国平均水平的比较

就城镇居民文化消费支出占可支配收入比例这一指标看，自 2005 年至 2012 年，河南省一直低于全国平均水平。但从 2013 年开始，河南省的这一比例与全国平均水平无限接近。在很长一段时间内，河南省和全国城镇居民文化消费支出占可支配收入的比重都呈现下降的趋势，虽然在 2013 年有所回升，但之后又呈现下降的态势。这说明随着人们收入的增加，文化消费支出并未得到相应的增加，文化消费意愿没有明显增强的趋势。

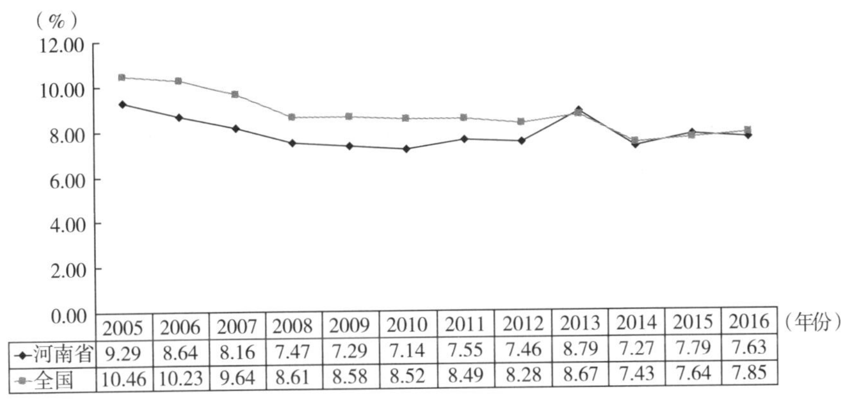

	2005	2006	2007	2008	2009	2010	2011	2012	2013	2014	2015	2016
河南省	9.29	8.64	8.16	7.47	7.29	7.14	7.55	7.46	8.79	7.27	7.79	7.63
全国	10.46	10.23	9.64	8.61	8.58	8.52	8.49	8.28	8.67	7.43	7.64	7.85

图 2-10　河南省与全国城镇居民文化消费占可支配收入的比例

就农村居民文化消费支出占可支配收入比例这一指标看，自 2005 年至 2014 年，河南省一直低于全国平均水平，其变动趋势也基本与全国保持一致，呈现先下降后上升的局面。不过从图 2-11 中还可看出，河南省这一比例与全国的差距是逐年缩小的。尤其是在 2013 年和 2014

年，河南省农村居民文化消费占可支配收入的比例大幅上升，与全国平均水平非常接近。这说明，随着文化强国、文化强省战略的提出，农村居民对于文化消费和精神生活开始日趋重视。

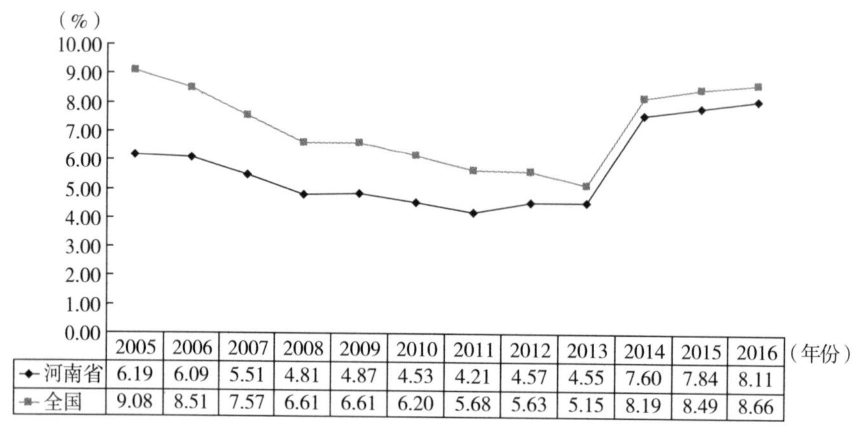

	2005	2006	2007	2008	2009	2010	2011	2012	2013	2014	2015	2016
河南省	6.19	6.09	5.51	4.81	4.87	4.53	4.21	4.57	4.55	7.60	7.84	8.11
全国	9.08	8.51	7.57	6.61	6.61	6.20	5.68	5.63	5.15	8.19	8.49	8.66

图 2-11　河南省与全国农村居民的文化消费占可支配收入的比例

2.3　河南省与中国中部其他五省文化消费情况的比较

2.3.1　河南省文化消费水平与中部地区平均水平的比较

根据国家统计局的划分方法，中国中部地区包括六个省，即河南、湖北、湖南、山西、安徽和江西。自 2000 年以来，河南省城镇居民文化消费水平一直都低于中部地区平均水平，如图 2-12 所示。

从图 2-13 可以看出，河南省城镇居民文化消费水平在大部分时间都低于湖南、山西和湖北，2012 年以来稍高于江西，仅在 2013 年和 2014 年稍高于安徽。从整体上看，河南省城镇居民文化消费水平是偏

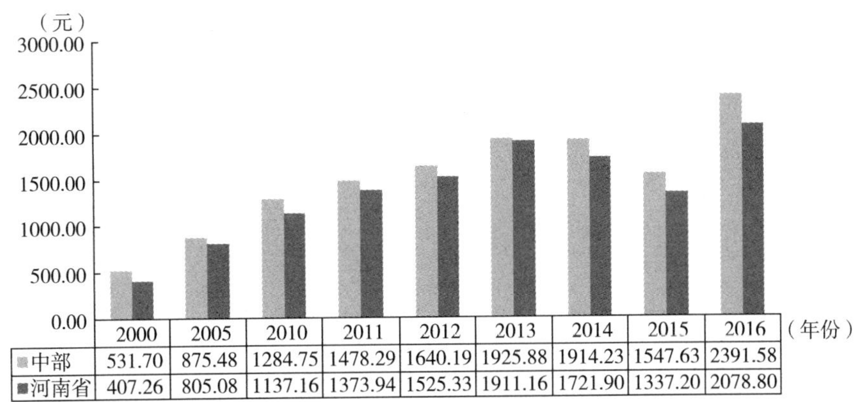

	2000	2005	2010	2011	2012	2013	2014	2015	2016
中部	531.70	875.48	1284.75	1478.29	1640.19	1925.88	1914.23	1547.63	2391.58
河南省	407.26	805.08	1137.16	1373.94	1525.33	1911.16	1721.90	1337.20	2078.80

图 2-12 河南省城镇居民文化消费水平与中部地区平均水平的比较

低的，低于中部大部分地区，具体情况见表 2-1。

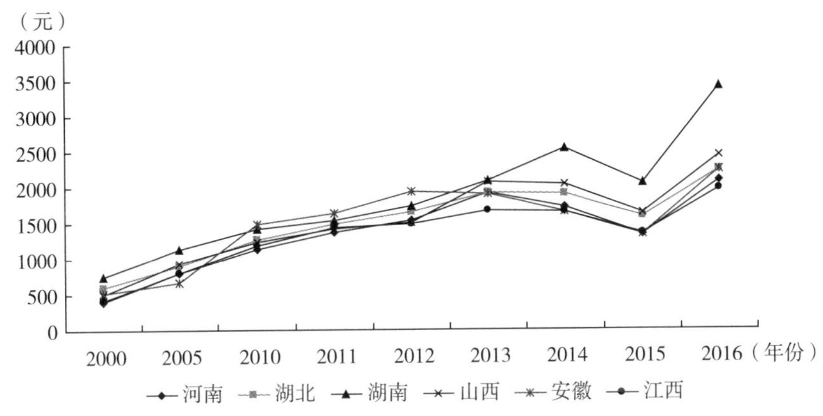

图 2-13 中部六省城镇居民文化消费水平的比较

就农村居民文化消费水平而言，河南省自 2000 年以来一直低于中部地区平均水平。虽然这种情况在 2013 年有了很大的改变，两者差距仅为 4.65 元，但是在 2014 年以后两者差距又趋扩大，具体如图 2-14 所示。

表 2-1　中部六省城镇居民文化消费水平一览表

单位：元

年份 省份	2000	2005	2010	2011	2012	2013	2014	2015	2016
河南	407.26	805.08	1137.16	1373.94	1525.33	1911.16	1721.90	1337.20	2078.80
湖北	607.00	904.76	1263.16	1489.67	1651.92	1922.83	1894.80	1577.60	2228.40
湖南	753.83	1138.67	1418.85	1526.10	1737.64	2080.46	2537.50	2049.70	3406.10
山西	501.78	932.53	1229.68	1419.43	1506.20	2065.44	2026.50	1628.00	2439.00
安徽	508.62	666.42	1479.75	1631.28	1932.74	1904.15	1650.90	1339.30	2233.30
江西	411.72	805.41	1179.89	1429.30	1487.30	1671.24	1653.80	1354.00	1963.90

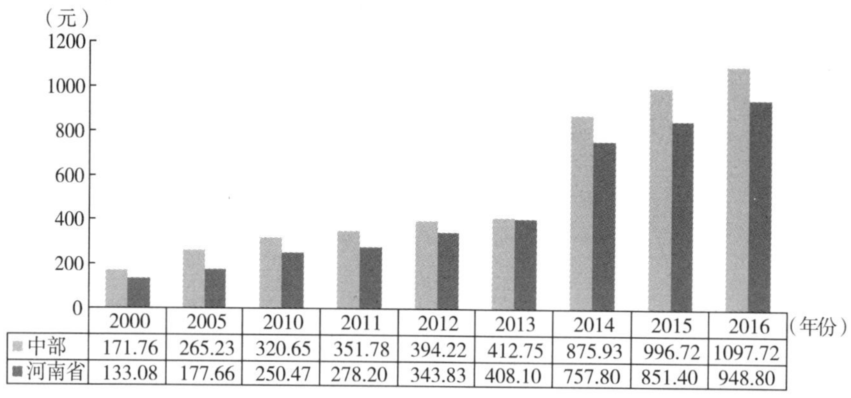

图 2-14　河南省农村居民文化消费水平与中部地区平均水平的比较

具体而言，河南省农村居民文化消费水平自 2000 年始在中部地区一直是最低的，直到 2012 年才略高于江西，在 2014 年高于江西和安徽，但还是远远低于湖南、山西和湖北。从整体上看，河南省农村居民文化消费水平是偏低的，低于中部大部分地区。具体情况见图 2-15 和表 2-2。

从城乡文化消费水平比较来看，自 2005 年以来，河南省城乡文化消费水平差距一直要比中部地区平均水平大。但从 2013 年开始，这种情况得到改善，河南省城乡文化水平差距与中部地区平均水平持平。并且从总体上看，2014 年这一年，无论是河南省还是中国中部地区，城乡文化消费水平的差距都有了较大幅度的缩减，城乡文化消费水平比下降到 2 左右。

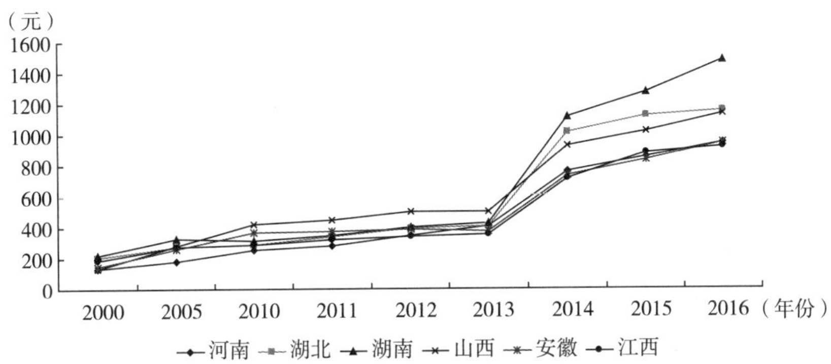

图 2-15　中部六省农村居民文化消费水平的比较

表 2-2　中部六省农村居民文化消费水平一览表

单位：元

年份 省份	2000	2005	2010	2011	2012	2013	2014	2015	2016
河南	133.08	177.66	250.47	278.20	343.83	408.10	757.80	851.40	948.80
湖北	209.89	271.86	288.12	341.87	394.63	407.10	1010.20	1118.10	1156.60
湖南	222.50	329.28	315.93	346.62	400.22	426.30	1112.10	1276.40	1477.30
山西	135.39	279.54	420.21	448.44	498.02	502.20	928.50	1017.10	1132.30
安徽	145.46	256.80	363.92	376.18	385.92	376.40	735.10	834.40	949.10
江西	184.24	276.26	285.23	319.39	342.70	356.40	711.90	882.90	922.20

具体而言，河南省城乡文化消费水平的差距，在 2005～2011 年，相较于中部其他五省而言一直处于较高的水平，但自 2012 年开始，情况有了很大的改善，河南省城乡文化消费水平差距一直呈现缩小的态势，与中部其他省份情况渐趋一致，具体情况见图 2-16 和图 2-17。

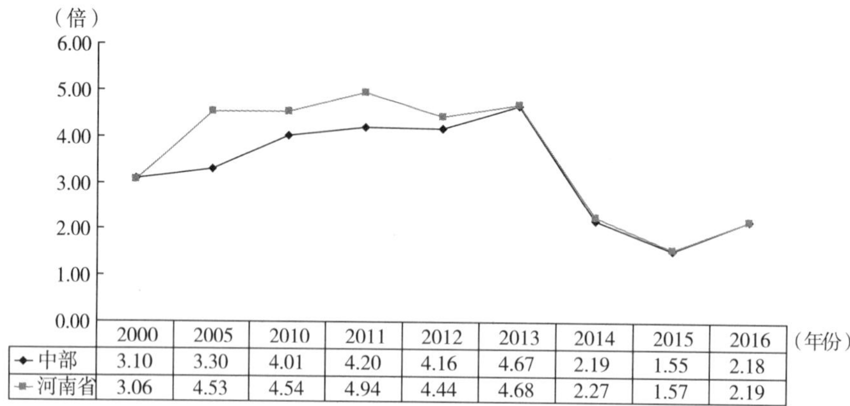

	2000	2005	2010	2011	2012	2013	2014	2015	2016
中部	3.10	3.30	4.01	4.20	4.16	4.67	2.19	1.55	2.18
河南省	3.06	4.53	4.54	4.94	4.44	4.68	2.27	1.57	2.19

图 2-16　河南省城乡文化消费水平比与中部地区平均水平的比较

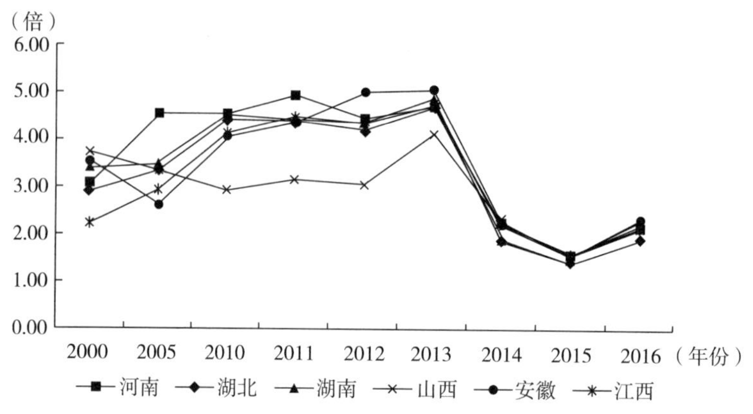

图 2-17　中部六省城乡居民文化消费水平比

2.3.2　河南省文化消费占消费总支出比例与中部地区平均水平的比较

就城镇文化消费占消费总支出的比例而言，河南省一直低于中国中部地区平均水平，如图 2-18 所示。从图 2-18 中可以看出，除了在 2005 年和 2013 年，两者差距小到可以忽略，在其他时间中，河南省城镇居民文化消费占消费总支出中的比例一直是比较低的。这说明相对于中部其他地区，河南省城镇居民的消费结构中文化消费支出的比重一直偏低。

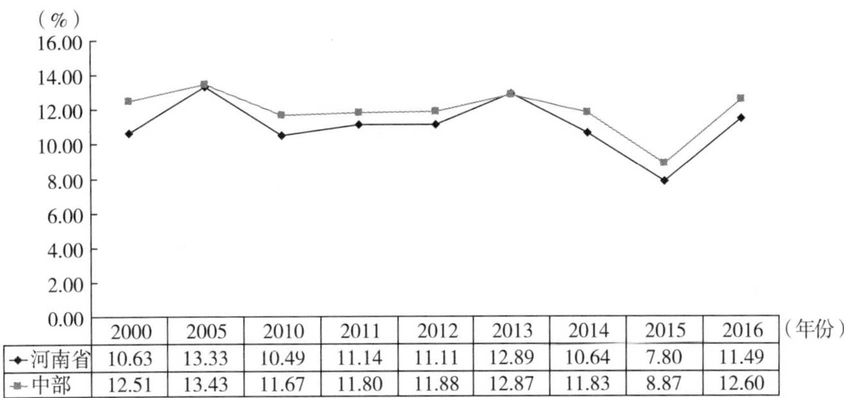

	2000	2005	2010	2011	2012	2013	2014	2015	2016
河南省	10.63	13.33	10.49	11.14	11.11	12.89	10.64	7.80	11.49
中部	12.51	13.43	11.67	11.80	11.88	12.87	11.83	8.87	12.60

图 2-18　河南省城镇文化消费占消费总支出比例与中部平均水平的比较

从图 2-19 中可以看出，在大部分时间中，河南省城镇居民文化消费占消费总支出的比例要远远低于江西、湖南，但要略好于安徽。整体而言，河南省城镇居民文化消费在消费总支出中的比重仍是偏低的。

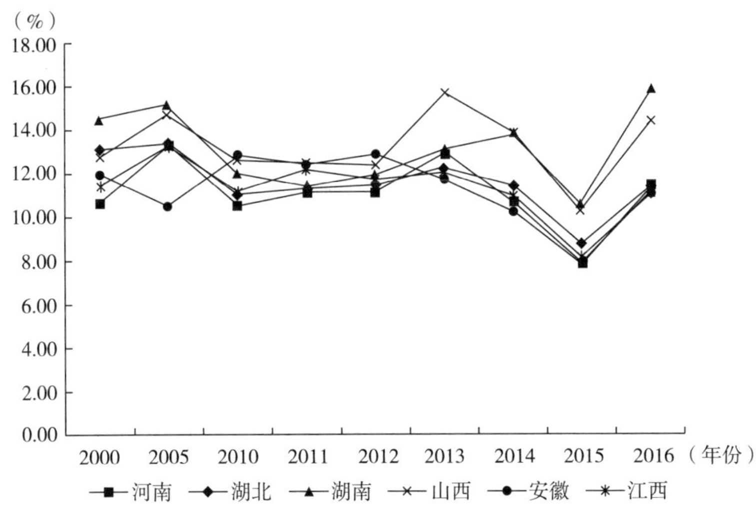

图 2-19　中部六省城镇居民文化消费占消费总支出比例

就农村文化消费占消费总支出比例而言，河南省一直低于中部地区平均水平，如图 2-20 所示。从图 2-20 中可以看出，除了在 2016 年两者差距小到可以忽略以外，在其他时间中，河南省农村居民文化消费占消费总支出的比例一直是比较低的。这说明相对于中部其他地区，河南省农村居民的消费结构中文化消费支出的比重也一直偏低。

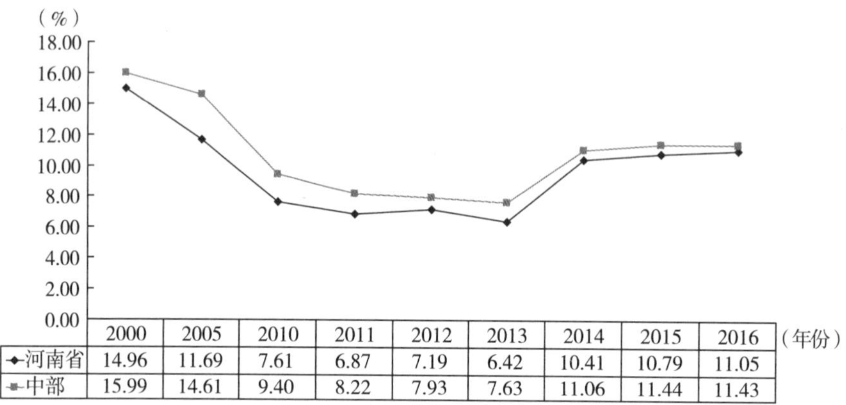

	2000	2005	2010	2011	2012	2013	2014	2015	2016
河南省	14.96	11.69	7.61	6.87	7.19	6.42	10.41	10.79	11.05
中部	15.99	14.61	9.40	8.22	7.93	7.63	11.06	11.44	11.43

图 2-20　河南省农村文化消费占消费总支出比例与中部平均水平的比较

从图 2-21 中可以看出，在大部分时间中，河南省农村居民文化消费占消费总支出的比例要远远低于中部地区其他省份，但从 2013 年以来，这种情况略有变化，河南省农村居民文化消费支出占消费总支出的比例开始回升，并且这一比例开始超过江西和安徽。从整体上看，近几年来，河南省农村居民文化消费支出有了较快的提升，消费结构更为合理。

2.4　河南省文化消费与其他地区平均水平的比较

为了进一步明确河南省居民文化消费水平与中国其他地区文化消费水平的差距，本书进一步对河南省与中国东部、西部和东北部地区的居

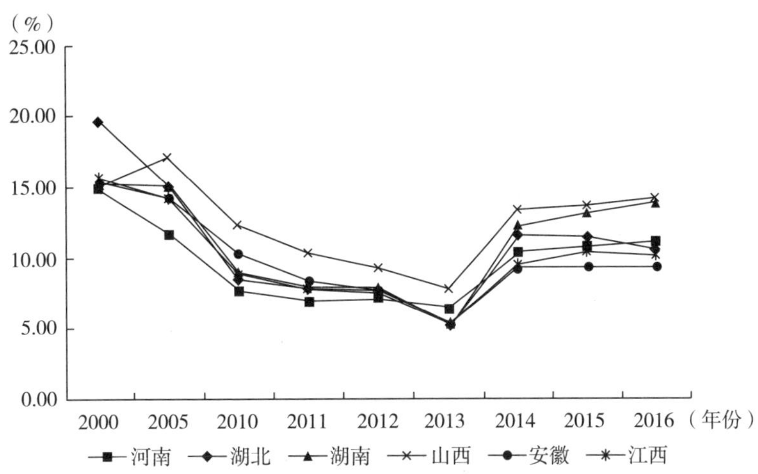

图 2-21　中部六省农村居民文化消费占消费总支出比例

民文化消费情况进行了比较分析。根据国家统计局的划分方法，中国东部地区包括北京、天津、河北、上海、江苏、浙江、福建、山东、广东、海南 10 个省份，西部地区包括广西、内蒙古、重庆、四川、贵州、云南、西藏、陕西、甘肃、青海、宁夏、新疆 12 个省份，东北部地区包括辽宁、吉林和黑龙江 3 个省份。在与中国其他地区的对比分析中，为了降低分析的复杂性，本书皆取各地区的平均水平。

2.4.1　河南省文化消费水平与其他地区平均水平的比较

从图 2-22 中可以看到，无论是在什么时期，中国东部地区城镇居民文化消费水平最高，接下来是中国东北部、西部。其中，河南省城镇居民文化消费水平不仅远远低于中国东部地区平均水平，也低于中国东北部地区。甚至在 2011 年之前，还低于中国西部地区。自 2011 年始，河南省城镇居民文化消费水平增幅较大，超过了中国西部地区平均水平，但在 2014 年之后，又重新沦为最低水平。

从表 2-3 中可以看出，在 2000~2014 年，河南省与中国东部地区差距虽然在缩小，中国东部地区城镇居民文化消费水平与河南省相比，

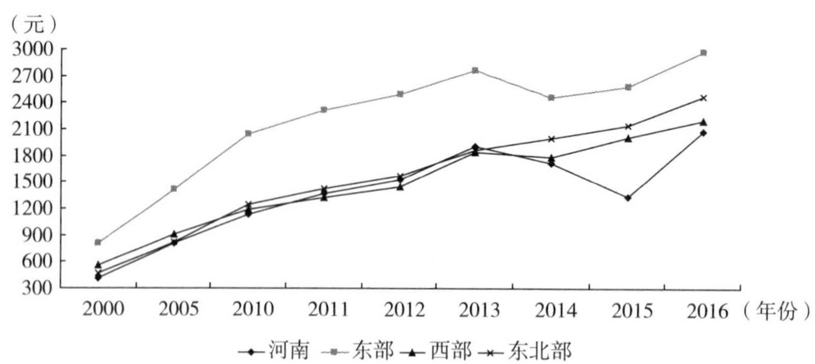

图 2-22 河南省城镇文化消费水平与中国东部、西部和东北部地区平均水平的比较

从 2000 年的 1.99 倍缩小到 2016 年的 1.43 倍，但整体上与东部地区文化消费水平仍相差较大；东北部地区文化消费水平在 2000 年至 2013 年间，其文化消费水平比河南省略高一些，但从 2014 年之后，明显比河南省要高出许多；西部地区平均文化消费水平，在 2011 年至 2013 年略低于河南省，但在其他年份都明显要高于河南省。

表 2-3 河南省与中国东部、西部和东北部地区城镇文化消费水平一览表

单位：元

地区 年份	河南省	东部	西部	东北部
2000	407.3	810.8	563.4	469.1
2005	805.1	1414.4	906.0	817.4
2010	1137.2	2045.3	1183.6	1247.3
2011	1373.9	2309.2	1325.2	1424.6
2012	1525.3	2498.7	1449.8	1567.7
2013	1911.2	2765.4	1836.4	1863.3
2014	1721.9	2462.35	1784.54	1993.3
2015	1337.2	2584.39	2006.44	2142.40
2016	2078.8	2973.48	2203.78	2465.83

就农村居民文化消费水平而言，河南省自 2000 年以来一直远远低于中国东部和东北部地区平均水平，但自 2012 年以来要略高于中国西部地区平均水平，如图 2-23 所示。

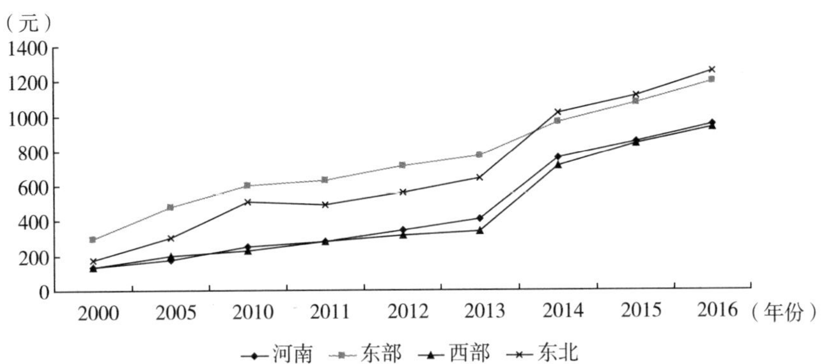

图 2-23 河南省农村文化消费与中国东部、西部和东北部地区平均水平的比较

从表 2-4 中可以看出，在 2000 年至 2014 年，河南省与中国东部地区差距虽然在缩小，中国东部地区农村居民文化消费水平与河南省相比，从 2000 年的 2.22 倍缩小到 2014 年的 1.89 倍，但整体上与东部地区文化消费水平仍相差较大；河南省与中国东北部地区文化消费水平的差距在 2010 年至 2014 年也是逐渐下降的，从 2010 年的 2.02 倍下降到 2014 年的 1.57 倍；与西部地区农村居民文化消费情况相比，自 2012 年之后河南省的情况要稍好一些。

表 2-4 河南省与中国东部、西部和东北部地区农村文化消费水平一览表

单位：元

年份＼地区	河南	东部	西部	东北
2000	133.08	295.691	133.66	172.61
2005	177.66	478.317	198.70	305.01
2010	250.47	598.256	225.29	505.01

续表

年份 \ 地区	河南	东部	西部	东北
2011	278.2	628.644	278.24	490.47
2012	343.83	710.316	312.95	560.29
2013	408.1	771.31	340.92	641.83
2014	757.8	963.98	712.93	1013.63
2015	851.40	1073.27	840.08	1112.53
2016	948.80	1193.00	935.29	1251.77

从城乡文化消费水平比来看，中国东北部地区城乡文化消费水平差距最小，其次是中国东部地区。自2000年以来，河南省城乡文化消费水平差距一直要比东部和东北部地区平均水平大，但比西部地区平均水平稍小一些。但在2014年之后，整个中国的城乡文化消费水平差距有了明显的缩小，河南省城乡文化消费水平差距也急剧缩小，具体见图2-24。

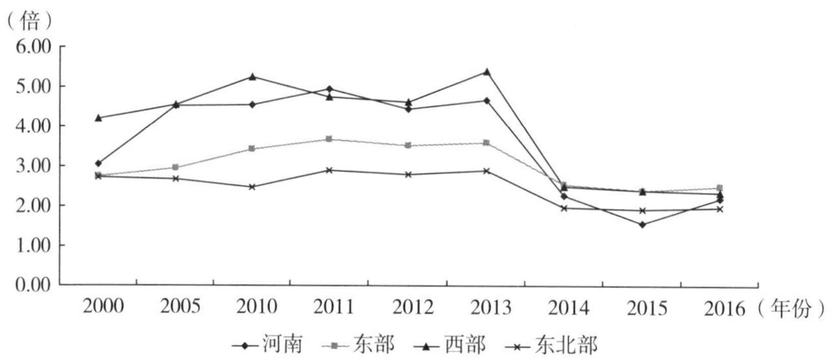

图2-24　河南省城乡文化消费水平比与中国其他地区平均水平的比较

从表2-5中还可以看出，河南省城乡文化消费水平的差距，在2005年至2013年长期保持4倍以上，但在2014年有了明显变化，差距缩小至2.27倍，仅高于中国东北部地区平均水平。

表 2-5 河南省城乡文化消费水平比与中国其他地区平均水平的比较

年份＼地区	河南	东部	西部	东北部
2000	3. 06	2. 74	4. 21	2. 72
2005	4. 53	2. 96	4. 56	2. 68
2010	4. 54	3. 42	5. 25	2. 47
2011	4. 94	3. 67	4. 76	2. 90
2012	4. 44	3. 52	4. 63	2. 80
2013	4. 68	3. 59	5. 39	2. 90
2014	2. 27	2. 55	2. 50	1. 97
2015	1. 57	2. 41	2. 39	1. 93
2016	2. 19	2. 49	2. 36	1. 97

2. 4. 2 河南省文化消费占消费总支出比例与其他地区平均水平的比较

就城镇文化消费占消费总支出比例而言，河南省在 2000 年至 2012 年一直低于中国东部地区平均水平，但在 2013 年首次反超中国东部地区，如图 2-25 所示。从图 2-25 中可以看出，在 2013 年，河南省及中国东北部和西部地区的城镇居民文化消费在消费总支出中的比例都处于上升态势，但河南省在 2014 年和 2015 年出现大幅回落，2016 年又迅速上升。

从表 2-6 中可以看出，2011 年和 2012 年，河南省城镇居民文化消费在消费总支出中的比例要高于中国西部地区和东北部地区的平均水平，但比中国东部地区平均水平要低一些，2013 年高于其他三个地区。但在 2014 年和 2016 年，河南省这一比例仅比中国东北部地区平均水平低一些，比中国东部和西部地区平均水平都要高。

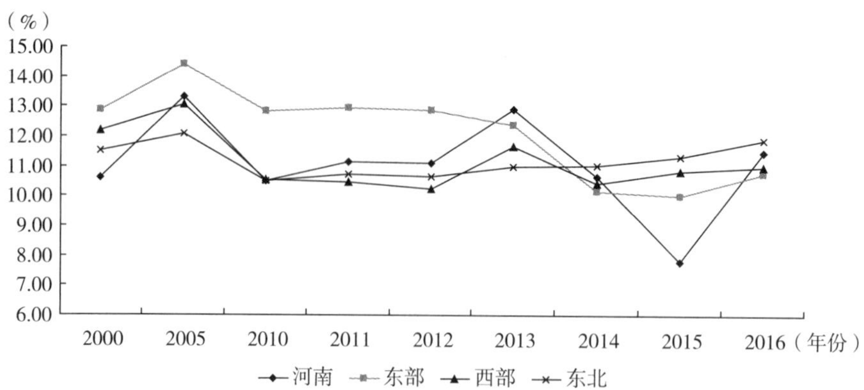

图 2-25 河南省城镇文化消费占消费总支出比例与中国其他地区平均水平的比较

表 2-6 河南省城镇文化消费占消费总支出比例与中国其他地区平均水平的比较

单位：%

年份＼地区	河南	东部	西部	东北
2000	10.63	12.88	12.19	11.53
2005	13.33	14.40	13.05	12.06
2010	10.49	12.82	10.55	10.50
2011	11.14	12.94	10.46	10.72
2012	11.11	12.85	10.25	10.64
2013	12.89	12.37	11.66	10.97
2014	10.64	10.18	10.44	11.04
2015	7.80	10.00	10.83	11.34
2016	11.49	10.77	11.00	11.87

就农村文化消费占消费总支出比例而言，在大部分时期中，河南省这一比例一直低于中国东部和东北部地区平均水平，如图 2-26 所示。从图 2-26 中还可以看出，在 2014 年之后，河南省农村居民文化消费占消费总支出的比例超越了中国东部和西部的平均水平，但还是低于中国东北地区的平均水平。

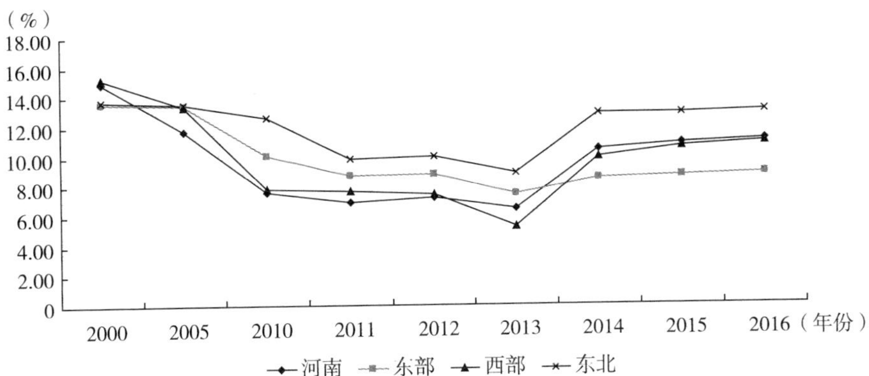

图 2-26　河南省农村文化消费占消费总支出比例与中国其他地区平均水平的比较

从表 2-7 中还可以看出，河南省农村居民文化消费占消费总支出的比例与中国西部地区平均水平一直相差不大，但远远低于中国东部和东北部地区平均水平。但从 2014 年之后，河南省农村居民文化消费占消费总支出的比例，虽然超越了中国东部和西部的平均水平，但还是要比中国东北地区的平均水平要低一些。

表 2-7　河南省农村文化消费占消费总支出比例与中国其他地区平均水平的比较

单位：%

年份 \ 地区	河南	东部	西部	东北
2000	14.96	13.59	15.24	13.71
2005	11.69	13.40	13.32	13.50
2010	7.61	10.06	7.78	12.60
2011	6.87	8.71	7.67	9.81
2012	7.19	8.75	7.42	9.99
2013	6.42	7.46	5.27	8.85
2014	10.41	8.47	9.90	12.79
2015	10.79	8.60	10.60	12.81
2016	11.05	8.79	10.84	12.99

2.5 河南省文化消费情况总结

基于国家统计年鉴相关数字资料的分析表明，河南省城镇和农村居民的文化消费支出基本呈现逐年上升的趋势。尤其是农村居民文化消费支出，在2014年有大幅提升，但城镇居民文化消费支出在2014年却有小幅下跌。从整体上看，河南省居民已经开始追求更高级的文化消费需求，文化消费水平有一定提升。但从不同地域横向比较来看，河南省城镇和农村的文化消费水平，一直都低于全国平均水平，低于中国中部大部分地区的平均水平，也远远低于中国东部和东北部地区的平均水平。这种情况，与河南省作为一个具有悠久文化历史和丰厚文化传承的中原大省地位是不相符的。因此，河南居民文化消费潜力的发展空间是非常大的，亟待进一步激活。

就城乡文化消费水平比来看，河南省城镇居民的文化消费水平远远高于农村，城乡文化消费水平的差距长期保持在4倍以上，一直比中国中部、东部和东北部地区的城乡差距大。但在2014年，由于农村居民文化消费水平的大幅提升，使河南省城乡文化消费水平比下降到了2.27倍。近年来，河南省城乡文化消费水平的差距与中国中部地区及全国平均水平渐趋一致，都有了明显的下降。

自2005年至2012年，河南省城镇和农村居民文化消费占消费总支出的比例，一直低于全国平均水平，但从2014年开始，河南省与全国平均水平的变动趋势基本趋于一致。2016年，两者都达到11%以上，说明河南省居民的生活水平和综合素质有所提高，消费结构更加趋于合理化。但是，如果进行地域间的横向比较就会发现，相对于中国中部其他地区和东北部地区，河南省居民文化消费占消费总支出的比例还是一直偏低的。这说明，相对而言，在河南省城镇和农村居民的消费结构中，文化消费支出的比重一直偏低，消费结构有待于进一步改善。

河南省城镇居民文化消费支出占可支配收入的比例呈现下降趋势，并在2012年以前的很长时期内都低于全国平均水平，不过近两年来这一指标与全国平均水平无限接近；河南省农村居民文化消费支出占可支配收入的比例一直低于全国平均水平，但2013年以来这一比例大幅上升，与全国平均水平非常接近，说明河南省农村居民对文化消费和精神生活日趋重视。

综上所述，河南省居民整体文化消费水平还是比较低的。近年来，随着收入的增加，城乡居民在文化消费需求的迫切性和收入弹性方面呈现不同的特征。对于城镇居民而言，文化消费不再属于非常迫切的高层次需求，而是逐渐成为日常生活的一种常态，其消费需求的收入弹性开始变小，文化消费占收入和消费支出的比重呈现下降态势；反之，对于农村居民而言，随着经济条件的改善，他们开始重视文化消费生活，对文化消费的迫切性大大增强。相应地，文化消费支出的比例及其在收入和总支出中的比重都大大增加，消费结构和民众素养较之前也有了明显提升。但从总体上看，城镇居民文化消费水平仍高于农村。短期内要促进文化市场的繁荣发展，关键要提升城镇居民消费水平；但农村文化消费基数低，有着巨大的消费潜力，不容忽视。所以，要提升河南省居民文化消费整体水平，必须统筹城乡文化消费水准。

3 相关研究文献综述

本章综合评述了文化消费和消费意愿的关系，以及影响文化消费意愿和行为的体验接触因素、价值感知因素、消费资源约束及人口特征因素等与本书的研究主题相关的文献，从整体上厘清当前研究的脉络和现状，并指出现有研究的不足和需要进一步解决的问题。本章内容是本书一项重要的基础性工作，将为后续实证研究框架的构建和假设形成奠定扎实的理论和文献基础。

3.1 文化消费与文化消费意愿

3.1.1 文化消费的内涵

文化消费是人们为了满足精神需求而采取各种方式消费文化产品和服务的行为，它是一个极富体验的消费过程（Bourgen-Renault 等，2006；姚琦和符国群，2017），不仅发生在消费者与文化提供者交易达成的那一刻，更产生于消费者随后与文化产品和服务的长时间接触体验中。文化消费水平可用文化消费活动或事件的参与程度来体现，一般而言，消费者参与文化消费活动水平越高，就会认为文化消费越重要，并保持较高的消费意识（Siu 等，2016）。

文化消费水平的衡量指标不仅局限于货币性支出水平，更取决于时间支出水平。因为文化消费本身是一种时间密集型（Time-Intensive）活动（Wheatley 和 Bickerton，2016），较多的时间投入必不可少。国外有学者指出，对于文化消费而言，其重要的预算约束不仅包括收入或金钱，还包括时间（Fernández-Blanco 等，2017；Hoyer 等，2010）。在国内，已经有学者提到消费时间或闲暇时间在文化消费行为中的重要作用（郭熙保等，2015；毛中根和杨丽姣，2017；姚琦和符国群，2017）。江林（2012）关于文化消费评价指标体系的设计中，曾将文化消费水平指标分解为支出金额和支出时间两个部分。

事实上，时间不仅是生命的尺度，也是文化消费水平的重要衡量标准。只有当人们在文化产品和服务上既愿意付出金钱又愿意付出时间时，文化消费才真正具有生命力，才是“活”的文化消费，也才能在个人发展、经济发展和社会发展中起到积极作用。现实中，一些人为彰显自身文化品位，会买很多装帧精美的图书，但只是摆在书架上却很少花时间去翻看，那么这种只花费金钱去购买却不花费时间去深入体验的消费，属于有形无实的消费，对于个人智力发展、文化修养乃至整个社会文明发展都无所助益；反过来，如果人们耽于免费的文化产品和服务，只消费却不愿付费，那么长期下去势必会降低文化企业提供优质提供物的积极性，对文化产业和经济发展不仅无益反而有害。

如上所述，本书认为，金钱和时间都是人们进行文化消费的重要资源约束，文化消费行为本质上包含两个方面的内容：其一是对文化产品和服务本身的“形”的消费，买卖双方交易达成即代表消费的实现，其水平可以用金钱支付来衡量；其二是对文化产品和服务所蕴含的文化精神内容的消费，只有消费者投入时间进行充分体验才能产生效用，其效用水平可以用时间支付来衡量。据此，本书中的文化消费支出意愿和行为，不仅包括金钱支出意愿和行为，还包括时间支出意愿和行为。

3.1.2 文化消费的类型

关于文化消费的类型划分，学者们尚未取得一致的见解。Kraaykamp

和 Eijck（2005）将文化消费活动分为 3 大类 12 细类，即喜爱的电视节目（文化类节目、资讯类节目、肥皂剧、情色类节目）、图书阅读（荷兰语、非荷兰语、悬疑小说、言情小说）和文化艺术活动（古典音乐会、艺术博物馆、历史博物馆和流行音乐会）；Lazzaro 和 Frateschi（2017）认为，文化娱乐活动内容包括看电影、剧院和音乐表演、图书馆与博物馆等展馆参观、文化或休闲旅行、艺术教育、体育锻炼等；Wheatley 和 Bickerton（2016）认为，文化艺术活动包括艺术活动、艺术事件、图书馆与博物馆等展馆参观、历史古迹旅游、运动健身等。

国内学者中，郭熙保等（2015）将文化消费划分为 4 大类 15 细类，即教育培训类、社会活动与志愿服务、娱乐休闲与社交活动、其他活动等；潘勇（2014）将文化消费划分为媒体消费、工艺美术品消费、文化用品消费、文化艺术消费、文化休闲娱乐消费、健身运动消费 6 类；还有学者认为，网络文化消费形态包括网络视频和音乐、网络文学阅读、网络游戏、微内容消费、资源和软件等的收集/下载、了解新闻资讯等（陈海波和朱华丽，2014；高莉莉和赵岳峻，2015）。具体如表 3-1 所示。

表 3-1 国内学者关于文化消费类型的界定

代表性人物	文化消费的类型
胡小莉和张宜春（2015）	2 类：涉及具体消费金额的文化消费行为（分为报纸、杂志期刊、图书、乐器、看电影、文具用品、游戏器材、影像设备、健身班、工艺美术品、体育赛事等）和文化实践活动（上网，看电视，去图书馆，逛展馆、公园、动物园、游乐园、植物园等，健身运动，去娱乐场所等）
郭熙保、储晓腾和王艺（2015）	4 大类 15 小类：教育培训类（包括正规教育活动、与正规教育有关的活动、业余学习与非正规教育、参加与职业有关的专业培训和学习、与就业活动相关的学习和培训 5 类）；社会活动与志愿服务（宗教活动、节庆活动、社会志愿活动 3 类）；娱乐休闲与社交活动（使用媒体的活动，体育锻炼与健身运动，业余爱好、游戏和消遣活动，外出参观、看电影和演出，社交活动 5 类）；其他活动（文化旅游、未定义活动 2 类）

续表

代表性人物	文化消费的类型
潘勇（2014）	将文化消费划分为媒体消费、工艺美术品消费、文化用品消费、文化艺术消费、文化休闲娱乐消费、健身运动消费 6 类
高莉莉和赵岳峻（2015）	互联网时代的文化消费形态，包括网络视频和音乐、网络文学阅读、网络游戏、微内容消费等
陈海波和朱华丽（2014）	网络文化消费包括收集/下载资源和软件、观看视频、聊天、了解新闻资讯

另外，根据国家统计局颁布的《文化及相关产业分类（2012）》，文化消费包括新闻出版发行服务消费、广播电视电影服务消费、文化艺术服务消费、文化信息传输服务消费、文化创意和设计服务消费、文化休闲娱乐服务消费、工艺美术品的消费、文化产品和用品的消费等。

本书根据国家统计局颁布的《文化及相关产业分类（2012）》，同时参考上述学者的研究，将文化消费分为 7 种类型，即教育培训消费、休闲娱乐消费（包括旅游观光、去娱乐场所花费、各种棋牌麻将等活动费用）、文化传媒产品和服务消费（包括图书报纸期刊等各类出版物消费、购票看电影和付费电视及广播节目）、文化艺术类消费（包括观看各类演出和表演、参观展馆、购买工艺美术产品和艺术藏品等）、健身和运动消费（健身培训服务消费、健身设备和器材的购买以及各种健身活动的花费）、文娱用机电类产品消费、互联网文化服务消费（包括网络文学阅读、网络视频和音乐、网络游戏、在线新闻资讯下载、微内容创作和传播活动）。

3.1.3 文化消费的发展规律特征

文化消费水平会随着经济的增长而不断提升，这种变化呈现阶段性特征。Chenery（1975）的实证研究表明，文化消费水平与人均 GDP 水平具有密切关系。当人均 GDP 达 3000 美元时，文化消费支出占消费总支出的 23%左右；人均 GDP 达 5000 美元时，文化消费将会快速增长。

这一结论被许多学者所引用，并作为判断中国文化消费规律的依据。然而，也有学者指出，文化消费的这种国际经验在中国并不适用（王亚南和方彧，2010；毛中根和和孙豪，2016）。

毛中根和孙豪（2016）认为，按照消费需求层次的演进规律，在达到一定条件（达到一定的收入水平，或基本需求得到满足，或文化消费需求收入弹性变得富有弹性等）之前，居民文化消费占居民收入、消费的比重呈倒“U”形趋势，在达到一定条件之后，居民文化消费占居民收入、消费的比重将逐渐上升，呈现“U”形趋势。同时，他们还指出，居民文化消费属于较高层次的消费需求，是非必需性消费，从较低收入水平开始，随着居民收入的增加，其文化消费需求的迫切性呈现先减小后增大的趋势。

徐雪高和张振（2014）通过对全国 31 个省（自治区、直辖市）（不包括香港、澳门、台湾地区）城乡居民的文化消费数据进行分析，指出我国城乡居民文化边际消费倾向分别呈非对称的倒“U”形和较对称的倒“U”形，城镇居民文化边际消费倾向要大于农村居民。我国城乡居民的文化消费收入弹性已大于 1，但城乡居民收入弹性分化明显，城镇居民文化消费收入弹性明显高于农村居民。短期内要促进文化市场的大繁荣大发展，关键要促进城镇居民收入的增加。而从长期来看，未来文化消费市场的潜力在农村。

3.1.4 文化消费意愿及其对文化消费的影响

意愿是一个心理学范畴的概念，代表了人们为实施一项行为而付出努力的有意识计划中的个人动机（Eagly 和 Chaiken，1993）。根据 Ajzen（1991）的计划行为理论，意愿直接决定了主体如何采取行为以及采取特定行为可能性的大小。消费意愿是决定产品和服务需求的内在因素（刘海军，2002）。江林（2016）认为，消费意愿是个体发生消费行为的主观概率或可能性。在购买力水平一定时，文化产品和服务需求是购买意愿的函数，随着购买意愿的变化而变化。Newberry 等（2003）指出，消费行为与消费意愿直接相关，消费意愿是衡量消费者是否会产生购买行为的重要指标。因此，文化消费意愿是消费主体实际消费行为的一个重要预测因子。江林和马椿荣（2009）曾将消费意愿操作化为消费时间、消费数量和消费努力程度三个维度。李志兰和江林（2014）将消费意愿操作化为消费总量意愿、消费类型意愿和消费档次意愿三个维度。

文化消费意愿和文化市场环境及相关企业行为又存在极为密切的内在联系。一方面，文化消费意愿的形成和实现置于一定的市场环境之中，会直接受到作为市场供应方的企业市场行为的诱导，也会受到国家政策手段等的影响。另一方面，消费意愿又具有较强的反作用，借助文化消费者“用脚投票”的机制，它可以成为供给侧结构性改革的重要抓手（傅才武，2017）。一定意义上，文化供给侧结构性改革的成功与否，政府关于文化产业和消费政策实施效果的大小，主要取决于对文化消费意愿的把握和适应程度。因此，文化消费意愿是连接需求端和供给端的桥梁和关键着力点。鉴于文化消费意愿的重要性，本书拟选取其作为核心研究变量，从个体消费者感知的微观视角出发，立足于文化体验接触理论和消费价值感知理论，探析文化消费意愿的影响机制及其作用路径。

3.2 影响文化消费意愿和行为的因素研究

现有关于文化消费影响因素的研究主要涉及六个方面，即政府政策因素，文化产品和服务供给因素，文化环境因素，个体经济因素，个体人口统计特征因素，个体性格动机、习惯及偏好等心理感知因素。

3.2.1 政府政策因素

政府可以通过优惠的税收政策、财政资金补贴政策及相关法律法规等多方面措施，来推动和引导文化消费市场的发展。Borowiecki 和 Navarrete（2018）指出，政府可以采用企业资金补贴和消费者代金券等直接财政资金补贴方式，或者企业减税和降低文化产品与服务增值税等间接补贴的税务政策方式，来提升文化消费支出；鲁虹和李晓庆（2013）指出，政府应增加对教育、图书馆、公共博物馆、文化馆等社会公共文化事业的投入，对一些公共文化服务实施政府补贴，并健全文化产业立法，通过相关政策引导来调节市场行为，提升文化产业市场化程度。傅才武和曹余阳（2017）指出，文化部和财政部实施了“2015 拉动城乡居民文化消费”的试点项目，东部地区试点主要是以“O2O”大数据平台拉动居民文化消费，采取线上和线下相结合的方式。线上利用国家文化消费服务平台，促进文化消费信息化、集成化，线下发行“文化消费专属信用卡”，通过信用卡积分、打折等方式引导居民文化消费。西部地区试点政策的主要内容则是以消费税收反补为主，对居民文化消费中的实际纳税的部分给予一定比例的财政补贴。

3.2.2 文化产品和服务供给因素

Urrutiaguer（2002）曾研究了法国消费者对戏剧的需求，指出文化产品的特征，比如价格、质量和数量等与“剧场声誉”相关的变量，都会通过影响消费者对戏剧质量的预期而显著影响到消费者的需求（洪涛和毛中根，2016）；Urrutiaguer（2014）研究了法国表演类艺术的节目编排策略和需求的关系，发现不知名本地艺术家导演的演出对于本地需求具有负向影响，然而表演参加者的选择会对观众产生较大的正向影响，最后提出可以通过艺术教育、节目编排的多样化和沟通来增加当地表演类艺术活动的吸引力；Richards（1996）对欧洲文化遗产类景区旅游需求的研究发现，遗产类景点的供给因素也会对需求产生重要的诱导作用；Whang 等（2015）指出，目的地形象不仅会影响旅游者的主观感知，也会影响行为结果和目的地决策。换句话说，现有的目的地形象可以对个体旅游者的决策制定过程产生影响。具有更好形象的目的地更可能进入决策过程中，这是因为人们做决策时都倾向避免基于不确定带来的高成本。他们还指出，旅游动机来源于旅游者个体内部因素和旅游景点的特征因素，其中外部因素包括海滩、娱乐设施、旅游景点的文化资源和吸引力；Aucouturier 等（2015）研究消费者共创情境下体验反应与购买意愿的关系，发现传统情境下，音乐品质会影响人们的再次体验意愿，进而对购买意愿产生影响。

我国学者冀福俊（2013）指出，文化消费供给层次和水平对文化消费具有重要影响。刘敏（2014）认为，文化消费的供给条件，包括文化消费种类和价格，对北京市居民文化消费意愿和行为具有较高的解释作用。张苏秋和顾江（2015）也指出，文化产品与服务的供给水平、文化产品与服务的价格水平对文化消费具有重要影响。鲁虹和李晓庆（2013）运用协整理论和误差修正模型进行研究发现，文化产品价格对居民文化消费水平具有显著的正向促进作用。郭鹏等（2014）的研究表明，文化产品感知形象、感知质量、促销刺激对文化产品购买行为存在显著的影响。

3.2.3 文化环境因素

文化环境因素包括文化基础设施环境、行业发展环境、社会关系环境、社会文化环境、舆论宣传环境等。

文化消费与其所处的社会关系网络和文化环境有显著关系（洪涛和毛中根，2016）。Cheng（2006）的研究表明，一个社会的文化环境氛围随着文化消费数量的增加而变得更加浓厚，而文化环境氛围的变化又反过来影响文化消费。Spitz 和 Horvát（2014）在研究中指出，个体消费者的观影感受通过社会网络对其他消费者的消费预期产生了显著影响。Kraaykamp 等（2015）的研究表明，那些社会网络中包含更高教育水平朋友的人在文化消费中更加活跃。Whang 等（2015）研究了个人对流行文化的兴趣或觉醒对目的地形象认知以及旅游参观决策的影响，他们认为，民族性和文化环境会影响旅游目的地的选择和旅游行为，在全球化背景下，特定的消费行为会因为民族或文化的变化而变化；Bourgeon-Renault 等（2006）指出，戏剧化的环境能够引发个体的情感和玩乐反应，从而促进到访者参与行为；Turner 和 Edmunds（2016）认为，澳大利亚精英人士中的“厌恶品位”现象，与澳大利亚文化的特殊性以及代际影响有关。

Richards（1996）关于旅游消费的研究指出，文化产业发展与旅游消费之间存在显著的正相关关系。刘敏（2014）认为，文化消费的媒体宣传环境会对北京市居民文化消费意愿和行为具有较高的解释作用。向明（2015）关于农村文化消费的研究指出，农村文化设施建设对农村居民文化消费具有促进作用，因此应通过加大硬件基础设施及软件文化氛围的建设来改善和提升农村自然和人文环境，提高农村文化设施建设水平，以此拉动农村居民文化消费需求。鲁虹和李晓庆（2013）基于上海市 17 年的统计数据分析表明，政府投入对居民文化消费水平具有显著的正向促进作用，且对长期均衡具有很大的调整力度，因此强调要增加政府投入、完善社会保障和引导文化消费风尚。

3.2.4 个体经济因素

个体经济因素主要是指个体的收入水平。Veblen（1899）认为，文化消费是休闲阶层的一种炫耀性消费，其资产越多，炫耀的欲望也越强烈，这意味着收入和文化消费之间的正相关关系。① Dardis 等（1981）利用 1972~1973 年家庭用于娱乐消费支出的数据研究发现，娱乐支出与收入呈正相关，收入对文化消费支出起决定性作用。Diniz 和 Machado（2011）的研究也表明，收入与文化消费之间存在正相关关系，收入水

① Veblen T. B. The Theory of the Leisure Class [M]. New York: Macmillan, 1994.

平的提高尤其会对艺术品需求产生强烈的正向影响。类似地，Richards（1996）也发现收入增加与旅游消费之间存在显著的正相关关系。在国内，很多学者也指出或论证了收入水平对文化消费及其意愿的重要影响（赵吉林和桂河清，2014；冀福俊，2013；占绍文和杜晓芬，2014；甘宇、赵驹和宋海雨，2015；高莉莉和顾江，2014；刘敏，2014；王宋涛，2014）。

3.2.5 个体人口统计特征因素

由于文化消费具有鲜明的个人色彩，因此消费者个人特征的差别也会引发文化消费行为的差异（洪涛和毛中根，2016）。个体人口统计特征因素包括性别、年龄、受教育程度、社会阶层、居住区域、家庭规模、种族等因素。

一些研究指出了文化消费的性别差异（Katz-Gerro，1999）。Diniz和Machado（2011）的研究发现，女性在文化艺术类产品和服务上的支出数量更多。Brook（2016）指出，女性比男性更多地参观博物馆和美术馆。Fernández-Blanco等（2017）发现，女性比男性的读书量更大。但是，Katz-Gerro（2006）在研究中发现，以色列文化消费得分没有体现出性别差异。

每个地方的文化基础设施、供给条件和历史文化因素是不一样的（Brook，2016；Diniz和Machado，2011；Lazzaro和Frateschi，2017），因此消费者居住地特征的不同也会对个体的文化消费产生影响。Fernández-Blanco等（2017）发现，在乡村或人迹稀少的偏远地区，图书阅读会更受限制。Dardis等（1981）的研究表明，居住在城镇的居民比居住在农村的居民的娱乐支出更多。

年龄承载了文化层面的行为和态度，不同年龄阶段的消费者会呈现明显的文化消费差异。Diniz和Machado（2011）考察了巴西文化产品和服务消费的决定因素后发现，年龄越大，文化艺术类产品和服务的支出数量越少。Miquel-Romero和Montoro-Pons（2017）发现，随着年龄增长，音乐倾听频率在下降，倾听设备和媒介也更倾向于选择传统。Lazzaro 和 Frateschi（2017）发现，年龄对时间花费的概率和数量都具有正向影响。Fernández-Blanco 等（2017）指出，读书量会随着年龄的增长而增长。

受教育程度是文化消费最重要的决定因素（Chan 和 Turner，2017）。Dardis 等（1981）的研究表明，娱乐支出与受教育水平呈正相关。具有较高受教育程度的人，会更愿意接受、更欣赏艺术，尤其是高端艺术形式（Hager 和 Winkler，2012）。Lazzar 和 Frateschi（2017）指出，由于上瘾、人力资本以及从消费中学习的原因，受教育程度对个体时间支出的概率和数量都具有正向影响。还有一些学者也指出了受教育程度对文化消费的正向影响（Brook，2016；Diniz 和 Machado，2011；Fernández-Blanco 等，2017；Richards，1996）。

消费者个体选择还会受到社会分层的影响（Brook，2016）。在文化消费方面，较高阶层个体和较低阶层个体的一个主要差别，就是较高阶层个体在文化消费范围上是更大更广泛的（Kottasz，2015）。Katz-Gerro（2006）发现，意大利和瑞典较低阶层的女性文化消费得分低，西德和美国较高阶层的女性文化消费得分高。Alderson 等（2007）认为，美国文化消费的类型和社会地位有直接的关系，而非教育或收入水平。Aitken 等（2008）指出，收入水平和社会地位更高的家庭倾向于进行更多娱乐消费。

我国学者赵吉林和桂河清（2014）指出，家庭规模、户主受教育程度、户主年龄和赡养率对家庭文化消费均具有显著影响。还有一些学者指出，个人受教育水平及年龄因素对文化消费的重要影响（甘宇、赵驹和宋海雨，2015；冀福俊，2013；占绍文和杜晓芬，2014），比如甘宇等（2015）基于 1046 份农民工文化消费数据的分析指出，农民工自身文化水平对文化消费具有显著正向影响，但年龄对文化消费具有显著负向影响。

3.2.6 个体性格、动机、习惯及偏好等心理感知因素

Kraaykamp 和 Eijck（2005）研究了大五人格特征对文化消费活动偏好的影响。发现大五人格特征确实会对荷兰人的文化消费行为产生影响，比如开放性明显增加了人们参加复杂的、令人兴奋的娱乐类活动的兴趣。对人们研究的 12 类文化消费活动都会产生显著影响，尽责性和友好性对那些具有困难或不便的文化消费活动具有负向影响，然而情绪稳定性负向影响了较多的逃离现实性文化活动。

动机因素也是影响个体消费者文化消费决策的重要因素。Lee 等（2014）指出，旅游动机是引导行为的主要因素，由于它直接与满足旅游者需求相联系，因此影响未来行为预期；Whang 等（2015）指出，旅游动机来源于旅游者个体内部因素和旅游景点的特征因素，其中内部动机因素包括逃离日常生活的需求、放松、冒险和健康。

个体预期、兴趣、习惯和偏好等心理特征也会对文化消费产生重要作用。Situmeang 等（2014）指出，消费者预期和成瘾性心理对游戏产品销售具有重要影响；一些学者的研究证明，文化消费习惯是影响人们文化消费意愿和行为的重要因素（刘敏，2014；冀福俊，2013）；占绍文和杜晓芬（2014）指出，对所在城市的文化认同感是影响农民工文化消费的主要因素之一；Fernández-Blanco 等（2017）指出，对高端文化活动的兴趣与阅读相关，但对低端文化活动的兴趣（如对流行文化的兴趣）与阅读不相关；Faria 和 Machado（2015）考察了影响消费者参观艺术博物馆的因素，发现消费习惯对消费者的艺术博物馆参观行为具有显著正向影响；Kottasz（2015）认为，影响文化消费的因素包括个体对文化艺术的热情、文化消费感知障碍等因素。Kottasz（2015）指出，移居英国的韩裔移民对文化艺术充满热情，但是由于对文化消费有较高的感知障碍，很多人并不去参与那些感兴趣的文化活动。文化消费的障碍分为三类：能力障碍、社会障碍和个人障碍。其中，能力障碍包括（剧院）买票能力或者钢琴培训课付费的能力，或者为艺术表演及时从

工作中离开的能力，以及在艺术过道附近的停车能力。社会障碍指个体会对社会环境感到焦虑，当与同伴一起进行艺术消费活动时会更为舒适。个人障碍是指在特定艺术类产品方面缺少品位/偏好、语言障碍或智力限制。

另外，虽然有学者强调个体文化偏好对文化消费行为的重要影响，但理性致瘾理论认为，消费者的偏好是稳定的，并且不同消费者的文化偏好是相似的，真正最终影响未来文化消费行为的因素不是个体消费者的偏好而是其过去的消费体验和经历（郭熙保、储晓腾和王艺，2015）。

3.3 文化消费体验接触与消费价值感知

居民个体文化消费提升过程高度依赖于其过去的文化消费体验状况，过去的文化消费体验对于当前文化消费具有重要的解释作用（洪涛和毛中根，2016）。Bourgen-Renault 等（2006）指出，文化产品的符号价值、享乐价值、创造感官与精神享受的能力，以及满足消费者社会分享需求的能力，对文化消费具有驱动作用。

3.3.1 消费体验

文化消费体验本质上是顾客的个人感觉和内在需求满足，是其对自己主观精神状态的感知。派恩和吉尔摩（2002）认为，体验是当一个人达到情绪、体力、智力甚至是精神的某一特定水平时，其意识中所产生的美好感觉。消费体验虽然具有内在性和主观性的特征，但并不是纯粹的意识和精神产物，而是被一些刺激（如品质、设计、包装、沟通、环境等）激发而产生的内在反应（感官、情感和认知）和行为反应（Brakus、Schmitt 和 Zarantonello，2009），是一种在获得、使用、维持

（保养）和处置产品或服务的习得过程中产生的印象和感知（Chang 和 Horng，2010）。因此，文化消费体验可以界定为顾客通过多种文化产品和服务接触点直接、间接与企业进行接触而产生的主观内在反应（Lemke、Clark 和 Wilson，2011；Meyer 和 Schwager，2007）。

消费体验的产生涉及消费者在认知、情感、精神、社会以及身体等多个维度的反应（Verhoef 等，2009）。Schmitt（1999）的体验战略模型（Strategic Experiential Modules，SEMS）将体验分为 5 个维度，即感官（Sense）、情感（Feel）、思考（Think）、行动（Act）和关联（Relate）。消费体验还可以根据消费者主动参与还是被动参与，是融入情景还是接受信息，分成 4 个维度，即娱乐（Entertainment）、教育（Education）、逃避现实（Escape）和审美（Estheticism）（Pine 和 Gilmore，1998）。

3.3.2 消费体验接触

文化消费体验接触是消费者关于其与文化企业或组织所有的直接和间接接触的主观感知和反应（Lemke 等，2011）。文化消费体验接触点非常多，包括可能与消费者产生交互作用的企业或组织的所有方面，其中既有文化提供者可以直接控制的因素，比如产品、服务、一线营销人员、消费环境等，也有超出其直接控制的因素，比如其他顾客的影响等。其中，最为关键的文化消费体验接触类型有三种，即文化提供者接触、文化消费环境接触和消费者间互动接触（Chang 等，2010；Hart 等，2007；Lemke 等，2011）。其中，文化提供者接触是消费者对文化提供者的能力、效率、可靠性、承诺性等方面的感知（Chandon 等，1997；Wu 等，2009）；文化消费环境接触是消费者对实体环境属性的主观感知反应，比如对品类多样性的欣赏、对选择丰富性的满意、对视觉吸引力的感知及其他与供给相关的积极评价（Hart 等，2007）；消费者间互动接触是一种新的营销力量（Gummesson，2004），强调消费者之间的相互联系和影响（Al-Sabbahy 等，2011；Moore 等，2005）。文化体验接触是文化企业和组织进行自我展示的最佳时刻，也是消费者进行体验评价的关键窗口（Bitner，1990）。

3.3.3 消费价值感知

消费体验本身具有丰富的价值。Pine 和 Gilmore（1998）从经济学视角指出，类似于服务从产品中的分离，顾客体验价值是从服务中分离出来的新型经济提供物，是企业为顾客提供娱乐、逃避现实及视觉享受等活动中所包含利益的总和。本质上，体验价值是一种交互式的、相对体验偏好（Holbrook，2006），Mathwick 等（2001）将之界定为对产品属性或服务绩效的认知及相对偏好，通过自人们对服务、产品的直接使用或远距离欣赏所获得。

文化消费价值感知，不是关于购买价值或交易价值的认知，而是消费者在使用和享受文化产品和服务过程中关于消费体验的结果性感知，即关于文化消费价值或使用价值的感知（Bourgeon-Renault 等，2006）。消费体验价值本身是一个多维的概念，涉及消费者多种的价值目标。不同的学者根据不同的标准对体验价值进行了区分。Babin 等（1994）将体验价值区分为功利价值和享乐价值。其中，功利价值是一种外部价值，其实现依赖于购物/消费旅程中特定的消费需求是否实现。而享乐价值是一种内部价值，是更为主观的和个人的，更多来自乐趣和娱乐中，反映了购物/消费的娱乐和情感价值，更多来自对购物/消费事件活动本身的欣赏而不是仅通过产品和服务获取而产生的。Sweeney 和 Soutar（2001）在零售购物情境下开发了 19 个测项的感知价值量表，包括情感价值、社会价值、质量/性能和价格/物有所值 4 个维度。其中，情感价值是基于产品的情感和感情状态而感知到的效用，社会价值是基于产品提升社会自我概念的能力而感知到的效用，质量/性能是从感知质量和期望产品绩效而感知到的效用，价格/物有所值是由于降低了长期和短期成本而感知到的效用。Lemke 等（2011）将消费体验的使用价值界定为功利性价值、享乐性价值、关系性价值和成本/花费 4 个方面。Pine 和 Gilmore（1998）认为，消费体验价值包括企业为顾客提供的娱乐价值、逃避现实价值和视觉享受等价值。Oh 等（2007）将消费体验利益划分为教育、审美、娱乐和逃避现实 4 个维度。Bourgeon-Renault 等（2006）认为，文化消费价值感知主要包括象征性价值感知、享乐性价值感知、寻求聚会和体验分享的社会交换价值感知。Mathwick 等（2001）将体验价值划分为 4 个维度，即投资报酬、服务优越性、趣味性价值（逃避、享乐）和美感；Holbrook（1999，2006）将体验价值也分为 4 大类共 8 种类型（见表 3-2）。

表 3-2　Holbrook 对体验价值维度的划分

	自我取向价值		他人取向价值	
	主动	被动	主动	被动
外在价值	经济价值：效率（投资报酬、便利性）	经济价值：服务优越性	社会价值：地位（成功、印象管理）	社会价值：尊重（声誉、物质主义荣耀）
内在价值	享乐价值：玩乐（乐趣）	享乐价值：审美	利他价值：美德（正义）	利他价值：精神（信念）

资料来源：Holbrook，2006；Gallarza & Saura，2006。

从以上分析可以看出，不同学者根据所考虑的消费情境不同而对体验价值维度的划分具有很大差异。但是，他们的维度划分中都包含了享乐价值、社会价值、功利性价值以及逃避现实价值。Siu 等（2016）指出，与文化消费相关的动机主要是内在的。实际上，相对于功利性价值，文化消费更为注重的是情感和象征性价值（Bourgeon-Renault 等，2006）。因此，本书结合文化消费者的价值目标特征，以及文化产品和服务本身的价值特性，更为关注文化消费给消费者提供的精神享受、社会性价值以及逃避现实等利益，同时参照现有学者的研究，也会考虑价格感知因素。因此，本书将消费价值感知分为 4 个维度，即享乐性价值感知、逃避性价值感知、社会性价值感知和价格感知。享乐性价值感知和逃避性价值感知强调文化消费体验所带来的感官、情感和精神享受方面的利益。具体而言，享乐性价值感知指文化消费体验所带来的愉悦、乐趣和放松；逃避性价值感知指一种让人逃离现实的、更加不可思议的、令人沉迷的体验性利益，可以让人逃避烦恼、单调、忙碌的生活；社会性价值感知强调基于文化聚会、互动交往和体验分享而塑造的个体在他人感知中的好印象；价格感知是消费成本感知中最为重要的一个因素，合理的价格会削弱消费者对成本的感知，同时提升其对消费价值的感知。

3.4 文献总结

已有关于文化消费的文献大都立足于经济学的视角，它们采用经济学研究方法对文化消费发展的特点、规律以及影响因素进行了大量的研究，这为本书提供了坚实的文献基础。不过，从总体来看，现有研究关于文化消费问题的关注还远远不够，相关研究比较薄弱和缺乏系统性。

第一，国外文化消费研究具有鲜明的微观倾向，主要基于个体消费者偏好和品位来研究某一细分文化产品或类型的消费心理和行为特征（洪涛和毛中根，2016）。这虽然体现了文化消费情境的特殊性和多样性，但无法综合考虑多种异质性的产品和服务，无法从整体上掌握文化消费的微观效应。

第二，国内文化消费研究偏重经济学视角，或是侧重于理论方面的阐释，或是基于全国或省市宏观数据来描述文化消费现状和特征，较少基于微观数据对文化消费状况及其驱动因素进行深入的研究，无法体现居民个体微观层面的异质性。

第三，消费价值感知是直接驱动消费者进行文化消费的重要因素，但现有研究很少考虑到这一变量。文化消费是一种体验消费（Siu 等，2016），能够给消费者带来愉悦、逃离现实、审美和社会接触等体验

(Bourgeon-Renault 等，2006；Hand，2018)，这对于消费者来说是最主要的利益和价值，因而对其决策和行为可能会产生重要影响。然而，文化消费现有研究中关于价值感知的内容非常稀少，价值感知与文化消费行为决策的关系尚未得到验证。

第四，文化消费领域中的研究对体验接触类型鲜有涉及。少数提到文化消费体验的研究，倾向于从整体上去理解消费者关于文化产品和服务核心属性的感受，并未对文化消费体验接触类型进行区分。比如 Hume 等（2008）仅仅从演出服务核心属性方面对体验质量进行界定，认为体验质量就是消费者对表演本身的刺激性、娱乐性和专业性的感知，以及对与表演、舞台等相关的技术方面的情绪反应。还有一些学者强调文化消费体验带来的利益和价值，包括享乐性价值、象征性价值、逃避现实价值、社会交往价值等（Bourgeon-Renault 等，2006；Hand，2018)。但是，这些研究都未对文化消费体验接触类型进行区分，因此也无从分析和比较它的影响效应。并且，即使是当前服务领域关于接触类型的研究，也常常忽视消费者间互动这一重要接触点（Keng 等，2007；Al-Sabbahy 等，2011)。对于文化消费活动而言，很多都发生在个体与其他消费者互动的过程中，与其他消费者的互动接触会让文化消费体验变得更为丰富（Lazzaro 等，2015)，因此，消费者间互动是文化消费体验的一个重要接触点，但目前对此方面的研究远远不够。

第五，现有关于文化消费行为的研究，偏重于金钱资源及其支出情况（Borowiecki 和 Navarrete，2018；Loon 和 Rouwendal，2017)，对时间资源及其支出情况鲜有涉及。然而，文化消费其实是一种时间密集型活动（Wheatley 和 Bickerton，2016)，时间越来越成为塑造文化消费生活的珍贵资源，个体在文化消费上分配的时间数量，不仅表明其对文化消费的看重程度，也是一种测量文化消费的重要方法（Lazzaro 和 Frateschi，2017)。因此，在文化消费行为的研究中，不仅应该考虑金钱资源的约束和使用情况，还应考虑时间资源的约束和使用情况，只有这样才能更为准确地把握文化消费行为特征。

另外，现有研究缺乏基于消费心理学和社会学等多视角的综合研究分析，对文化消费低迷成因缺乏系统、深入的研究，对影响居民文化消费的作用机理重视不够。

综上所述，本书认为，有必要基于个体心理感知来系统探讨文化消费意愿和行为的内在影响机制，通过文献发掘、理论分析和定量实证分析相结合的分析技术，来从整体上剖析文化产品和服务的供给环境互动感知、文化提供者互动感知、个体消费者间互动接触感知、享乐性价值感知、社会性价值感知、逃避性价值感知以及价格感知等因素与文化消费意愿的关系机理，探索不同类型文化消费在阶层感知、性别、受教育程度、年龄、居住区域等人口特征上的差异，进而发现文化消费意愿和行为内在心理影响机制与作用方式，并以此为基础提出提升居民消费意愿的对策。

4　文化消费金钱和时间支出意愿及其直接影响因素

本章内容主要考察文化消费金钱和时间支出意愿及其直接影响因素。具体而言，本书将在前人研究的基础上，从个体消费者的微观视角，采用 Probit 模型来揭示消费价值感知、参照群体影响及个体资源约束（包括时间和金钱）对文化消费金钱支出和时间支出意愿的直接影响，同时考察文化供给环境质量和参照群体影响的调节性作用，希望在进一步丰富文化消费行为研究的同时，也能提出促进文化消费的有针对性建议。

4.1　文化消费支出意愿及其影响因素的理论分析和假设推导

4.1.1　消费价值感知与文化消费支出意愿之间的关系

文化消费价值感知对文化消费支出意愿具有重要影响。Lemke 等（2011）认为，消费者的价值感知会对其购买行为产生重要促进作用。Keng 等（2007）的实证研究也表明，消费价值感知对购买行为倾向具有显著正向影响。

享乐性价值感知对文化消费金钱和时间支出具有重要影响。文化消费是满足精神需求的主要途径（洪涛和毛中根，2016），人们希望通过文化和艺术消费活动获得各种感官和精神享受，比如愉悦感、发现感、知识感、新奇感、趣味感、美感、怀旧感、自由感等（Bourgeon - Renault 等，2006），因而基于享乐性价值的诉求能够有力地驱动人们在文化消费方面金钱和时间支出。Miquel - Romero 和 Montoro - Pons（2017）指出，听音乐的主要动机是为了获得放松、振奋和愉悦。据此，本书建立如下假设：

H1：享乐性价值感知对个体文化消费支出意愿具有正向影响。

H1a：享乐性价值感知对个体文化消费金钱支出意愿具有正向影响。

H1b：享乐性价值感知对个体文化消费时间支出意愿具有正向影响。

获取逃避性体验价值也是人们进行文化消费的重要原因。现代快节奏的生活常常给人们的身心带来较大的压力。如果这些不良情绪和压力被长期压抑而得不到及时宣泄，就会损害身心健康甚至危害社会。而通过文化消费，就可以帮助人们缓解、释放和转移这些压力和不良情绪，从而使其从纷繁复杂、枯燥乏味的现实中剥离和解脱出来，获得与现实生活截然不同的享受和快感，这也就是所谓的逃避性体验价值。比如，许多人之所以愿意在网络游戏上花费金钱和时间，是因为它具有提供别样人生体验的能力，能够使人们暂时逃离现实生活的单调、烦扰、忙碌、普通和平淡。据此，本书建立如下假设：

H2：逃避性价值感知对个体文化消费支出意愿具有正向影响。

H2a：逃避性价值感知对个体文化消费金钱支出意愿具有正向影响。

H2b：逃避性价值感知对个体文化消费时间支出意愿具有正向影响。

社会性体验价值也是驱动文化消费行为的重要因素。文化产品具有表达、区分和象征的属性（Sintas 和 Álvarez，2002），能够向他人传递关于自我身份、地位、品位与理念等方面的重要信息，是社会他人对自我形成良好印象和评价的基础。并且，文化消费过程中的社交互动有利于满足消费者建立情感关系的需求（Siu 等，2016）。因此，关于社会性价值的诉求常常能够刺激人们进行文化消费的欲望，并驱动实际的金钱和时间消费支出行为。据此，本书建立如下假设：

H3：社会性价值感知对个体文化消费支出意愿具有正向影响。

H3a：社会性价值感知对个体文化消费金钱支出意愿具有正向影响。

H3b：社会性价值感知对个体文化消费时间支出意愿具有正向影响。

最后，价格感知亦会对文化消费支出产生重要影响。合理的价格反映了文化产品和服务是物美价廉或物有所值的，一方面，这意味着消费者的支付能力增加了，从而在既定可支配收入前提下能够获得更大的效用；另一方面，文化消费相对于其他物质消费而言，价格更为便宜或者相对更物有所值。这两种情况都会大大提升人们进行文化消费的意愿和积极性，从而极大地驱动其实际的金钱和时间消费行为。毛中根和杨丽姣（2017）指出，降低文化消费品的价格，在收入效应和替代效应的双重作用下，会有效促进文化消费。何昀等（2016）将价格作为反映文化消费质量的一个维度，认为价格指数越低，文化消费质量越高。较高的文化消费质量有助于提升消费者的满意度，进而对后续的消费行为产生重要影响。据此，本书建立如下假设：

H4：良好的价格感知对个体文化消费支出意愿具有正向影响。

H4a：良好的价格感知对个体文化消费金钱支出意愿具有正向影响。

H4b：良好的价格感知对个体文化消费时间支出意愿具有正向影响。

4.1.2 参照群体影响与文化消费支出意愿之间的关系

参照群体是能够对个体评价、意愿和行为产生重要影响的个人或群体，主要影响方式包括信息性影响和功利性影响（Park 和 Lessig，1997）。在消费者的决策过程中，虽然个体价值认知起到了主导作用，但包括朋友、同事、邻居等重要参照群体在内的外部因素，也会对消费者心理感知和决策行为产生影响。并且，由于文化产品和服务的非必需品性质，个体在进行消费决策时受到参照群体的影响可能更大（Bearden 和 Etzel，1982）。一方面，当消费者对相关文化产品和服务不了解或不确定时，会积极地观察并参照所属群体的行为选择，以便减少消费风险；另一方面，文化消费本身具有表达、区分和象征的属性（Sintas和Alvarez，2002），为了得到参照群体成员的认可和赞同，稳固和提升自身在群体中的身份、地位或声誉，消费者会迎合参照群体对文化消费的期望，按照他们的期待做出更为积极的支出决策。据此，本书做出如下假设：

H5：参照群体影响对个体文化消费支出意愿具有正向影响。

H5a：参照群体影响对个体文化消费金钱支出行为具有正向影响。

H5b：参照群体影响对个体文化消费时间支出行为具有正向影响。

4.1.3 个人资源约束与文化消费支出意愿之间的关系

金钱收入和闲暇时间是个体在进行文化消费时的重要资源（Fernández-Blanco等，2017；Hoyer等，2010），较多金钱收入和闲暇时间意味着个体较高的文化消费能力（Kottasz，2015），这势必会带动文化消费水平的提升。一方面，人们的金钱收入水平越高，文化消费付费能力越强，为了生存而牺牲闲暇时间的可能性也越低，这为文化消费的金钱和时间支出提供了较大的增长空间。一些学者已经论证了金钱收入对文化消费支出行为的促进作用（Diniz和Machado，2011；Richards，1996）。另一方面，人们的闲暇时间越多，文化消费的时间约束力越弱，因此参与文化消费的时间数量就可能越多，从而金钱支出数量也可能增多。Fernández-Blanco等（2017）的研究表明，时间约束力越弱，人们进行文化消费的概率越高。据此，本书假设：

H6：收入水平对个体文化消费支出意愿具有正向影响。

H6a：收入水平对个体文化消费金钱支出行为具有正向影响。

H6b：收入水平对个体文化消费时间支出行为具有正向影响。

H7：闲暇时间对个体文化消费支出意愿具有正向影响。

H7a：闲暇时间对个体文化消费金钱支出行为具有正向影响。

H7b：闲暇时间对个体文化消费时间支出行为具有正向影响。

另外，由于文化消费具有鲜明的个人色彩，因此消费者个人特征的差别也会引发文化消费行为的差异（洪涛和毛中根，2016）。一些学者在研究中已经指出了由于性别、受教育程度、年龄、居住区域、社会阶层或社会地位等的不同，人们的文化消费行为呈现不同的特征（Alderson 等，2007；Diniz 和 Machado，2011；Richards，1996；陈广等，2016；洪涛和毛中根，2016；张梁梁和林章悦，2016）。因此，为了更准确地把握文化消费价值感知、参照群体影响和个体资源约束对文化消费支出意愿的影响，本书将这些人口变量作为控制变量。

4.2 研究设计和方法

4.2.1 研究变量的测量

变量测量主要参照营销管理领域顶级期刊或是引用较多的文献。为了确保量表的内容效度，本书邀请了 3 位具有较好双语应用能力的博士研究生，对所有英文题项进行了双向互译对照，并根据中国背景和研究背景对题项具体表述进行了本土化的修正。关于文化消费价值感知的测量，享乐性价值感知来自 Mathwick 等（2001）、To 等（2007）、Hosany 和 Witham（2010）的研究，包括 6 个题项。逃避性价值感知来自 Mathwick 等（2001）、Oh 等（2007）的研究，包括 3 个题项。社会性价值感知来自 Sweeney 和 Soutar（2001）、Dholakia 等（2004）的研究，包括 3 个题项。价格感知的测量，主要参考 Sweeney 和 Soutar（2001）、Mathwick 等（2001）的研究，包括 2 个题项。参照群体影响主要参照 Park 和 Lessig（1977）的量表，包括 6 个题项。以上题项均采用李克特 7 点量表进行测量，其中，1 代表“非常不同意”，7 代表“非常同意”。具体测项如表 4-1 所示。

表 4-1　主要构念的信度和效度检验结果

潜变量	题项	标准化载荷	均值	标准差	AVE	CR	Cronbach's α	
享乐性价值感知（HV）	HV1：感到精神焕发	0.794	5.015	1.178	0.765	0.951	0.950	0.927
	HV2：感到很有趣味	0.875						
	HV3：感到非常愉悦	0.914						
	HV4：感到开心快乐	0.917						
	HV5：感到放松和舒适	0.898						
	HV6：给我的生活带来了娱乐	0.842						
逃避性价值感知（EV）	EV1：感觉自己好像在另外一个世界	0.900	4.408	1.412	0.727	0.889	0.887	
	EV2：扮演了一个与日常生活完全不同的角色	0.870						
	EV3：非常投入，以至于忘记了周围的一切	0.784						
社会性价值感知（SV）	SV1：给别人留下了一个好的印象	0.794	4.778	1.179	0.668	0.858	0.857	
	SV2：提升了在别人眼中的形象	0.842						
	SV3：觉得自己是有价值的	0.816						
价格感知（PP）	PP1：价格是合理的	0.614	4.076	1.192	0.454	0.622	0.613	
	PP2：总体而言对价格是满意的	0.728						
参照群体影响（RE）	RE1：常常与周围的人交流文化消费信息	0.589	4.823	1.244	0.511	0.861	0.857	
	RE2：喜欢与周围的人交流文化消费情况	0.629						
	RE3：会从周围人那里寻求文化消费信息	0.748						
	RE4：文化消费会受到周围人的影响	0.816						
	RE5：周围人的行为偏好会影响我的消费选择	0.781						
	RE6：周围人关于文化消费的期望会影响我的购买决策	0.699						

续表

潜变量	题项	标准化载荷	均值	标准差	AVE	CR	Cronbach's α
测量模型拟合优度	RMSEA = 0.086；SRMR = 0.062；GFI = 0.87；AGFI = 0.84；NFI = 0.96；NNFI = 0.97；CFI = 0.97；IFI = 0.97；RFI = 0.96；PNFI = 0.81；PGFI = 0.67；$\chi^2/df = 5.84$						

注：参照群体影响的测项题项中，周围人指个体消费者的家人、亲戚、朋友、同事、邻居等与之有社交关系的人或群体。

对于个体收入的测量，询问消费者实际的平均每月收入水平；对于文化消费金钱总支出和时间总支出的测量，询问消费者的实际支出数量。

4.2.2 问卷发放和数据收集

本问卷主要分为四大部分：①填写说明。向被调查者说明本次调查的目的和填答要求。②人口统计方面的问项。这一部分调查顾客的个人信息资料，具体包括性别、年龄、居住地、学历、社会阶层等。③居民在各种文化消费中的支出情况，主要调查居民过去3个月内平均在教育培训、休闲娱乐、文化传媒产品和服务、文化艺术、健身和运动、文娱用机电及互联网文化服务等文化消费上的金钱和时间支出水平，以及在文化活动方面的偏好等情况。④主要涉及对研究变量的衡量，具体包括对居民文化消费意愿、文化消费环境感知、文化消费价值感知、参照群体影响等变量的测量。

为了保证问卷的精确度和清晰性，在正式调查之前，本书选取30名在过去3个月内有文化消费经历的消费者对问卷进行前测，同时参考几位本领域专家的意见，根据回复意见对问卷进行了修正。

正式调研的调查对象被界定为在过去3个月内具有文化消费经历的成年人。调研区域的设定主要基于研究者所在地的考虑，将其界定在河南省范围内，这样方便现场调查的顺利开展和良好控制，能够保证在资金、时间和精力等制约下获得质量较高的数据资料。并且，作为中国中部日渐崛起的重要省份，河南省文化消费问题也很有研究价值，具有一定的代表性。

问卷发放采用问卷星在线调查和纸质问卷调查两种方式，陆续在郑州市图书馆、城市居民社区及乡村进行现场调查，共发放纸质问卷 450 份，回收问卷 424 份，回收率为 94.2%。剔除关键题项无应答或应答有缺失的问卷 96 份，合格问卷为 328 份。同一时期通过问卷星回收问卷 392 份，剔除不合格问卷 68 份，合格问卷为 324 份。最终，本书共得到有效问卷 652 份。

4.2.3 Probit 研究模型的设定

在本书中，对于每种类型的文化消费，消费者可能会选择参与，也可能选择不参与。因此，消费者是否愿意参与某种类型的文化消费行为，就变成一个二值选择问题。为了探明个体消费者是否愿意选择特定类型的文化消费，本书采用 Probit 方法估计特定文化消费类型被选择的概率，由此也可以分析影响文化消费类型选择意愿的关键因素。本书首先定义虚拟变量 Y，将特定类型文化消费活动的参与者记为 Y=1，非参与者记为 Y=0。

根据前人经验，在研究消费支出数据时，用恩格尔回归方程的数据拟合度是最好的（Abdel-Ghany 和 Schwenk，1993；Fan 和 Abdel-Ghany，2004；Dankoand Schaninger，1990），因此我们采用带虚拟变量的半对数回归模型来表示研究模型，具体形式如下：

$$Y=\beta_0+\beta_1X_1+\beta_2X_2+\beta_3X_3+\beta_4X_4+\beta_5\ln X_5+\beta_6\ln X_6+\beta_7X_7+\beta_8Femail+\beta_9Age_1+\beta_{10}Age_2+\beta_{11}Age_3+\beta_{12}Age_4+\beta_{13}City+\beta_{14}Edu_h+\beta_{15}Cla_1+\beta_{16}Cla_2+e$$

Y 为文化消费金钱和时间支出选择的虚拟变量；X 代表可能影响文化消费支出的一组连续性变量和虚拟变量。具体而言，X_1、X_2、X_3、X_4、X_5、X_6、X_7 分别表示享乐性体验、逃避性体验、社会性体验、价格感知、闲暇时间、月均收入和参照群体影响。Femail 为取值“1”、

“0”的性别虚拟变量，其中男性为参照项。Age 是代表年龄的一组虚拟变量，Age_1、Age_2、Age_3 和 Age_4 分别对应 26~33 岁、34~41 岁、42~50 岁、51 岁及以上这 4 个年龄段的虚拟变量，18~25 岁为参照项。City 为取值“1”“0”的生活地点虚拟变量，其中非城市地区为参照项。Edu_h 为取值“1”“0”的受教育程度虚拟变量，其中大专以下的低学历组为参照项。Cla 是代表社会阶层感知的虚拟变量，Cla_1 和 Cla_2 分别对应社会阶层感知为低层和高层的虚拟变量，其中中层为参照项。

4.3 实证结果及分析

描述性统计分析显示，被调查者中，男性和女性分别占比为 50.8% 和 49.2%，18~25 岁、26~33 岁、34~41 岁、42~50 岁和 50 岁以上的人分别占比为 47.9%、23.6%、13.8%、11.5% 和 3.2%，大专以下和大专及以上学历的人分别占比为 22.2% 和 77.6%，自我感知为社会下层、中层和上层的人分别占比为 31.1%、38.2% 和 30.6%，收入为 2000 元以下、2001~3500 元、3501~5000 元、5001~8000 元及 8000 元以上的人分别占比 26.1%、25.6%、24.1%、11.5% 和 12.7%。整体来看，被调查对象的性别比例均衡，大部分是年轻人，受到过良好的教育，处于中间社会阶层，月均收入在 6000 元以内，样本结构良好，与中部地区文化消费主力人群的人口特征接近。

4.3.1 信度和效度检验

采用 SPSS19.0 和 LISREL8.7 对问卷的信度和效度进行检验，结果如表 4-2 和表 4-3 所示。除了价格感知的 Cronbach's α 系数为 0.613，其他各潜变量以及整个量表的 Cronbach's α 均大于 0.85（见表 4-1），这说明问卷具有较好的信度。

基于验证性因子分析和测量模型来检验测量效度及模型的拟合优度。结果表明，标准化残差均方根 SRMR 值为 0.062，小于 0.08；近似误差均方根 RMSEA 值为 0.086，小于 0.10（Steiger，1990）；非范拟合指数 NNFI 值为 0.97，比较拟合指数 CFI 值为 0.97，都在 0.9 之上；简效指标 PNFI 为 0.81，PGFI 为 0.67，均大于 0.5。另外，其他各项模型拟合指数也都达到相应要求。因此，测量模型整体拟合良好（见表 4-1）。

各测量题项在相应潜变量上的标准化载荷系数都大于 0.6，且全部显著（见表 4-1），除了价格感知的平均方差抽取量（AVE）值为 0.454，其他潜变量的 AVE 值都在 0.5 以上，说明收敛效度较好。将所有潜变量的 AVE 平方根值放入潜变量间相关系数矩阵进行比较，均满足了大于其所在行与列潜变量相关系数绝对值的标准（见表 4-2），说明区别效度较好。

表 4-2 潜变量 AVE 平方根及潜变量间相关系数矩阵

	享乐性价值感知	逃避性价值感知	社会性价值感知	价格感知	参照群体影响
享乐性价值感知	0.875				
逃避性价值感知	0.617***	0.853			
社会性价值感知	0.669***	0.577***	0.817		
价格感知	0.380***	0.393***	0.536***	0.674	
参照群体影响	0.516***	0.410***	0.532***	0.289***	0.715

注：斜对角线的数字为相应变量 AVE 值的平方根，其他方格中第一个数字为潜变量之间的相关系数，*** 表示在 0.1%水平上显著。

4.3.2 假设检验分析

本书采用 Stata10.0 对研究模型进行了检验，具体结果见表 4-3。表 4-3 是个体消费者价值感知、参照群体影响、资源约束对文化消费金钱和时间支出意愿直接作用的验证。

表 4-3 不同类型文化消费金钱和时间支出意愿及其影响因素

	网络文化支出意愿		教育培训支出意愿		休闲娱乐支出意愿		文化传媒支出意愿		文化艺术支出意愿		运动与健身支出意愿	
	金钱	时间	金钱	时间	金钱	时间	金钱	时间	金钱	时间	金钱	时间
性别（女性）	−0.313***	−0.038	0.141	−0.386***	−0.106	−0.165	0.059	−0.031	−0.092	−0.264**	−0.273**	−0.166
年龄 1（26~33 岁）	−0.159	−0.013	−0.417***	−0.171	−0.046	−0.078	−0.108	0.065	0.009	−0.086	0.097	−0.006
年龄 2（34~41 岁）	−0.108	−0.006	−0.280	−0.524***	−0.446**	−0.632***	−0.215	−0.143	0.330**	0.115	0.252	−0.062
年龄 3（42~50 岁）	−0.321*	−0.422	−0.695***	−0.360*	−0.132	−0.231	−0.430*	0.446	0.234	0.005	0.015	0.291
年龄 4（51 岁及以上）	−0.809***	−1.561***	−1.487***	−0.622*	−0.426	−0.199	−0.677**	0.211	−0.292	−0.051	−0.225	0.180
居住地（城市）	0.173	0.463**	0.113	0.365**	0.204	0.237	0.197	0.416**	0.090	0.439***	0.047	0.322**
受教育程度（高）	−0.133	0.209	0.583***	0.571***	0.045	−0.186	0.579***	0.063	0.125	0.098	0.373***	0.366***
社会阶层感知（低）	−0.107	−0.161	−0.463***	−0.258*	−0.415***	−0.319**	−0.376**	−0.036	−0.313**	−0.024	−0.347***	−0.260*
社会阶层感知（高）	−0.321**	−0.245	−0.175	−0.080	−0.128	−0.125	−0.122	−0.261	−0.031	−0.158	−0.330**	−0.304**
享乐性价值感知（HV）	0.082	0.259***	0.146**	0.120**	0.088	0.053	−0.001	0.082	0.073	0.071	0.124**	0.028
逃避性价值感知（EV）	0.002	0.053	0.006	0.005	−0.095	0.066	−0.043	0.068	0.117**	0.179***	0.033	0.107*
社会性价值感知（SV）	−0.048	0.154*	0.178***	0.001	0.007	0.020	0.129*	0.268***	0.005	0.082	0.061	0.144***
价格感知（PP）	0.087	−0.098	0.079	0.040	0.095	0.215***	0.115	0.106	0.147***	0.164***	0.157***	0.091

续表

	网络文化支出意愿		教育培训支出意愿		休闲娱乐支出意愿		文化传媒支出意愿		文化艺术支出意愿		运动与健身支出意愿	
	金钱	时间	金钱	时间	金钱	时间	金钱	时间	金钱	时间	金钱	时间
收入	0.036	0.066	0.066	0.076*	0.048	0.067	0.177***	0.118**	0.119***	0.000	0.107***	0.061
闲暇时间	0.131*	0.140*	0.075	0.095	0.070	0.118*	0.160**	0.085	0.012	0.021	0.118*	0.052
参照群体影响（RE）	0.051	0.111	0.103*	0.166***	0.150**	0.080	0.097	0.302***	0.049	0.106**	0.045	0.055
Constant	0.001	0.002	-0.104	-0.500	0.524	-0.022	-1.279**	0.064	-0.998**	-0.241	-1.258**	-0.389
N	652	652	652	652	652	652	652	652	652	652	652	652
LR chi2	34.85	65.97	92.80	83.47	29.89	48.65	58.14	43.24	48.90	56.59	68.02	50.06
Prob>chi2（16）	0.004	0.000	0.000	0.000	0.019	0.000	0.000	0.000	0.000	0.000	0.000	0.000
Log likelihood	-358.778	-148.379	-269.336	-289.456	-237.433	-308.214	-191.113	-117.642	-425.075	-420.870	-401.887	-341.612
Pseudo R^2	0.046	0.182	0.147	0.126	0.059	0.073	0.132	0.155	0.054	0.063	0.078	0.068

注：*、**、***分别表示在10%、5%、1%水平上显著。

从表4-3中可以看出，在网络文化类消费背景下，闲暇时间对个体金钱支出意愿具有正向影响，享乐性价值感知、社会性价值感知和闲暇时间对个体时间支出意愿具有正向影响，因此假设 H1b、H3b、H7a、H7b 成立；在教育培训类文化消费背景下，享乐性价值感知、社会性价值感知和闲暇时间对个体金钱支出意愿具有正向影响，享乐性价值感知、收入和闲暇时间对个体时间支出意愿具有正向影响，因此假设 H1a、H1b、H3a、H6b、H7a、H7b 成立；在休闲娱乐类文化消费背景下，参照群体影响对个体金钱支出意愿具有正向影响，价格感知和闲暇时间对个体时间支出意愿具有正向影响，因此假设 H4b、H5a、H7b 成立；在文化传媒类消费背景下，社会性价值感知、收入水平和闲暇时间对个体金钱支出意愿具有正向影响，社会性价值感知、参照群体影响和收入水平对个体时间支出意愿具有正向影响，因此假设 H3a、H3b、H5b、H6a、H6b、H7a 成立；在文化艺术类文化消费背景下，逃避性价值感知、价格感知和收入水平对个体金钱支出意愿具有正向影响，逃避性价值感知、价格感知和参照群体影响对个体时间支出意愿具有正向影响，因此假设 H2a、H2b、H4a、H4b、H5b、H6a 成立；在运动健身类文化消费背景下，享乐性价值感知、价格感知、收入水平和闲暇时间对个体金钱支出意愿具有正向影响，逃避性价值感知、社会性价值感知对个体时间支出意愿具有正向影响，因此假设 H1a、H2b、H3b、H4a、H7a、H7a 成立。

4.3.3 研究结论和启示

消费价值感知对文化消费金钱和时间支出意愿具有重要驱动作用，但其影响面和影响程度有所差别。享乐性价值感知主要影响网络文化、教育培训和运动健身类消费支出意愿，逃避性价值感知主要影响文化艺术和运动健身类消费支出意愿，社会性价值感知主要影响网络文化、教育培训、文化传媒和运动健身类文化消费支出意愿，价格感知主要影响休闲娱乐、文化艺术和运动健身类文化消费支出意愿。

具体而言，享乐性价值感知对网络文化消费中的时间支出意愿产生显著影响，对教育培训类文化消费的金钱和时间支出意愿都有正向影响，对运动健身类消费的金钱支出意愿具有正向影响，但是它对休闲娱乐、文化传媒和文化艺术类消费决策则没有产生显著影响。一方面，这可能是因为在这些文化消费背景下，享乐性价值作为一种最为基本的价值诉求，更多的是起到一种保健而非激励的作用，因此它并不会对金钱和时间支出数量产生显著的促进作用。另一方面，享乐性价值可能具有多维特性，比如唤醒类价值和愉悦类价值，但本书并未对之进行区分，这将可能导致不同类型享乐性价值的作用被抵消或低估。

社会性价值感知对网络文化类和运动健身类消费的时间支出意愿具有正向影响，对于教育培训类消费的金钱支出意愿具有正向影响，对于文化传媒类消费的金钱和时间支出意愿都有正向影响，但它在休闲娱乐和文化艺术类消费背景下的作用有限；逃避性价值感知对文化艺术类消费的金钱和时间支出意愿都具有正向影响，对运动健身类消费的时间支出意愿具有正向影响；价格感知对休闲娱乐类消费的时间支出具有正向影响，对于文化艺术类消费的金钱和时间支出意愿都具有正向影响，对于运动健身类的金钱支出意愿具有正向影响。

个体资源约束是文化消费决策的重要决定因素。收入水平对于教育培训类消费的时间支出意愿具有正向影响，对于文化传媒类消费的金钱和时间支出意愿都具有正向影响，对于文化艺术和运动健身类消费的金钱支出意愿也具有显著正向影响；闲暇时间对于网络文化消费和教育培训类消费的金钱与时间支出意愿都有显著正向影响，对于休闲娱乐类文化消费的时间支出意愿具有正向影响，对于文化传媒和运动健身类文化消费的金钱支出意愿也具有正向影响。闲暇时间对文化艺术类消费支出的影响极为微弱，这可能是因为人们平时很少参与文化艺术类消费活动。

另外，参照群体影响主要影响休闲娱乐、文化传媒和文化艺术类消费支出意愿。具体而言，它对休闲娱乐类文化消费的金钱支出意愿具有显著正向影响，对文化传媒和文化艺术类消费的时间支出意愿也具有显著正向影响。

5 文化体验接触、价值感知和消费意愿的关系

本章在第 4 章的基础上，深入探查文化体验接触对文化消费意愿的影响机制。首先基于相关理论构建文化供给环境因素、文化提供者接触因素和个体消费者互动因素对消费意愿影响的理论模型，在此基础上对研究假设进行推导，然后详细说明实证研究设计的内容、方法和程序，最后根据正式调研回收的数据资料，采用结构方程和路径分析等方法对研究模型和基本假设进行检验分析。

5.1 文化消费意愿影响机制的理论模型构建

5.1.1 文化消费价值感知与消费意愿之间的关系

根据 Siu 等（2016）的观点，与文化消费相关的动机主要是内在的。相对于功利性价值，文化消费更为注重的是情感和象征性价值（Bourgeon-Renault 等，2006）。因此，本书在此部分更为关注文化消费给消费者提供的精神享受、社会性价值以及逃避现实等利益，而不考虑价格感知的影响。因为严格来讲，虽然价格感知会对消费者价值感知产生影响，但它本身并不属于文化消费精神性和象征性价值的范畴。

消费体验和体验价值相关理论研究表明，消费体验对消费者的态度

和行为倾向具有非常重要的影响。如果一个人在一个消费事件中获得了卓越体验，就可能会与促进体验形成的那些个体、产品或机构形成强烈的情感纽带（Schouten、McAlexander 和 Koenig，2007），从而对于未来生活中的类似消费事件形成积极的消费倾向。Hart 等（2007）的研究指出，愉悦的购物体验对顾客的再光顾意愿具有显著的正向影响。Lemke 等（2011）认为，消费体验的使用价值，包括享乐性价值和关系性价值等，对顾客的购买、保留及口碑行为都具有重要影响。Keng 等（2007）的研究证明，顾客体验价值的所有维度（即效率、服务优越性、趣味和审美）对顾客行为意向（包括渴望光顾/购物倾向、再光顾意愿、推荐意愿）具有正向影响。因此，居民文化消费意愿可视为文化消费价值感知的函数。本书在第 4 章关于文化消费支出意愿的直接驱动因素研究中，也发现了消费价值感知对文化消费意愿的直接驱动作用。

5.1.2 文化消费价值的主要驱动因素

体验价值感知是基于互动形成的，体验接触因素是体验价值的前因变量（Wu 和 Liang，2009）。Keng 等（2007）的研究证明，体验接触，包括与企业工作人员的人际互动接触，以及与零售商实体环境的互动接触，是顾客体验价值的重要驱动因素。

Lemke 等（2011）曾提出影响体验价值的接触因素包括产品供给因素（比如物有所值、多样性/选择）、服务质量（比如服务的可获得性、可靠性、关心和友好及乐于助人性、氛围愉悦性、个性化等）、与其他顾客的关系及产品/服务代理的社会影响等。Hart 等（2007）的研究表明，愉悦的购物体验来源于易获得性（位置便利性、足够的停车位、行走容易性等）、氛围因素（外观吸引力、氛围享受性、店铺选择丰富性和多样性等）、环境因素（整洁性、营业时间方便性、安全性）和人的因素（服务态度、员工乐于助人性等）。Chang 和 Horng（2010）认为，体验质量来源于实体环境因素、服务提供者因素、其他顾客和同行者因素等。

在前人研究的基础上，本书认为文化消费价值的驱动因素也可以分为三个方面，即文化提供者接触、文化消费环境接触和消费者间互动接触（Chang 等，2010；Hart 等，2007；Lemke 等，2011）。

5.1.3 理论研究模型的构建

基于上述分析，本书构建了实证研究模型，如图 5-1 所示。本模型的基本思想是：文化体验接触因素，包括文化消费环境接触、文化提供者接触和消费者间互动接触，会对居民文化消费意愿产生重要影响，且这种影响是通过文化消费价值感知（包括享乐性价值、社会性价值和逃避性价值）而间接产生的。并且就消费价值本身而言，不同维度的价值之间并不是相互平行的，社会性价值和逃避性价值会对享乐性价值产生正向影响。

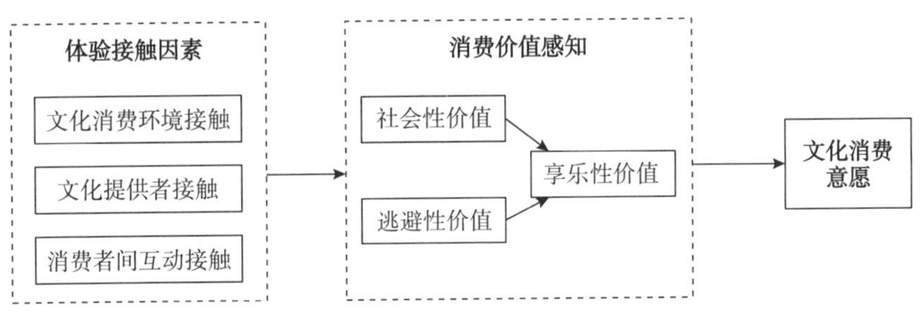

图 5-1 文化消费意愿影响机制的理论模型

5.2 研究假设及其理论推导

在理论研究框架的指导下，根据现有文献和理论研究成果，对本书主要研究假设进行了推导。

5.2.1 文化体验接触与不同维度消费价值感知之间的关系

消费价值感知是以互动为基础的（Mathwick 等，2001），产生于消费者和产品、企业、组织（构件）之间的一系列复杂的互动（Gentile 等，2007），是消费者基于服务提供者设计的一系列服务接触和互动的解释、理解而形成的（Hume 等，2006）。Pullman 和 Gross（2004）认为，当一个消费者在与企业某种环境元素的互动中产生了一些感觉或是获得了某些知识时，体验就会产生。体验既可以经由购买、消费产品而直接产生，也可能通过营销沟通交流活动而间接产生（Brakus 等，2009）。因此，体验接触常常被视为消费价值感知的重要前因变量。

（1）文化消费环境接触对消费价值感知的影响

文化消费环境接触会对享乐性价值感知产生重要影响。一方面，文化消费环境体验越好，比如产品和服务供给的类型越丰富、数量越多、选择余地越大，消费者自主性感知就越强，满意程度越高（Mogilner 等，2008）；同时，这也意味着消费者有可能找到更加符合偏好的产品（Baumol 等，1956），做出更明智的文化消费决策和/或实现更合意的文化消费结果，而这种积极的情形会极大地提升文化消费过程中的愉悦程度，从而增强顾客关于享乐性价值的感知；另外，良好的文化消费环境意味着顾客的文化消费生活有可能更为丰富和充实，这将有助于顾客免除社交和情感孤独，产生更多积极情绪和情感。

文化消费环境接触会对社会性价值感知产生重要影响。优良的文化消费环境，使顾客有可能获得更多的文化知识、信息和经验，即文化资本。而文化资本的增加，有助于提升个体与他人在社会身份和文化方面的认同性和一致性，能够增加获得有价值社会资本的概率（洪涛和毛中根，2016），促进个体与相关社会群体的融合。并且，在信息社会中，对相关文化知识和信息的掌握成为个体身份识别的一个重要因素（Hargittai，2000），能够提升个体在其他消费者心目中的形象。

文化消费环境接触也会对逃避性价值感知产生重要影响。良好的文化消费环境，使消费者更容易找到类似“第三场所”（Oldenburg，1999）的、具有逃离现实感觉的地方，从而得以忘掉日常生活和工作中的烦忧。比如对许多人而言，文化网络空间是一个世外桃源，它为人们提供了一个逃避单调、忙碌和平凡无趣生活的场所（派恩和吉尔摩，2002）。

综上分析可知，文化消费环境接触对不同维度的消费价值感知具有正向促进作用。据此，本书建立如下假设：

H1：个体关于文化消费环境接触的积极感知对消费价值感知具有正向影响。

H1a：个体关于文化消费环境接触的积极感知对享乐性价值具有正向影响。

H1b：个体关于文化消费环境接触的积极感知对社会性价值具有正向影响。

H1c：个体关于文化消费环境接触的积极感知对逃避性价值具有正向影响。

（2）文化提供者接触对消费价值感知的影响

消费者关于文化提供者接触的正面感知，会增进消费者关于享乐性价值的感知。良好的文化提供者接触体验，能给消费者带来一种清晰的、精确的和可靠的感觉（Williams 和 Spiro，1985），而这将会降低消费者对文化产品和服务的焦虑和不确定性，并获得在消费过程中将会发生什么的舒适和慰藉，即信心利益（Kim 等，2011），从而极大地增进消费过程的愉悦性，激发消费者的积极倾向和情感。Hart 等（2007）也指出，良好的文化提供者接触体验会增加购物体验的愉悦性。Lemke 等（2011）认为，良好的文化提供者接触体验促成了享乐性价值的形成。

良好的文化提供者接触体验会增进消费者关于社会性价值的感知。这是因为，良好的文化提供者接触体验会提升顾客关于卓越文化企业形象和绩效的感知（Keng 等，2007）并促进消费体验的形成，进而能够提升个体消费者与服务人员、企业等的关系（Schouten 等，2007）。而当消费者与特定服务提供者之间形成一种良好的关系时，社会性利益就产生了（Gwinner 等，1998），这包括服务人员对消费者的个人识别、友善结交、友谊发展及归属感形成（Kim 等，2011）。

良好的文化提供者接触体验会增进消费者关于逃避性价值的感知。这是因为，良好的文化提供者接触体验会让消费者感知到尊重和受到关注，产生“消费者是上帝”的愉悦感觉，这种体验可能与其日常生活和工作中的经历完全不同，能使其暂时忘掉烦恼并沉浸在这种美好的体验中。很多人之所以喜欢积极参与消费活动，就是因为希望摆脱日常的、平凡的消费行为（Keng 等，2007）。

综上分析可知，良好的文化提供者接触体验对不同维度的消费价值感知具有正向促进作用。Wu 和 Liang（2009）也认为，服务人员所提供的周到的、可靠的和专业的服务，会对个体价值感知产生正向影响。据此，本书建立如下假设：

H2：消费者关于文化提供者接触的积极感知对消费价值感知具有正向影响。

H2a：消费者关于文化提供者接触的积极感知对享乐性价值具有正向影响。

H2b：消费者关于文化提供者接触的积极感知对社会性价值具有正向影响。

H2c：消费者关于文化提供者接触的积极感知对逃避性价值具有正向影响。

（3）消费者之间互动接触对消费价值感知的影响

作为顾客共同参与生产和价值创造的一种方式（Nicholls，2010），消费者之间互动已经被视为服务体验的重要方面（Yoo 等，2012），在体验价值创造中具有关键作用（Baron 和 Harris，2010）。所谓的消费者之间互动，是指在产品、服务消费或体验过程中，因为共享服务、服务环境或服务设施，两个或多个消费者之间通过口头交流、身体接触、文本信息、肢体姿态甚至仅仅在场等方式而产生的相互联系和相互作用（李志兰，2015）。消费者之间令人愉悦的互动接触，对消费体验具有积极影响；相反，不良的消费者之间互动则会对消费体验产生不利影响（Grove 和 Fisk，1997；Martin 和 Pranter，1989；Zhang 等，2010）。Wu 和 Liang（2009）也发现餐馆情境中消费者之间互动对消费价值感知具有正向影响。蒋婷和张峰（2013）则论证了不同类型的消费者之间互动事件如何对价值感知的不同维度产生重要影响。

消费者之间良性的互动接触对享乐性价值感知具有正向促进作用。根据稳定效应理论（Harris 和 Baron，2004），消费者之间口头互动提供了一种社会交往利益，能够让个体感知到更多交往的乐趣、愉悦和舒适，从而感知到更多的享乐性价值；并且，消费者之间口头互动常常也是一种信息和体验分享行为，这种交流行为有助于消费者间产生移情和共鸣，从而使个体感知到一种精神上的宽慰、放松和舒适感，将会极大地增强其对消费/购物体验过程中的享乐性价值感知。社会支持理论也指出，消费者间互动有助于帮助顾客克服社交孤独和情感孤独，提升消费过程中的乐趣、愉悦和舒适感（Rosenbaum，2006），而这些积极情感正是享乐性价值的基本方面。

消费者间良性的互动接触对于社会性价值感知具有正向促进作用。有学者指出，消费者间互动之所以重要，是因为它有助于排除孤独和寻求归属感，有助于个体间友谊的形成（Martin 和 Pranter，1989）。Rosenbaum（2006）发现，消费者之所以惠顾某个场所，是因为他们在与员工和其他顾客的互动过程中获得了爱、安全和归属的感觉。换句话说，由于这个场所与消费者结识伙伴、寻求联系和情感支持的社会需求相关联，因此才显得非常重要。McGrath 和 Otnes（1995）认为，消费者之间互动有助于建立、维持与熟人的亲密关系，有助于与平时较疏远的人建立关系桥梁，有助于形成自我身份认同和社会归属感。Moore 等（2005）指出，消费者之间互动行为的一个主要的结果就是人际关系联结的形成，比如友谊的形成等。

消费者之间良性的互动接触对于逃避性价值感知具有正向促进作用。有学者指出，人们可能遭受来自社会（社交）的和情感的孤独。社会的孤独使人们产生了包括厌烦/无聊、迷茫、边缘性等症状，但可以通过参与到社会网络中并接受来自朋友的陪伴而治愈这些症状；而情感孤独使人们面临焦虑、孤立、难以名状的担忧，但可以通过与他人形成亲密的关系而得以缓解（Rosenbaum，2006；Weiss，1973）。因此，人们会通过消费者间互动的方式来形成社交关系从而获得社会支持，逃离日常生活中与社会和情感孤独相关的负面状态。正如一些研究中所指出的，孤独常会使老年消费者汇聚在第三场所来寻求陪伴和情感支持（Rosenbaum，2006），会使青少年消费者逃往商场，会使哈维戴维森的车主去 HOG 聚会（Lewis，1989）。

综上分析可知，消费者间良性的互动接触对不同维度的消费价值感知具有正向促进作用。据此，本书建立如下假设：

H3：消费者关于彼此间互动接触的积极感知对消费价值感知具有正向影响。

H3a：消费者关于彼此间互动接触的积极感知对享乐性价值具有正向影响。

H3b：消费者关于彼此间互动接触的积极感知对社会性价值具有正向影响。

H3c：消费者关于彼此间互动接触的积极感知对逃避性价值具有正向影响。

5.2.2 社会性价值感知、逃避性价值感知对享乐性价值感知的影响

消费体验价值各维度是相互联系而非相互独立的（Sweeney 和 Soutar，2001；贺和平等，2010）。社会性价值感知和逃避性价值感知对享乐性价值感知会产生正向影响。

首先，社会性价值体现了消费者通过文化消费行为来塑造个体在他人感知中的好印象或其他好的反应（Gallarza 和 Saura，2006），这种基于人际互动交往而产生的利益，会激发个体的积极情绪，比如愉悦、开心等。而根据积极情绪的注意偏向理论（Tamir 和 Robinson，2007；刘惠军和高磊，2010），这些积极情绪会使个体对积极刺激表现出注意偏向，从而不仅使个体更多感知到人际间交往和分享的乐趣，还更加关注消费过程中其他令人兴奋、快乐、着迷、舒适等的刺激因素，进而增强个体关于消费过程中享乐性价值的感知。

其次，逃避性价值感知能够增进个体关于享乐性价值的感知，因为逃避现实本身就是享乐性价值的基本方面（Babin 等，1994）。逃避性价值的感知，意味着消费者逃离了现实的烦恼、单调、孤独、繁忙等等，从而保持一种更为健康的心理状态和更为积极的情感状态，而这无疑有益于增强其在心理和精神方面的感受和利益，包括趣味感、美观和内在愉悦感。

因此，基于如上分析，本书建立了假设 H4：

H4：社会性价值和逃避性价值会对享乐性价值感知产生正向影响。

H4a：社会性价值感知会对享乐性价值感知产生正向影响。

H4b：逃避性价值感知会对享乐性价值感知产生正向影响。

5.2.3 不同维度消费价值感知对文化消费意愿的影响

根据积极情绪趋近动机理论（Watson 等，1999），个体关于消费价值的感知会激发其积极情绪和情感的产生，从而使其更加关注当前消费情境中的积极刺激，而这无疑将会影响其态度和行为。正如一些学者所指出的，卓越的消费体验价值具有一种“晕轮效应”，具有提升物体、活动、符号和与之相关联的人的重要性的作用，有助于顾客与相关产品、机构形成强烈的情感纽带（Schouten 等，2007），进而增强其未来的消费意愿。Hart 等（2007）的实证研究表明，购物体验愉悦对个体的再光顾意愿具有显著正向影响。Lemke 等（2011）在研究中指出，关系性价值和享乐性价值会对消费者承诺及购买行为产生重要影响。Keng等（2007）的实证研究也表明，享乐性和逃避性价值对消费行为倾向（包括购物倾向、再光顾意愿和推荐意愿）具有显著正向影响。Gallarza和Saura（2006）基于旅游情境的研究表明，社会性价值和享乐性价值通过满意而对忠诚（包括再光顾意愿、推荐意愿等）产生重要影响。在第4章中，本书也验证了消费价值感知对不同类型文化消费支出体验的重要影响。基于以上分析，本书认为，如果人们在文化消费中感知到较高的消费体验价值，将会更加倾向于增加相应的文化消费。据此，本书提出如下假设：

H5：文化消费价值感知会对文化消费意愿产生正向影响。

H5a：享乐性价值感知对文化消费意愿具有正向影响。

H5b：社会性价值感知对文化消费意愿具有正向影响。

H5c：逃避性价值感知对文化消费意愿具有正向影响。

5.3 实证研究分析和假设检验

本书采用问卷调查和结构方程模型对研究假设进行检验，主要的工作包括量表设计、描述性统计分析、验证性因子分析和结构方程模型等。

5.3.1 量表设计和数据收集与整理

对于文化消费环境接触的测量，主要参照Hart等（2007）的研究成果，包括3个题项。文化提供者接触的测量主要借鉴Wu等（2009）和Jamal和Naser（2002）的研究成果，包括5个测量题项。消费者间互动接触的测量源自Moore等（2005）、Al-Sabbahy等（2011）、Williams和Spiro（1998）和李志兰（2015）等学者的研究成果，包括4个题项。关于消费价值感知的测量，社会性价值感知来自 Sweeney 和 Soutar（2001）和 Dholakia 等（2004）的研究，包括 3 个题项；逃避性价值感知来自 Mathwick 等（2001）、Oh 等（2007）的研究，也包括 3 个题项；享乐性价值感知来自 Mathwick 等（2001）、To 等（2007）及 Hosany 和 Witham（2010）的研究，包括 6 个题项。文化消费意愿的测量参照江林（2013）、江林和马椿荣（2009）的做法，从文化消费支出意愿（包括金额和数量）和消费时间意愿两个方面进行衡量，具体包括 4 个测项。以上所有题项均采用李克特 7 点量表进行测量，其中，1 代表“非常不同意”，7 代表“非常同意”。具体的问项及来源如表 5-1 所示。

表 5-1　研究变量及测度题项

变量	测量题项	题项来源
文化消费环境接触	CE1：当前文化产品和服务的种类是丰富的 CE2：当前文化产品和服务的数量是非常多的 CE3：在购买文化产品和服务时，我有很多选择	Hart 等（2007）
文化提供者接触	CP1：文化产品和服务提供者是非常专业的 CP2：文化产品和服务提供者是负责任的 CP3：文化产品和服务提供者让人感觉可靠、值得信赖 CP4：文化产品和服务提供者能够兑现其对人们的承诺 CP5：文化产品和服务提供者承诺在什么时间交付产品和服务，总能够做到	Wu 等（2009）；Jamal 和 Naser（2002）
消费者间互动接触	CCI1：我经常与其他消费者交流文化产品和服务消费的相关信息 CCI2：我喜欢与其他消费者交流文化产品和服务消费的情况 CCI3：与其他消费者的互动交流让我感觉非常愉快、开心 CCI4：我喜欢与其他消费者一起共度文化消费生活和活动的快乐时光	Moore 等（2005）；Al-Sabbahy 等（2011）；Williams 和 Spiro（1998）；李志兰（2015）

续表

变量	测量题项	题项来源
社会性价值感知	SV1：文化产品和服务的消费，让我给别人留下了一个好的印象 SV2：文化产品和服务的消费，提升了我在别人眼中的形象 SV3：文化产品和服务的消费，让我觉得自己是有价值的	Sweeney 和 Soutar（2001）；Dholakia 等（2004）
逃避性价值感知	EV1：文化产品和服务的消费，让我觉得自己好像在另外一个世界 EV2：在文化产品和服务消费中，我扮演了一个与日常生活完全不同的角色 EV3：在文化产品和服务消费中，我常常非常投入，以至于忘记了周围的一切	Mathwick 等（2001）；Oh 等（2007）
享乐性价值感知	HV1：文化产品和服务的消费，让我精神焕发 HV2：文化产品和服务的消费，让我感觉很有趣味 HV3：文化产品和服务的消费，让我觉得非常愉悦 HV4：文化产品和服务的消费，让我觉得开心快乐 HV5：文化产品和服务的消费，让我觉得放松、舒适 HV6：文化产品和服务的消费，给我的生活带来了娱乐	Mathwick 等（2001）；To 等（2007）；Hosany 和 Witham（2010）
文化消费意愿	CW1：我愿意在文化产品和服务方面花费资金 CW2：我愿意购买更多数量的文化产品和服务 CW3：我愿意在文化消费生活和活动方面花费更多时间 CW4：我倾向于尽早满足自己的文化消费需求	江林（2013）；江林和马椿荣（2009）

问卷调研的程序和数据收集情况见第 4 章的实证分析部分。在数据整理时，剔除关键题项回答不完整及不认真作答（如大部分答案选择中间项）的问卷 58 份，最终收回合格问卷 366 份，有效率 86.3%；对于通过问卷星收回的 392 份问卷，剔除在关键题项无作答、居住地非河南省的不合格问卷 35 份，同时又根据问卷内容复杂性和长度，剔除了填

答时间小于 300 秒的 13 份问卷，共回收合格问卷 344 份，有效率为 87.8%。最终，本书共得到有效问卷 710 份。样本的具体情况如表 5-2 所示。

表 5-2 样本的描述性统计

人口特征	频率（N=710）	百分比（%）	人口特征	频率（N=710）	百分比（%）
性别			居住地		
男	357	50.3	城市	585	82.4
女	353	49.7	县城 & 乡镇	79	11.1
			乡村	46	6.5
学历			年龄		
初中及以下	48	6.7	18~25 岁	357	50.3
高中/中专	117	16.4	26~33 岁	160	22.5
大专	218	30.7	34~41 岁	95	13.4
大学本科	286	40.3	42~50 岁	76	10.7
硕士及以上	42	5.9	50 岁以上	22	3.1
社会阶层			月人均收入		
下层	60	8.5	2000 元及以下	186	26.2
中下层	168	23.7	2001~4000 元	245	34.5
中层	268	37.7	4001~6000 元	142	20.0
中上层	135	19.0	6001~8000 元	44	6.2
上层	79	11.1	8000 元以上	93	13.1

具体分析如下：①从样本的性别比例看，男女比例基本相当，其中男性居民 357 人，占 50.3%，女性居民 353 人，占 49.7%。②从居住地分布看，居住在城市的被调查者有 585 名，占到 82.4%，居住在县城和乡村的被调查者共有 125 名，占到 17.6%。由于河南省城市居民文化消费水平总体上大大高于农村，因此样本的这种居住地分布还是比较合理

的。③从受教育程度看，受教育水平在初中及以下的共 48 人，占总样本数的 6.7%；处于高中/中专水平的共 117 人，占总样本数的 16.4%；处于大专水平的共 218 人，占总样本的 30.7%；处于大学水平的共 286 人，占样本总数的 40.3%；处于研究生水平的共 42 人，占样本总数的 5.9%。④从样本年龄构成来看，18~25 岁的共 357 名，占总样本数的 50.3%；26~33 岁的共 160 名，占总样本数的 22.5%；34~41 岁的共 95 名，占总样本数的 13.4%；42~50 岁的共 76 名，占总样本数的 10.7%；50 岁以上的共 22 名，占总样本数的 3.1%。⑤从样本的社会阶层感知看，认为自己处于社会下层的人有 60 人，占总样本数的 8.5%；认为自己处于社会中下层的人有 168 人，占总样本数的 23.7%；认为自己处于社会中层的人有 268 人，占总样本数的 37.7%。认为自己处于社会中上层的人有 135 人，占总样本数的 19.0%；认为自己处于社会上层的人有 79 人，占总样本数的 11.1%。⑥从样本个人月均收入的构成来看，收入低于 2000 元的共 186 名，占样本总数的 26.2%；2001~4000 元的共 245 人，占总数的 34.5%；4001~6000 元的共 142 名，占总数的 20%；6001~8000 元的共 44 名，占样本总数的 6.2%；8000 元以上的共 93 名，占样本总数的 13.1%。

5.3.2 信度、效度和共同方法偏差检验

本书对影响消费意愿的各心理变量进行测量时，大量借用了文献中的现有量表，因此，首先需要对其测量信度进行检验。由表 5-3 可知，所有变量的 Cronbach's α 系数均在 0.85 以上，组合信度（CR）取值也在 0.85 以上，说明问卷具有较好的信度。

基于验证性因子分析及测量模型，利用 SPSS19.0 和 LISREL8.7，本书检验了问卷的效度及模型的拟合优度（Mackenzie 等，2011）（分别见表 5-3、表 5-4 和表 5-5）。

表 5-3 信度和效度检验结果

潜变量	题项	标准化载荷	均值	标准差	AVE	CR	Cronbach's α
文化消费意愿	CW1	0. 810	4. 826	1. 341	0. 656	0. 884	0. 881
	CW2	0. 859					
	CW3	0. 850					
	CW4	0. 712					
文化消费环境接触	CE1	0. 896	4. 773	1. 386	0. 759	0. 904	0. 902
	CE2	0. 912					
	CE3	0. 802					
文化提供者接触	CP1	0. 837	4. 050	1. 284	0. 734	0. 932	0. 931
	CP2	0. 877					
	CP3	0. 902					
	CP4	0. 869					
	CP5	0. 793					
消费者间互动接触	CCI1	0. 721	4. 899	1. 267	0. 610	0. 862	0. 862
	CCI2	0. 720					
	CCI3	0. 850					
	CCI4	0. 825					
社会性价值感知	SV1	0. 785	4. 798	1. 181	0. 670	0. 859	0. 858
	SV2	0. 836					
	SV3	0. 834					
逃避性价值感知	EV1	0. 894	4. 421	1. 416	0. 726	0. 888	0. 886
	EV2	0. 875					
	EV3	0. 783					
享乐性价值感知	HV1	0. 793	5. 036	1. 188	0. 769	0. 952	0. 951
	HV2	0. 881					
	HV3	0. 916					
	HV4	0. 915					
	HV5	0. 908					
	HV6	0. 841					

验证性因子分析的结果表明，卡方与自由度之比约为2.786，在2~5的范围内；近似误差均方根RMSEA值为0.050，小于0.08，表示模型基本可以接受（温忠麟、刘红云和侯杰泰，2012）；标准化残差均方根SRMR值为0.033，小于0.08，表示模型拟合得不错；非范拟合指数NNFI值为0.98，比较拟合指数CFI值为0.99，都在0.9之上。并且，其他各项模型拟合指数也都达到相应要求，因此，测量模型的整体拟合是良好的（见表5-4）。从各测量题项在每个潜变量上的标准化载荷系数看，都大于0.7（见表5-3），且全部显著；每个潜变量的平均方差抽取量（AVE）值都在0.6以上，说明各测量题项指标能够反映其共同因素构念的潜在特质。以上表明，测量量表具有较好的收敛效度。

表5-4 模型的拟合优度

RMSEA	SRMR	GFI	AGFI	NFI	NNFI	CFI	IFI	RFI	PNFI	PGFI	χ^2/df
0.050	0.033	0.920	0.90	0.98	0.98	0.99	0.99	0.98	0.85	0.74	2.786

注：卡方值为916.42，自由度为329，χ^2/df为2.786。

为了检验量表各潜变量之间的区别效度，本书将所有潜变量的AVE平方根值放入潜变量间相关系数矩阵进行比较，均满足了大于其所在行与列潜变量相关系数绝对值的标准（见表5-5），说明构念之间存在显著差异，测量模型的判别效度较好。另外，从表5-5中还可以看出，各潜变量之间的相关系数都是显著的，因此进一步分析它们之间的路径关系是适宜的。

表5-5 潜变量AVE平方根及潜变量间相关系数矩阵

	文化消费意愿	文化消费环境接触	文化提供者接触	消费者间互动接触	社会性价值感知	逃避性价值感知	享乐性价值感知
文化消费意愿	0.810						

续表

	文化消费意愿	文化消费环境接触	文化提供者接触	消费者间互动接触	社会性价值感知	逃避性价值感知	享乐性价值感知
文化消费环境接触	0.372***	0.871					
文化提供者接触	0.300***	0.430***	0.857				
消费者间互动接触	0.466***	0.427***	0.356***	0.781			
社会性价值感知	0.532***	0.433***	0.450***	0.586***	0.819		
逃避性价值感知	0.359***	0.235***	0.419***	0.384***	0.590***	0.852	
享乐性价值感知	0.519***	0.390***	0.325***	0.648***	0.679***	0.599***	0.877

注：斜对角线的数字为相应变量 AVE 值的平方根，其他方格中第一个数字为潜变量之间的相关系数，*** 表示在 P<0.001 的水平上具有统计显著性。

由于所有构念均基于自我报告，本书采用两种方法来检验数据的共同方法偏差（Common Method Bias）（黎建新等，2015）。首先，采用 Harman 单一因素检验（Single Method Biases）方法（Podsakoff 等，2003），即对全部构念测项进行探索性因子分析，如果未旋转之前的第一个因子变异解释率超过 50%，就说明共同方法偏差很严重。具体而言，首先将本书涉及的所有关键变量的测量题项放在一起进行探索性因子分析。结果显示，未旋转前的特征值大于 1 的公因子共有 7 个，并未析出一个单一因子。而析出的 7 个公因子解释了总变异量的 78.685%，其中第一个主成分解释了变异的11.207%，说明数据中并不存在能够解释绝大部分变异量的单一因子。因此，共同方法偏差问题不严重。第二种方法是构念相关系数检验，即如果构念间的相关系数大于0.9，就表示共同方法偏差很高，如果小于0.9，就可以接受。由表5-4可知，所有构念之间的相关系数值在0.235和0.679之间，都小于0.9，表明共同方法偏差可以接受。综合上述两种检验方法结果可知，本书的研究数据受共同方法偏差的影响较小，在可以接受的范围之内。

5.3.3 结构方程模型分析和假设检验

基于710份样本数据，本书对模型进行数据拟合分析，模型整体拟合参数见表5-6。在整体模型适配的主要统计量中，χ^2/df的值处于2和5之间，CFI、IFI、RFI、NFI、NNFI、GFI均大于0.90，且RMSEA在0.05和0.08之间，AGFI大于0.80，PNFI和PGFI都大于0.50，可以看出拟合度符合相应的要求，数据与模型的拟合程度良好。

表5-6 研究模型的拟合参数

RMSEA	SRMR	GFI	AGFI	NFI	NNFI	CFI	IFI	RFI	PNFI	PGFI	χ^2/df
0.054	0.052	0.91	0.89	0.98	0.98	0.98	0.98	0.97	0.86	0.74	3.060

模型相关假设的验证结果如表5-7所示，各路径关系如图5-2所示。从实证分析结果来看，除了假设H1c、H2a和H5c，其他假设都通过了检验。

表5-7 模型的路径分析与假设检验结果

假设路径	标准化路径系数	t值	验证结果
H1a：文化消费环境接触→享乐性价值感知	0.079	2.345	支持
H1b：文化消费环境接触→社会性价值感知	0.141	3.437	支持
H1c：文化消费环境接触→逃避性价值感知	-0.032	-0.722	不支持

续表

假设路径	标准化路径系数	t 值	验证结果
H2a：文化提供者接触→享乐性价值感知	-0. 106	-3. 008	不支持
H2b：文化提供者接触→社会性价值感知	0. 236	5. 949	支持
H2c：文化提供者接触→逃避性价值感知	0. 330	7. 653	支持
H3a：消费者间互动接触→享乐性价值感知	0. 357	8. 337	支持
H3b：消费者间互动接触→社会性价值感知	0. 462	10. 611	支持
H3c：消费者间互动接触→逃避性价值感知	0. 306	6. 904	支持
H4a：社会性价值感知→享乐性价值感知	0. 307	7. 077	支持
H4b：逃避性价值感知→享乐性价值感知	0. 327	9. 333	支持
H5a：享乐性价值感知→文化消费意愿	0. 289	5. 302	支持
H5b：社会性价值感知→文化消费意愿	0. 346	6. 830	支持
H5c：逃避性价值感知→文化消费意愿	0. 004	0. 100	不支持

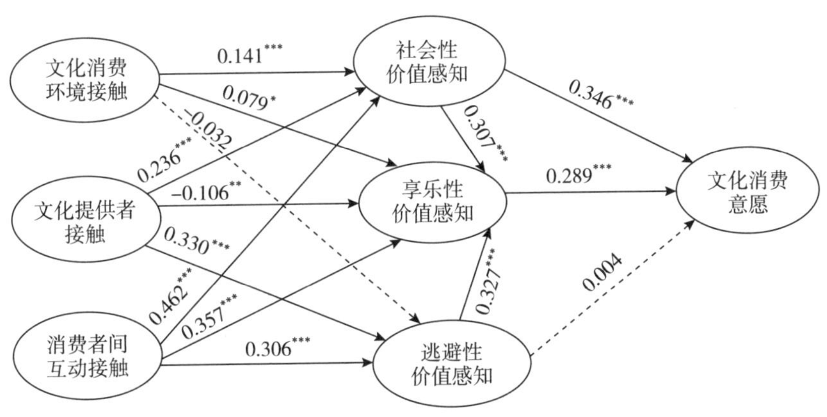

图 5-2 结构模型检验

注：* 表示 P<0. 05，** 表示 P<0. 01，*** 表示 P<0. 001。

具体而言，良好的消费环境接触感知对享乐性价值感知具有正向影响（β=0. 079，t=2. 345，P<0. 05），对社会性价值感知具有正向影响（β=0. 141，t=3. 437，P<0. 001），但对逃避性价值感知的影响不显著，因此假设 H1a 和 H1b 成立，H1c 不成立。

良好的文化提供者接触感知对享乐性价值感知具有显著的负向影响（β=-0.106，t=-3.008，P<0.01），对社会性价值感知具有正向影响（β=0.236，t=5.949，P<0.001），对逃避性价值感知具有显著的正向影响（β=0.330，t=7.653，P<0.001），因此假设H2a不成立，H2b和H2c成立。

消费者间互动接触感知对享乐性价值感知具有显著的正向影响（β=0.357，t=8.337，P<0.0001），对社会性价值感知具有正向影响（β=0.462，t=10.611，P<0.001），对逃避性价值感知具有显著的正向影响（β=0.306，t=6.904，P<0.001），因此假设H3a、H3b和H3c均成立。

社会性价值感知对享乐性价值感知具有显著的正向影响（β=0.307，t=7.077，P<0.0001），逃避性价值感知对享乐性价值感知也具有显著的正向影响（β=0.327，t=9.333，P<0.001），因此假设H4a、H4b成立。

享乐性价值感知对文化消费意愿具有显著的正向影响（β=0.289，t=5.302，P<0.0001），社会性价值感知对文化消费意愿也具有显著的正向影响（β=0.346，t=6.830，P<0.001），但是逃避性价值感知对文化消费意愿的影响不显著，因此假设H5a、H5b成立，H5c不成立。

基于模型的直接效应、间接效应和总效应的分析结果（见表5-8），可以看出，在对社会性价值的总效应中，消费者间互动接触影响最大，其次是文化提供者接触、文化消费环境接触；在对逃避性价值的总效应中，文化提供者接触影响最大，其次是消费者间互动接触，文化消费环境接触的影响很小且不显著；在对享乐性价值的总效应中，消费者间互动接触影响最大，其次是文化消费环境接触、文化提供者接触。在文化消费意愿的总效应中，相对于文化消费环境接触和文化提供者接触，消费者间互动接触的影响最大；而三种消费价值感知中，社会性价值感知对文化消费意愿的影响最大。

表 5-8　模型的直接效应、间接效应和总效应分析

	社会性价值			逃避性价值			享乐性价值			文化消费意愿		
	直接效应	间接效应	总效应	直接效应	间接效应	总效应	直接效应	间接效应	总效应	直接效应	间接效应	总效应
文化消费环境接触	0.141***	—	0.141***	-0.032	—	-0.032	0.079*	0.033	0.112**	—	0.080***	0.080***
文化提供者接触	0.236***	—	0.236***	0.330***	—	0.330***	-0.106**	0.180	0.074*	—	0.105***	0.105***
顾客间互动接触	0.462***	—	0.462***	0.306***	—	0.306***	0.357***	0.242	0.599***	—	0.334***	0.334***
社会性价值	—	—	—	—	—	—	0.307***	—	0.307***	0.346***	0.089***	0.435***
逃避性价值	—	—	—	—	—	—	0.327***	—	0.327***	0.004	0.095***	0.099
享乐性价值	—	—	—	—	—	—	—	—	—	0.289***	—	0.289***

注：* 表示 $P<0.05$，** 表示 $P<0.01$，*** 表示 $P<0.001$。

5.4 研究结论与讨论

本书构建了文化消费意愿形成的综合性理论框架，并通过大规模的实证调查分析对其进行了检验。根据定量检验分析的结果，下面将对重要的研究结论进行综合性的陈述和讨论。

5.4.1 居民文化消费意愿的提升取决于其对文化消费价值的感知

居民对文化消费价值的感知状况，在很大程度上决定了其以后是否愿意进行文化消费。研究表明，居民在之前文化消费过程中感知到的社会性价值、享乐性价值会对居民文化消费意愿产生直接的促进作用。并且，虽然逃避性价值对文化消费意愿的直接正向促进作用不显著（$\beta=0.004$，$t=0.100$），但是，其基于逃避性价值而产生的心理和精神方面的享乐性收益，却对文化消费意愿具有显著正向影响。数据分析表明，逃避性价值可以通过享乐性价值而对文化消费意愿产生显著的正向影响（$\beta=0.095$，$P<0.001$）。另外，社会性价值不仅对文化消费意愿具有直接的促进作用，也会通过享乐性价值对文化消费意愿产生间接的促进作用（$\beta=0.089$，$P<0.001$）。

无论是对文化消费意愿的直接效应还是总效应，社会性价值的影响都是最大的。数据分析表明，社会性价值对文化消费意愿的总效应系数是0.435，逃避性价值对文化消费意愿的总效应系数为0.099，享乐性价值对文化消费意愿的总效应系数为0.289。这说明，要提升居民的文化消费意愿，关键在于提升其关于社会性价值的感知。这与Lemke等（2011）的研究结果相一致，也为积极情绪趋近动机理论（Watson等，1999）提供了强有力的佐证。

5.4.2 文化体验接触是消费价值感知的重要前因变量

文化体验接触因素，包括文化消费环境接触、文化提供者接触和消费者间互动接触，是居民文化消费价值感知的重要前因变量。

本书研究结论表明，文化消费环境接触感知，包括对文化供给的数量、类型和选择多样性等的感知，对居民关于社会性价值和享乐性价值会产生显著的正向促进作用。较好的消费环境，不仅提升了消费者感知多样性和自主性，使其更可能找到符合偏好的商品和服务（Kuksov 等，2010；Mogilner 等，2008），从而激发文化消费过程中的愉悦性，还会增加居民获取有价值社会资本的概率，促进其与相关社会群体的融合，提升其在他人心目中的形象。但是值得注意的是，文化消费环境接触对逃避性价值的影响并不显著。这可能是因为逃避性价值的形成，主要在于实体环境及其氛围因素能够吸引顾客注意力并提供更多想象的机会，以至于让顾客沉浸其中，失去时间的概念（Chang 和 Horng，2010）。正如 Hosany 和 Witham（2010）指出的那样，逃避体验具有较高的沉浸感，要求顾客积极地参与。而本书中仅仅测量文化消费环境较为宏观的方面，比如供给数量和类型多样性，而对于能够激发顾客获得逃避性体验的一些方面，比如环境及其氛围的吸引力和激发想象等方面，并没有被调查量表包括进去。也就是说，与文化消费环境接触的相关测量研究，由于未体现实体消费环境的精心设计性，因而不足以激发顾客产生逃避性体验的情感和反应（Zomerdijk 和 Voss，2010），也远未达到能让其从日常事务中解脱出来的程度。因此，为了更详细地捕捉到实体环境的确切影响，未来的研究应当考虑包含更全面的测量研究。

研究表明，个体消费者关于文化提供者接触的良好感知，包括对文化提供者的态度、专业性、可靠性、准确性、确保性等的感知，对社会性价值和逃避性价值都具有正向的促进作用。良好的文化提供者接触及由此导致的卓越的服务形象，能够提升顾客与服务提供者的关系（Schouten 等，2007），进而获取社会性利益（Gwinner 等，1998）。不仅如此，良好的文化提供者接触还具有独特的魅力，能够吸引人的注意力并使其获得与日常生活和工作迥然不同的逃避性体验利益。但值得注意的是，本书研究表明，文化提供者接触对享乐性体验具有直接的负向影响，并且这种影响是显著的，这与预期假设是相反的。不过，考虑到文化提供者接触有可能通过社会性价值和逃避性价值而对享乐性价值产生间接影响，可以发现文化提供者接触对享乐性价值的总效应是正向的且显著的（$\beta=0.074$，$t=2.09$，$P<0.05$），因此，虽然文化提供者接触对享乐性价值具有直接的负向影响，但整体上还是具有正向促进作用的。而之所以呈现显著的负向影响，一方面可能是因为文化提供者接触更多的是与体验价值的外在方面相联系，能够让顾客感知到较多的功利性价值，比如效率和优越性，体现的是顾客对文化提供者履行其任务相关绩效承诺能力的欣赏（Keng 等，2007），而较少地与享乐性等内在价值方面相联系；另一方面可能是因为良好的文化提供者接触被视为实现消费任务的必要条件，是顾客在消费之前就期望能实现功利性或工具性价值目标的一种手段，它能够让顾客避免不舒适、不愉悦感，但很难超过其心理预期的临界点而让其感知到愉悦、兴奋和乐趣等享乐性利益。换句话说，基于良好的文化提供者接触而带来的功利性价值处于顾客消费价值目标层次的最底端（Woodruff，1997），远远不能激发其关于消费享乐性的感知；另外，本书关于文化提供者接触的测量，主要涉及服务提供者的可靠性、专业性、确保性等与任务履行或效率相关的方面，而未涉及其能促进顾客愉悦的一些方面，比如礼貌的态度、乐于助人性（Hart 等，2007）、交互性等，因此无法直接体现出文化提供者接触与乐趣、兴奋、享乐等内在情感的关联，甚至反而会令顾客产生一种机械的、淡漠的、非人性化的印象，甚至某种程度上产生不舒适的疏离感和无趣感。

本书表明，消费者间互动接触，包括顾客间关于文化消费方面的互动交流及当时的心境等，对社会性价值、逃避性价值以及享乐性价值均具有显著的、直接的正向促进作用，并会通过社会性价值、逃避性价值对享乐性价值产生间接影响。这与 Wu 和 Liang（2009）的研究结论是相一致的。消费者间互动接触不仅能够带来社会交往利益，比如建立、维持彼此间的亲密关系或关系桥梁，形成自我身份认同和社会归属感（McGrath 和 Otnes，1995）等社会性价值，还有助于消费者消磨时间和减少无聊，逃离日常生活中与社会孤独、情感孤独相关的负面状态，沉浸在陪伴和情感支持的愉悦状态中（Rosenbaum，2006；Weiss，1973）。总之，良性的消费者间互动接触有利于创造出令人愉悦的消费氛围，使消费者产生幸福快乐的整体感觉（Baron 等，2007），从而极大增强其对消费/购物体验过程中的乐趣、愉悦等享乐性价值感知。

5.4.3 消费价值感知对文化体验接触和消费意愿的关系具有中介作用

本书证明，体验接触因素会对居民文化消费意愿产生正向促进作用，且这种作用是通过消费价值（包括享乐性价值、社会性价值和逃避性价值）而间接产生的。具体而言，在文化消费体验接触过程中，包括消费者与文化消费环境、文化提供者以及其他消费者接触过程中，会感知到有价值的社会性利益、逃避性利益和享乐性利益，这些利益作为一种正向激励因素，会进一步促进其文化消费意愿的提升。换句话说，居民是否愿意进一步提升其文化消费，关键在于其对先前文化消费所带来的社会性、逃避性和享乐性利益和价值的评估，而这些利益和价值又源于其对文化体验接触过程的感知状态。

具体而言，文化消费环境接触对文化消费意愿的影响路径有三条，即文化消费环境接触→社会性价值→文化消费意愿、文化消费环境接触→社会性价值→享乐性价值→文化消费意愿、文化消费环境接触→享乐性价值→文化消费意愿，其影响效应值分别为 0.049、0.013 和 0.023。从中可以看出，营造一种有助于带来社会性价值的文化消费环境，对文化消费意愿的提升尤其重要。

文化提供者接触对文化消费意愿的影响路径有四条，即文化提供者接触→社会性价值→文化消费意愿、文化提供者接触→社会性价值→享乐性价值→文化消费意愿、文化提供者接触→逃避性价值→享乐性价值→文化消费意愿、文化提供者接触→享乐性价值→文化消费意愿，其影响效应值分别为0.082、0.021、0.031和-0.031。从中可以看出，在文化提供者接触体验中突出其社会性价值和逃避性价值，对提升文化消费意愿是有益的。

消费者间互动接触对文化消费意愿的影响路径有四条，即消费者间互动接触→社会性价值→文化消费意愿、消费者间互动接触→社会性价值→享乐性价值→文化消费意愿、消费者间互动接触→逃避性价值→享乐性价值→文化消费意愿、消费者间互动接触→享乐性价值→文化消费意愿，其影响效应值分别为0.160、0.041、0.029和0.103。从中可以看出，关注消费者间互动接触及其所带来的社会性价值，对文化消费意愿的提升十分有必要。

5.4.4 消费者之间互动接触是提升文化消费意愿最强有力的动力因素

本书表明，相对于文化消费环境接触和文化提供者接触因素，消费者之间互动接触对居民文化消费意愿的促进作用更强。消费者之间互动接触、文化提供者接触和文化消费环境接触对文化消费意愿的总效应依次为0.33（t=10.80）、0.10（t=4.17）、0.08（t=3.77）。这说明，要提升居民文化消费意愿，更应该重视其所在群体的互动交流因素。文化产品和服务企业可以与居民社区组织一起，有目的地培育安全、轻松、舒适的文化互动环境，精心设计系列文化主题活动来支持居民间的文化互动，并对表现良好的居民交互群体进行正向激励，从而增加其进一步互动的概率。

6　文化消费金钱和时间支出意愿的人口特征

由于文化消费具有鲜明的个人色彩，因此消费者的人口特征差异也会引发文化消费行为的差异（洪涛和毛中根，2016）。人口结构反映了特定地区在一定时期内总人口按照一定标准划分的数量比例关系，而主要的标准因素包括性别、年龄、教育程度、收入等（陈广等，2016）。一些学者在研究中已经指出了由于性别、受教育程度、年龄、居住区域、社会阶层或社会地位等的不同，人们的文化消费行为呈现不同的特征（Alderson 等，2007；Diniz 和 Machado，2011；Richards，1996；陈广等，2016；洪涛、毛中根，2016；张梁梁、林章悦，2016）。并且，由于不同地区经济发展水平、文化消费设施、文化背景和消费偏好的差异，其文化消费的人口特征更容易呈现不同特点。Katz-Gerro（2006）发现，西德和美国的社会上层女性的文化消费得分比男性要高，但以色列文化消费得分的性别差异却不显著。另外，学者的研究结论还存在诸多的不一致。Peterson 和 Simkus（1992）在研究中发现，职业地位越高的个体，其文化音乐品位越高。但是 Turner 和 Edmunds（2016）却发现澳大利亚第二次世界大战后精英人士对歌剧、古典芭蕾和古典文学等高品位的文化消费活动没有丝毫兴趣，而对低等和中等品位的文化产品和服务则显示出明显偏好。陈广等（2016）发现，年龄对文化消费支出的影响并不显著，而张梁梁和林章悦（2016）却发现不同年龄消费群体的文化消费呈现显著差异，相比年老者，年轻人文化消费占总消费量的比重更高。因此，为了明确河南省背景下个体文化消费的人口特征，本书基于问卷调查数据，进一步考察了不同性别、年龄、居住区域、受教育程度、社会阶层感知、收入水平的居民在文化消费方面的差异化表现，以期进一步揭示河南省背景下居民文化消费意愿的一般特征。

6.1 居民对文化消费的重视程度及其文化消费意愿特征

本书将以河南省调查数据为例，从个体居民对待文化消费的重视程度、在文化消费数量和时间方面的特征、对待国内品牌和国外品牌的态度、对待名牌产品和一般产品的态度等方面，来详细剖析居民文化消费意愿的一般特征。

6.1.1 居民对文化消费的重视程度

河南省居民对文化消费还是比较重视的。以李克特 7 级量表来对其文化消费态度进行衡量，1 为极不重要，7 为非常重要。数据分析表明，态度平均值为 5.35，中值和众位数皆为 6，这说明河南省大部分居民都认为文化消费对自己是重要的。具体而言，有 71%的居民认为文化消费生活和活动对自己是非常重要的，有 19%的居民处于中立态度，只有 10%的居民认为不重要。

不同性别的居民在文化消费上的重视程度是不同的。单因素方差分析表明，相对于男性（$m=5.196$），女性（$m=5.501$）对文化消费生活和活动的重视程度更高（$F=7.767$，$P<0.01$）。

不同学历的居民在文化消费上的重视程度具有明显差异（$F=5.391$，$P<0.001$）。整体而言，随着受教育程度的提高，居民对文化消费的重视程度逐渐提高（见图 6-1）。因此要提升居民文化消费意愿，

就一定要提升其受教育水平。

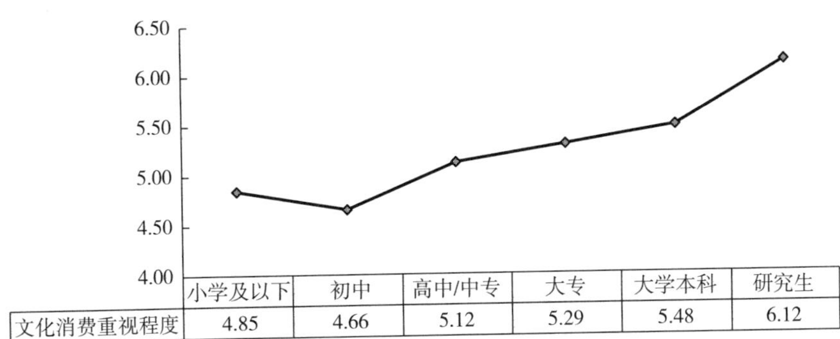

图 6-1　受教育程度与文化消费重视程度

不同社会阶层感知的居民对文化消费的重视程度也具有显著差异（F=2.525，P<0.05）。相对而言，自我社会阶层感知为中下层和中层的居民，对文化消费生活和活动更为重视（见图 6-2）。因此，要提升文化消费意愿，应尤其关注中层和中下层居民的文化消费。

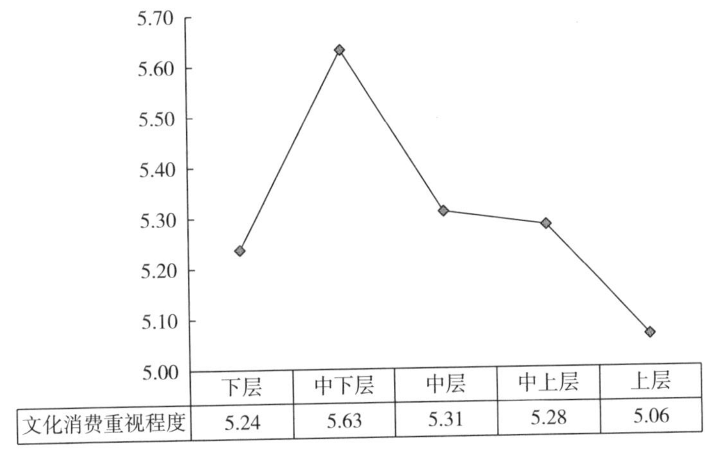

图 6-2　社会阶层感知与文化消费重视程度

不同人口特征的居民对文化消费重视程度的差异如表 6-1 所示。

表 6-1 不同人口特征的居民对文化消费重视程度的差异

态度 / 人口特征	对文化消费重视程度
性别	有显著差异，女性更重视文化消费活动
学历	有显著差异，受教育程度越高的居民越重视文化消费活动
社会阶层感知	有显著差异，中下层、中层的居民更为重视文化消费活动

6.1.2 个体文化消费的金钱和时间支出特征

本书将从文化消费数量意愿、文化消费时间意愿等方面来揭示河南省居民的一般文化消费特征。其中，文化消费数量意愿指在文化产品和服务消费方面愿意花费的资金和愿意购买的数量，文化消费时间意愿指在文化产品和服务消费方面愿意花费的时间。用李克特 7 级量表来对其文化消费意愿的强度进行衡量，1 代表非常不愿意进行文化消费，7 代表非常愿意进行文化消费。

河南省居民的整体文化消费意愿尚不是很高，有较大的提升空间。文化消费数量意愿的测量均值为 4.79，中值为 5，众数为 4，这说明有相当一部分居民对于是否愿意消费更多的文化类产品和服务持中立态度，但是总体上还是有很多居民比较愿意进行更多文化消费，统计结果显示，有 62.4%的居民在文化消费意愿上有积极倾向；单因素方差分析表明，不同居住地的居民在文化消费数量意愿上具有明显差异（$F=10.926$，$P<0.01$），相对于农村居民（$m=4.45$），城市居民（$m=4.85$）更愿意增加文化消费数量；不同受教育程度的居民在文化消费数量意愿上具有明显差异（$F=11.766$，$P<0.001$），整体而言，居民的文化消费数量意愿随着受教育程度的提升而增加；不同社会阶层感知的居民在文化消费数量意愿上具有明显差异（$F=3.528$，$P<0.01$），文化消费数量意愿较高的三个感知阶层依次为中下层、中层和中上层，而下层和上层的消费数量意愿相对较低；不同月均收入水平的居民在文化消费

数量意愿上具有明显差异（F=5.300，P<0.001），整体而言，收入水平越高，文化消费数量意愿越高。

文化消费时间意愿的测量均值为4.84，中值为5，众数为4，这说明也有相当一部分居民在文化消费时间意愿上持中立态度，但是总体上还是有超过一半的居民（57.4%）是比较愿意在文化消费上花费更多时间。单因素方差分析表明，不同受教育程度的居民在文化消费时间意愿上具有明显差异（F=7.522，P<0.001），整体而言，居民的文化消费时间意愿随着受教育程度的提升而增加；不同社会阶层感知的居民在文化消费时间意愿上具有明显差异（F=2.481，P<0.05），文化消费时间意愿较高的三个感知阶层依次为中下层、中层和中上层，而下层和上层的消费时间意愿相对较低；不同月均收入水平的居民在文化消费时间意愿上具有明显差异（F=3.566，P<0.01），整体而言，收入水平越高，文化消费时间意愿越高。

相对于国外品牌，44.2%的消费者倾向于选择国内品牌，有40.6%的消费者持中立态度。单因素方差分析表明，不同年龄消费者在此项消费意愿上具有明显差异（F=4.474，P<0.01），相对而言，更倾向于选择国内产品和服务的两个年龄段依次为34~41岁和42岁~50岁，而18~25岁这个年龄段的居民选择国内产品和服务的倾向性最低。而居民的国内/国外品牌选择意愿在性别、居住地、受教育程度、社会阶层感知和人均月收入水平等方面没有显著差异。

相对于一般文化产品和服务，消费者还是比较青睐于名牌产品和服务。有45%的消费者倾向于选择名牌产品，34.9%的消费者持中立态度。并且，单因素方差分析表明，相对于女性消费者（m=4.38），男性消费者（m=4.60）更倾向于消费名牌产品和服务（F=4.153，P<0.05）；不同年龄消费者在此项消费意愿上也具有明显差异（F=2.494，P<0.05），相对而言，更倾向于选择名牌产品和服务的年龄段是34~41岁，而50岁以上这个年龄段的居民更倾向于选择一般性产品和服务；不同居住地的居民在该项消费意愿上具有明显差异（F=8.475，P<

0.01)，相对于农村居民（m=4.15），城市居民（m=4.56）更愿意选择名牌产品和服务；不同受教育程度的居民在文化品牌选择意愿上具有明显差异（F=2.793，P<0.05），居民的受教育程度越高，越倾向于选择名牌产品和服务；不同月均收入水平的居民在文化品牌选择意愿上具有明显差异（F=3.430，P<0.01），整体而言，收入水平越高，居民越倾向于选择名牌产品和服务（见表6-2）。

表6-2　不同类型居民整体文化消费意愿的差异

研究 / 人口特征	金钱支出数量意愿	消费时间支出意愿	购买国内/国外品牌意愿	购买一般/著名品牌意愿
性别	—	—	—	男性居民更倾向于选择名牌
年龄	—	—	34~50岁居民倾向于选择国内品牌，18~25岁居民选择国内品牌的倾向性最低	34~41岁居民更倾向于名牌，而50岁以上居民倾向于选择一般品牌
居住区域（城市/非城市）	城市居民更愿意增加文化消费数量	—	—	城市居民更愿意选择名牌
学历	随着受教育程度的提升而增加	随着受教育程度的提升而增加	—	受教育程度越高，越倾向选择名牌
社会阶层感知	中下层、中层和中上层居民的意愿高	中下层、中层和中上层居民的意愿较高	—	
月均收入	收入水平越高，消费数量意愿越高	收入水平越高，消费时间意愿越高	—	收入水平越高，越倾向于选择名牌

以上分析表明，河南省居民的文化消费意愿有较大的提升空间。要提升居民的文化消费意愿，要注意激发城市居民和中等社会阶层居民的

文化消费意愿，也要重视提升居民的受教育程度和收入水平。另外，文化企业尤其是国内文化企业，要非常重视对本土品牌的建设和推广，这对于居民文化消费意愿的提升具有重要意义。

6.2 不同类型文化消费金钱和时间支出及其人口特征差异

根据上述内容，本书将从文化消费金钱花费和文化消费时间花费两个视角，基于互联网文化产品和服务、教育培训、文化传媒产品、文化休闲和娱乐、文化艺术产品和服务、健身运动类产品和服务 6 个方面，来详细分析河南省居民文化消费的现状及人口特征。

6.2.1 互联网文化消费支出及其人口特征差异

互联网文化消费主要包括网络文学阅读、网络视频和音乐、网络游戏、在线新闻资讯下载、微内容创作和传播活动 5 项内容。

（1）互联网文化消费金钱支出及其人口特征差异

从表 6-3 可以看出，平均而言，约有 55.92%的居民在互联网文化产品和服务上的月均支出金额为 0，月均支出金额在 1～15 元、16～30 元、31～60 元、61～100 元及 100 元以上的居民分别为 12.54%、9.01%、6.62%、5.07%和 10.85%。这说明，河南省居民的互联网文化产品和服务消费支出还比较低，有一半以上的消费者在这方面没有任何花费，这也可能是因为，对于当前很多网络文化产品和服务，消费者已经习惯于以免费的方式来获取，或者说倾向于以最小的金钱成本来获取。这对提升互联网文化产品和服务消费支出水平而言，不是一个好的信号，需要下大力气来教育或说服消费者改变免费消费的思维和习惯。

表 6-3 互联网文化消费金钱支出的频次分析

项目 \ 月支出金额	0		1~15 元		16~30 元		31~60 元		61~100 元		100 元以上	
	频次	百分比	频次	百分比	频次	百分比	频次	百分比	频次	百分比	频次	百分比
网络文学阅读	391	55.07	107	15.07	67	9.44	49	6.90	33	4.65	63	8.87
网络视频和音乐	350	49.30	115	16.20	70	9.86	42	5.92	51	7.18	82	11.55
网络游戏	459	64.65	42	5.92	46	6.48	45	6.34	31	4.37	87	12.25
在线新闻资讯下载	395	55.63	90	12.68	80	11.27	50	7.04	30	4.23	65	9.15
微内容创作和传播	390	54.93	92	12.96	58	8.17	47	6.62	34	4.79	89	12.54
平均频次分布	397	55.92	89	12.54	64	9.01	47	6.62	36	5.07	77	10.85

为了进一步分析不同人口特征的居民在各项互联网文化产品和服务消费金额上的一般水平和具体差异，本书对各种水平的文化消费金额数据进行了处理，采用组中值作为每一消费水平的代表值，然后进行描述性统计分析和单因素方差分析。描述性统计分析表明，河南省居民在网络文学阅读、网络视频和音乐、网络游戏、在线新闻资讯下载、微内容创作和传播活动等方面的月平均消费金额分别为 20.86 元、25.94 元、23.00 元、21.18 元、24.76 元。整体而言，在互联网文化服务研究的平均消费金额为 115.89 元，中位数为 45.5 元，众数为 0。

1）基于性别特征的互联网文化消费金钱支出

单因素方差分析表明，不同性别的居民在网络游戏研究上的消费金额存在明显差异（$F=40.700$，$P<0.001$），相对于女性居民（$m=13.42$），男性在网络游戏方面的花费更高（$m=32.49$）。并且，从整体来看，不同性别居民在互联网文化产品和服务上的消费金额具有显著差异（$F=6.516$，$P<0.05$），男性（$m=131.06$）在金钱花费方面总体上要比女性（$m=100.49$）更高。

2）基于居住区域特征的互联网文化消费金钱支出

不同居住地的居民在互联网文化产品和服务上的消费金额具有显著差异（$F=6.696$，$P<0.05$），城市居民（$m=123.21$）比非城市居民

（m=82.24）的月均花费要高。具体而言，他们在网络文学阅读（F=7.338，P<0.01）、在线新闻资讯下载（F=5.733，P<0.05）、微内容创作和传播活动（F=9.197，P<0.01）等方面均具有明显差异。相对于非城市居民，城市居民在网络文学阅读（$m_{城市}$ = 22.62，$m_{非城市}$ = 12.83）、在线新闻资讯下载（$m_{城市}$=22.69，$m_{非城市}$=13.98）、微内容创作和传播活动（$m_{城市}$=26.96，$m_{非城市}$=14.70）等方面的花费都比较高。因此，要提升河南省居民的互联网文化产品和服务的消费水平，更应该重视城市居民的消费倾向。

3）基于年龄特征的互联网文化消费金钱支出

处于不同年龄阶段的居民，在网络游戏（F=3.310，P<0.05）、在线新闻资讯下载（F=4.214，P<0.01）、微内容创作和传播活动（F=2.675，P<0.05）方面的消费金额均存在明显差异。

接下来，进一步采用 LSD 方法（最小显著性差异法）进行多重比较检验。数据分析发现，就网络游戏支出而言，25 岁及以下的居民在此项花费最高，比 42~50 岁年龄段的居民高 12.45 元（P<0.05），比 51 岁及以上年龄段的居民高 25.63 元（P<0.01），51 岁以上的居民在此项花费最低。

就在线新闻资讯下载方面的花费而言，25 岁及以下的居民在此项花费较低，比 26~33 岁年龄段的居民低 9.66 元（P<0.01），比 34~41 岁年龄段的居民低 12.03 元（P<0.01）。51 岁及以上年龄段的居民在此项花费也较低，分别低于 26~33 岁、34~41 岁、42~50 岁年龄段居民 19.29 元（P<0.01）、21.66 元（P<0.05）、17.98 元（P<0.05）。总体来看，26~41 岁的居民在此项花费较高，而 25 岁及以下和 51 岁及以上年龄段的居民在此项花费较低。

就微内容创作和传播活动而言，25 岁及以下的居民在此项花费较低，比 26~33 岁年龄段的居民低 8.70 元（P<0.05），比 34~41 岁年龄段的居民低 9.44 元（P<0.05）。51 岁及以上年龄段的居民在此项花费也较低，分别低于 26~33 岁、34~41 岁年龄段居民 21.38 元（P<

0.05）、22.13元（P<0.05）。总体来看，26~41岁的居民在此项花费较高，而25岁及以下和51岁及以上年龄段的居民在此项花费较低。

从整体来看，不同年龄阶段的居民在互联网文化服务方面的消费金额存在明显差异（F=2.986，P<0.05），51岁及以上年龄段的居民花费最低，分别低于25岁及以下、26~33岁、34~41岁、42~50岁年龄段居民73.34元（P<0.05）、100.40元（P<0.01）、109.34元（P<0.01）、75.91元（P<0.05）。

4）基于学历特征的互联网文化消费金钱支出

受教育程度不同的居民在网络游戏研究上的消费金额存在明显差异（F=3.372，P<0.01）。基于LSD方法（最小显著性差异法）的多重比较检验分析发现，相对而言，具有高中/中专和大专学历的居民在此项花费上支出较高，而小学及以下的低学历居民，以及大学本科及以上的高学历居民在此项花费上支出较少。比如，大专学历的居民在此项花费上分别高于小学及以下、大学本科、硕士研究生及以上的居民28.15元（P<0.05）、9.53元（P<0.01）、17.46元（P<0.05），高中/中专学历的居民在此项花费上分别高于小学及以下、硕士研究生及以上的居民26.45元（P<0.05）、15.76元（P<0.05）。

5）基于社会阶层自我感知特征的互联网文化消费金钱支出

自我社会阶层感知不同的居民，在网络文学阅读（F=5.676，P<0.001）、网络视频和音乐（F=7.486，P<0.001）、在线新闻资讯下载（F=5.086，P<0.001）、微内容创作和传播活动（F=6.524，P<0.001）方面的消费金额存在明显差异。

就网络文学阅读方面而言，自我社会阶层感知为中层和中上层的居民在此项花费较高。比如，自我感知为中层的居民分别比下层、中下层、上层高17.18元（P<0.01）、9.45元（P<0.01）、14.42元（P<0.01），自我感知为中上层的居民分别比下层、中下层、上层高17.54元（P<0.01）、9.79元（P<0.05）、14.78元（P<0.01）。

就网络视频和音乐方面而言，自我社会阶层感知为中层和中上层的居民在此项上的花费相对较高。比如，自我感知为中层的居民分别比下层、中下层、上层高 18.08 元（P<0.01）、11.07 元（P<0.01）、11.89 元（P<0.05），自我感知为中上层的居民分别比下层、中下层高 19.22 元（P<0.01）、13.05 元（P<0.01）。

就在线新闻资讯下载方面而言，自我社会阶层感知为中层和中高层的居民在此项上花费相对较高。比如，自我感知为中层的居民分别比下层、中下层、上层高 23.12 元（P<0.001）、16.95 元（P<0.001）、11.96 元（P<0.05），自我感知为中上层的居民分别比下层、中下层高 15.52 元（P<0.01）、8.51 元（P<0.05）。

就微内容创作和传播活动方面而言，自我感知为中层的居民在此项上花费相对较高，分别比下层、中下层、上层高 23.16 元（P<0.001）、11.99 元（P<0.01）、18.82 元（P<0.001）。

从整体来看，不同社会阶层感知的居民在互联网文化服务方面的消费金额存在明显差异（F=7.110，P<0.001），自我社会阶层感知为中层和中高层的居民在此项上花费相对较高。比如，自我感知为中层的居民分别比下层、中下层、上层高 92.21 元（P<0.001）、56.12 元（P<0.001）、60.93 元（P<0.01），自我感知为中上层的居民分别比下层、中下层、上层高 79.45 元（P<0.001）、41.35 元（P<0.05）、46.17 元（P<0.05）。

6）基于月均收入特征的互联网文化消费金钱支出

人均月收入不同的居民，在网络文学阅读（F=5.629，P<0.001）、网络视频和音乐（F=5.086，P<0.001）、网络游戏（F=2.964，P<0.01）、在线新闻资讯下载（F=5.239，P<0.001）、微内容创作和传播活动（F=5.643，P<0.001）等方面的消费金额均存在明显差异。

就网络文学阅读方面而言，月均收入水平在 4001~6000 元和 8000 元以上的居民在此项上的花费相对较高。比如，月均收入水平为 4001~6000 元的居民分别比月均收入在 1000 元及以下、1001~2000 元、2001~3000 元、3001~4000 元以及 6001~8000 元的居民高 14.41 元

（P<0.05）、19.44 元（P<0.001）、10.73 元（P<0.05）、16.05 元（P<0.01）、14.77 元（P<0.05），月均收入水平在 8000 元以上的居民分别比月均收入在 1000 元及以下、1001～2000 元、2001～3000 元、3001～4000 元以及 6001～8000 元的居民高 18.13 元（P<0.01）、20.86 元（P<0.001）、12.76 元（P<0.01）、15.38 元（P<0.01）、14.28 元（P<0.05）。

就网络视频和音乐方面而言，月均收入水平在 4001～6000 元和 8000 元以上的居民在此项上花费仍然是最高的。比如，月均收入水平为 4001～6000 元的居民分别比月均收入在 1000 元及以下、1001～2000 元、2001～3000 元、3001～4000 元以及 6001～8000 元的居民高 18.33 元（P<0.01）、21.06 元（P<0.001）、12.97 元（P<0.01）、15.59 元（P<0.01）、14.49 元（P<0.05），月均收入水平在 8000 元以上的居民分别比月均收入在 1000 元及以下、1001～2000 元、2001～3000 元、3001～4000 元以及 6001～8000 元的居民高 19.56 元（P<0.01）、24.60 元（P<0.001）、15.89 元（P<0.01）、21.20 元（P<0.01）、19.93 元（P<0.01）。

就网络游戏方面而言，月均收入水平在 4001～6000 元和 8000 元以上的居民在此项上的花费仍然相对高。比如，月均收入水平为 4001～6000 元的居民分别比月均收入在 1000 元及以下、2001～3000 元、3001～4000 元的居民高 15.47 元（P<0.05）、12.56 元（P<0.01）、18.53 元（P<0.01），月均收入水平在 8000 元以上的居民分别比月均收入在 1000 元及以下、2001～3000 元、3001～4000 元的居民高 14.18 元（P<0.05）、11.27 元（P<0.05）、17.24 元（P<0.01）。

就在线新闻资讯下载方面而言，月均收入水平在 4001～6000 元和 8000 元以上的居民在此项上花费仍然是最高的。比如，月均收入水平为 4001～6000 元的居民分别比月均收入在 1000 元及以下、1001～2000 元、2001～3000 元、3001～4000 元的居民高 17.79 元（P<0.01）、17.37 元（P<0.001）、10.11 元（P<0.05）、13.46 元（P<0.01），月

均收入水平在8000元以上的居民分别比月均收入在1000元及以下、1001~2000元、2001~3000元、3001~4000元的居民高21.70元（P<0.001）、21.29元（P<0.001）、14.03元（P<0.01）、17.37元（P<0.01）。

就微内容创作和传播活动方面而言，月均收入在4001~6000元、6001~8000元及8000元以上的居民在此项上花费相对较高。比如，月均收入水平为4001~6000元的居民分别比月均收入在1000元及以下、1001~2000元、2001~3000元、3001~4000元的居民高18.77元（P<0.01）、17.98元（P<0.01）、12.96元（P<0.01）、12.18元（P<0.05），月均收入水平为6001~8000元的居民分别比月均收入在1000元及以下、1001~2000元、2001~3000元、3001~4000元的居民高23.67元（P<0.01）、22.88元（P<0.01）、17.86元（P<0.05）、17.09元（P<0.05），月均收入水平在8000元以上的居民分别比月均收入在1000元及以下、1001~2000元、2001~3000元、3001~4000元的居民高24.33元（P<0.001）、23.55元（P<0.001）、18.52元（P<0.01）、17.75元（P<0.01）。

从整体来看，月均收入不同的居民在互联网文化服务方面的消费金额存在明显差异（F=6.640，P<0.001），月均收入在4001~6000元和8000元以上的居民花费相对较高。比如，月均收入水平为4001~6000元的居民分别比月均收入在1000元及以下、1001~2000元、2001~3000元、3001~4000元的居民高84.76元（P<0.001）、85.95元（P<0.001）、59.33元（P<0.01）、75.80元（P<0.01），月均收入水平在8000元以上的居民分别比月均收入在1000元及以下、1001~2000元、2001~3000元、3001~4000元的居民高97.90元（P<0.001）、99.09元（P<0.001）、72.46元（P<0.01）、88.94元（P<0.001）。

不同类型居民在互联网文化项目上的金钱支出差异如表6-4所示。

表 6-4 不同类型居民在互联网文化项目上的金钱支出差异

项目 人口特征	网络文学阅读	网络视频和音乐	网络游戏	在线新闻资讯下载	微内容创作和传播	互联网文化消费（总）
性别	—	—	男性的花费更高	—	—	男性的花费更高
居住区域	城市居民花费更高	—	—	城市居民花费更高	城市居民花费更高	—
年龄	—	—	25岁及以下居民花费最高，51岁以上居民花费最低	26~41岁居民花费较高，而25岁及以下和51岁及以上居民花费较低	26~41岁居民花费较高，而25岁及以下和51岁及以上居民花费较低	51岁及以上居民花费最低，26~41岁居民花费较高
学历	—	—	高中/中专和大专学历居民花费较高，而小学及以下、大学本科及以上学历居民花费较少	—	—	—
社会阶层感知	中层和中上层的居民花费较高	中层和中上层的居民花费较高	—	中层和中上层的居民花费较高	中层居民花费较高	中层和中上层的居民花费较高
月均收入	4001~6000元和8000元以上的居民花费相对较高	4001~6000元和8000元以上的居民花费相对较高	4001~6000元和8000元以上的居民花费相对较高	4001~6000元和8000元以上的居民花费相对较高	4001~6000元、6001~8000元及8000元以上的居民花费相对较高	4001~6000元和8000元以上的居民花费相对较高

(2) 互联网文化消费时间支出及其人口特征差异

由表 6-5 可以看出，平均而言，约有 32.39%的居民在互联网文化产品和服务上的月均支出时间为 0，月均支出时间在 1~15 分钟、16~30 分钟、31~60 分钟、61~90 分钟、91~120 分钟、121~150 分钟、151~180 分钟及 180 分钟以上的居民分别为 10.14%、13.38%、11.55%、11.41%、6.00%、4.25%、2.90%和 7.89%。这说明有相当一部分消费者（32.39%）当前的消费活动中尚未涉及互联网文化产品和服务消费，他们或者是没有时间，或者是由于年龄、受教育程度、经济条件等方面的局限而无法进行这方面的文化消费。

表 6-5 互联网文化消费时间支出的频次分析

每天花费时间 / 项目	0		1~15 分钟		16~30 分钟		31~60 分钟		61~90 分钟	
	频次	百分比	频次	百分比	频次	百分比	频次	百分比	频次	百分比
网络文学阅读	251	35.35	73	10.28	97	13.66	75	10.56	74	10.42
网络视频和音乐	143	20.14	59	8.31	90	12.68	100	14.08	115	16.20
网络游戏	355	50.00	45	6.34	69	9.72	67	9.44	60	8.45
在线新闻资讯下载	217	30.56	106	14.93	118	16.62	82	11.55	62	8.73
微内容创作和传播	184	25.92	78	10.99	100	14.08	87	12.25	94	13.24
平均频次分布	230	32.39	72	10.14	95	13.38	82	11.55	81	11.41

每天花费时间 / 项目	91~120 分钟		121~150 分钟		151~180 分钟		180 分钟以上	
	频次	百分比	频次	百分比	频次	百分比	频次	百分比
网络文学阅读	37	5.21	36	5.07	16	2.25	51	7.18
网络视频和音乐	62	8.73	37	5.21	34	4.79	70	9.86
网络游戏	29	4.08	18	2.54	18	2.54	49	6.90
在线新闻资讯下载	39	5.49	25	3.52	14	1.97	47	6.62
微内容创作和传播	46	6.48	35	4.93	21	2.96	65	9.15
平均频次分布	42.6	6.00	30.2	4.25	20.6	2.90	56	7.89

为了进一步分析不同人口特征的居民在各项互联网文化产品和服务消费时间上的一般水平和具体差异，本书对各种水平的文化产品和服务

消费时间数据进行了处理，采用组中值作为每一项花费时间水平的代表值，然后进行描述性统计分析和单因素方差分析。描述性统计分析表明，河南省居民在网络文学阅读、网络视频和音乐、网络游戏、在线新闻资讯下载、微内容创作和传播活动等方面每天平均消费时间分别为46.78分钟、65.50分钟、38.39分钟、43.48分钟、56.11分钟。整体而言，每天在互联网文化产品和服务上的总消费时间约为246.94分钟，中位数为188.5分钟，众数为0。这说明，互联网文化产品和服务的消费在河南省居民生活中还是比较重要的。不过应该注意的是，这里的每天总消费时间的统计数据有些偏大，因为很多时候多项互联网文化产品和服务消费可以同时进行，比如可以一边听音乐一边进行网络文学阅读或打游戏，也可以一边进行微内容创作一边观看在线新闻资讯，等等，而本书在计算总消费时间时只是简单将各项的消费时间加总，并未考虑到以上这些因素。但无论如何，这些数据也从侧面反映了互联网文化产品和服务消费已经成为大多数河南省居民文化生活中的重要组成部分。

1）基于性别特征的互联网文化消费时间支出

单因素方差分析表明，不同性别的居民在网络游戏（F=38.519，P<0.001）、在线新闻资讯下载（F=8.175，P<0.01）等方面的消费金额存在明显差异。就网络游戏而言，男性消费者（m=51.64）每天花费时间要远远大于女性消费者（m=25.11）；在线新闻资讯下载方面，男性消费者（m=49.52）每天花费时间也大于女性消费者（m=37.38）。并且，从整体来看，不同性别居民在互联网文化产品和服务上的消费时间具有显著差异（F=5.186，P<0.05），男性（m=266.07）在时间花费方面总体上要比女性（m=227.64）高。

2）基于居住区域特征的互联网文化消费时间支出

不同居住地的居民在互联网文化产品和服务上的消费时间具有显著差异（F=19.331，P<0.001），城市居民（m=263.30）每天平均花费的时间要比非城市居民（m=167.03）多。具体而言，他们在网络文学阅读（F=11.947，P<0.01）、网络视频和音乐（F=13.022，P<

0.001)、在线新闻资讯下载（F=9.983，P<0.01）、微内容创作和传播活动（F=22.632，P<0.001）等方面均具有明显差异。相对于非城市居民，城市居民在网络文学阅读（$m_{城市}=50.12$，$m_{非城市}=29.87$）、网络视频和音乐（$m_{城市}=69.29$，$m_{非城市}=47.05$）、在线新闻资讯下载（$m_{城市}=46.46$，$m_{非城市}=28.79$）、微内容创作和传播活动（$m_{城市}=61.24$，$m_{非城市}=32.36$）等方面的时间消费都比较多。因此，要提升河南省居民的互联网文化产品和服务的消费时间水平，更应该重视城市居民的时间消费倾向。

3）基于年龄特征的互联网文化消费时间支出

处于不同年龄阶段的居民，在网络文学阅读（F=3.910，P<0.01）、网络视频和音乐（F=9.929，P<0.001）、网络游戏（F=4.903，P<0.01）、微内容创作和传播活动（F=4.134，P<0.01）方面的消费时间均存在明显差异。

接下来，进一步采用LSD方法（最小显著性差异法）进行多重比较检验。数据分析发现，就网络文学阅读时间花费而言，42岁及以上的居民在此项上的时间花费较少，而42岁以下的居民花费时间较多。比如，42~50岁年龄段的居民，每天平均花费的时间分别比25岁及以下、26~33岁、34~41岁年龄段的居民少16.49分（P<0.05）、20.69分（P<0.05）、23.34分（P<0.05），51岁及以上的居民每天平均花费的时间分别比25岁及以下、26~33岁、34~41岁年龄段的居民少35.41分钟（P<0.01）、39.61分钟（P<0.01）、42.26分钟（P<0.01），这说明年龄越大的居民，在网络文学阅读方面花费的时间越少。

就网络视频和音乐的时间花费而言，也呈现出年轻化的趋势，年龄越大的居民在这方面所花费的时间越少。比如，42~50岁居民每天平均花费的时间分别比25岁及以下、26~33岁的居民少36.99分钟（P<0.001）、27.24分钟（P<0.01），51岁及以上的居民每天平均花费的时间分别比25岁及以下、26~33岁、34~41岁年龄段的居民少58.18分钟（P<0.001）、48.43分钟（P<0.01）、39.45分钟（P<0.01）。

就网络游戏支出的时间花费而言，仍是年轻人花费时间较多。比如，42~50 岁年龄段的居民每天平均花费的时间分别比 25 岁及以下、26~33 岁、34~41 岁年龄段的居民少 28.48 分钟（P<0.001）、18.29 分钟（P<0.05）、18.93 分钟（P<0.05），而 51 岁及以上的居民每天平均花费的时间要比 25 岁及以下的居民少 29.19 分钟（P<0.05）。

就微内容创作和传播活动的时间花费而言，42 岁及以上居民花费时间较少，而 42 岁以下的居民花费时间较多。比如，42~50 岁年龄段的居民，每天平均花费的时间分别比 25 岁及以下、26~33 岁、34~41 岁年龄段的居民少 22.14 分钟（P<0.01）、23.26 分钟（P<0.01）、25.17 分钟（P<0.01），51 岁及以上的居民每天平均花费的时间分别比 25 岁及以下、26~33 岁、34~41 岁年龄段的居民少 37.04 分钟（P<0.01）、38.16 分钟（P<0.01）、40.07 分钟（P<0.01）。

从整体来看，不同年龄段的居民在互联网文化方面的消费时间存在明显差异（F=5.968，P<0.001），年龄较小的居民在此类产品和服务上花费的时间相对较多，年龄越大的居民在此类产品和服务上花费的时间反而越少。比如，42~50 岁年龄段的居民，每天平均花费的时间分别比 25 岁及以下、26~33 岁、34~41 岁年龄段的居民少 104.47 分钟（P<0.001）、93.32 分钟（P<0.01）、92.28 分钟（P<0.01），51 岁及以上的居民每天平均花费的时间分别比 25 岁及以下、26~33 岁、34~41 岁年龄段的居民少 164.91 分钟（P<0.01）、153.76 分钟（P<0.01）、152.72 分钟（P<0.01）。因此，要提升河南省居民的文化消费时间水平，应该更为关注 42 岁以下年轻人的时间花费。

4）基于学历特征的互联网文化消费时间支出

受教育程度不同的居民在网络视频和音乐（F=4.962，P<0.001）、网络游戏（F=5.679，P<0.001）、微内容创作和传播（F=2.591，P<0.05）等方面的消费时间存在明显差异。

就网络视频和音乐的时间花费而言，具有大专学历的居民在这方面所花费的时间较多，每天平均花费的时间分别比小学及以下、初中、高中/中专、硕士研究生及以上学历的居民多53.50分钟（$P<0.01$）、35.60分钟（$P<0.01$）、20.71分钟（$P<0.01$）、27.75分钟（$P<0.01$）；大学本科学历的居民在这方面所花费的时间也较多，分别比小学及以下、初中学历的居民多44.84分钟（$P<0.05$）、26.94分钟（$P<0.05$）。

就网络游戏支出的时间花费而言，具有大专和高中/中专学历的居民在这方面花费的时间较多。比如，大专学历的居民每天平均花费的时间分别比小学及以下、初中、大学本科、硕士研究生及以上学历的居民多45.92分钟（$P<0.01$）、32.78分钟（$P<0.01$）、17.91分钟（$P<0.01$）、35.47分钟（$P<0.001$）；高中/中专学历的居民分别比小学及以下、初中、硕士研究生及以上学历的居民多35.81分钟（$P<0.05$）、22.66分钟（$P<0.05$）、25.36分钟（$P<0.05$）。

就微内容创作和传播活动的时间花费而言，具有大专和大学本科学历的居民在这方面的时间花费较多。比如，大专学历的居民每天平均花费的时间分别比小学及以下、高中/中专学历的居民多38.42分钟（$P<0.05$）、14.41分钟（$P<0.05$）；大学本科学历的居民分别比小学及以下、高中/中专学历的居民多37.51分钟（$P<0.05$）、13.49分钟（$P<0.05$）。

从整体来看，不同受教育程度的居民在互联网文化产品和服务方面的消费时间存在明显差异（$F=3.996$，$P<0.01$），具有大专和大学本科学历的居民在这类文化产品和服务上花费的时间较多。比如，大专学历的居民每天平均花费的时间分别比小学及以下、初中、硕士研究生及以上学历的居民多197.75分钟（$P<0.01$）、124.04分钟（$P<0.01$）、75.86分钟（$P<0.05$）；大学本科学历的居民分别比小学及以下、初中学历的居民多169.70分钟（$P<0.01$）、95.98分钟（$P<0.05$）。

5）基于社会阶层自我感知特征的互联网文化消费时间支出

自我社会阶层感知不同的居民，在线新闻资讯下载（$F=2.711$，$P<0.05$）方面的消费时间存在明显差异。自我社会阶层感知为中层的

居民在这方面花费的时间较多，每天平均花费的时间分别比下层、中下层的居民多23.79分钟（P<0.01）、11.06分钟（P<0.05）。而在其他各项互联网文化消费产品和服务上，不同社会阶层感知的居民的消费时间没有显著差异。

6）基于月均收入特征的互联网文化消费时间支出

人均月收入不同的居民，在网络游戏（F=2.187，P<0.05）、在线新闻资讯下载（F=3.698，P<0.01）、微内容创作和传播活动（F=3.273，P<0.01）等方面的消费金额均存在明显差异。

就网络游戏的消费时间而言，月均收入水平在4001~6000元和8000元以上的居民在此项产品和服务上的时间花费相对较多。比如，月均收入水平为4001~6000元的居民每天平均花费的时间比月均收入为3001~4000元的居民多22.18分钟（P<0.01），月均收入水平在8000元以上的居民每天平均花费的时间分别比月均收入为2001~3000元、3001~4000元的居民高15.80分钟（P<0.05）、31.25分钟（P<0.01）。

就在线新闻资讯下载方面而言，月均收入水平8000元以上的居民在此项产品和服务上的时间花费相对较多。比如，月均收入水平在8000元以上的居民每天平均花费的时间分别比月均收入为1000元及以下、1001~2000元、2001~3000元、3001~4000元的居民高30.63分钟（P<0.01）、28.33分钟（P<0.001）、18.51分钟（P<0.05）、19.96分钟（P<0.05）。月均收入水平在4001~6000元的居民在此项产品和服务上的时间花费也相对较多，每天平均花费的时间比月均收入为1000元及以下、1001~2000元的居民多24.80分钟（P<0.01）、22.49分钟（P<0.01）。

就微内容创作和传播活动方面而言，仍是月均收入水平在4001~6000元和8000元以上的居民在此项上的时间花费相对较多。比如，月均收入水平在8000元以上的居民每天平均花费的时间分别比月均收入为1000元及以下、1001~2000元、2001~3000元的居民高27.13分钟

（P<0.01）、32.48 分钟（P<0.001）、17.95 分钟（P<0.05），月均收入水平为 4001~6000 元的居民每天平均花费的时间分别比月均收入为 1000 元及以下、1001~2000 元的居民多 20.00 分钟（P<0.05）、25.34 分钟（P<0.01）。

从整体来看，月均收入不同的居民在互联网文化方面的消费时间存在明显差异（F=2.487，P<0.05）。月均收入水平在 8000 元以上的居民在此项产品和服务上的时间花费相对较多，每天平均花费的时间分别比月均收入为 1000 元及以下、1001~2000 元、3001~4000 元的居民多 94.68 分钟（P<0.05）、104.02 分钟（P<0.01）、85.96 分钟（P<0.05）。月均收入水平为 4001~6000 元的居民，每天平均花费的时间比月均收入为 1001~2000 元的居民多 67.07 分钟（P<0.05）。

不同类型居民在互联网文化项目上的时间花费差异如表 6-6 所示。

表 6-6　不同类型居民在互联网文化项目上的时间花费差异

项目 人口特征	网络文学阅读	网络视频和音乐	网络游戏	在线新闻资讯下载	微内容创作和传播	互联网文化消费（总）
性别	—	—	男性花费时间更多	男性花费时间更多	—	男性花费时间更多
居住区域	城市居民花费时间更多	城市居民花费时间更多	—	城市居民花费时间更多	城市居民花费时间更多	城市居民花费时间更多
年龄	41 岁以上居民花费时间较少，41 岁及以下居民花费时间较多。年龄越大的居民时间相对花费越少	年龄越大的居民，时间花费越少	年轻人花费时间较多	—	41 岁以上的居民花费时间较少，41 岁及以下的居民花费时间较多	年龄较低的居民花费时间相对较多，年龄越高的居民花费时间反而越少

续表

项目 人口特征	网络文学阅读	网络视频和音乐	网络游戏	在线新闻资讯下载	微内容创作和传播	互联网文化消费（总）
学历	—	大专和大学本科学历居民花费时间较多	高中/中专和大专学历居民花费时间较多	—	大专和大学本科学历居民花费时间较多	大专和大学本科学历居民花费时间较多
社会阶层感知	—	—	—	中层花费时间较多	—	—
月均收入	—	—	4001～6000元和8000元以上的居民时间花费较多	4001～6000元和8000元以上的居民时间花费较多	4001～6000元和8000元以上的居民时间花费相对较多	4001～6000元和8000元以上的居民时间花费较多

6.2.2 教育培训类文化消费支出及其人口特征差异

教育培训类文化消费主要包括两个方面：其一主要是指个人的再教育活动花费，是个人为提升自身知识和技能而支付的学习成本，如参加培训班的成本、成人再教育的成本、参加各种付费讲座的成本等；其二是指为获得文具用品以及个人教育和培训的其他相关器材而花费的成本。

（1）教育培训类文化消费的金钱支出及其人口特征差异

由表6-7可以看出，平均而言，约有31.69%的居民在教育培训类文化消费上的月均支出金额为0，月均支出金额在1～30元、31～60元、61～100元、101～150元、151～200元、201～400元及400元以上的居民分别为18.66%、9.72%、9.65%、7.46%、5.35%、6.13%和11.34%。这说明，河南省大部分居民还是相当重视自身的教育培训的，愿意通过这方面的消费来提升自身的知识和技能。

表 6-7 教育培训类消费金钱支出的频次分析

项目 \ 月支出金额	0		1~30 元		31~60 元		61~100 元	
	频次	百分比	频次	百分比	频次	百分比	频次	百分比
教育培训	247	34. 79	74	10. 42	46	6. 48	68	9. 58
文具用品及相关器材	203	28. 59	191	26. 90	92	12. 96	69	9. 72
平均频次分布	225	31. 69	132. 5	18. 66	69	9. 72	68. 5	9. 65

项目 \ 月支出金额	101~150 元		151~200 元		201~400 元		400 元以上	
	频次	百分比	频次	百分比	频次	百分比	频次	百分比
教育培训	56	7. 89	45	6. 34	52	7. 32	122	17. 18
文具用品及相关器材	50	7. 04	31	4. 37	35	4. 93	39	5. 49
平均频次分布	53	7. 46	38	5. 35	43. 5	6. 13	80. 5	11. 34

为了进一步分析不同人口特征的居民在教育培训方面消费金额的一般水平和具体差异，本书对各种水平的文化消费金额数据进行了处理，采用组中值作为每一消费水平的代表值，然后进行描述性统计分析和单因素方差分析。描述性统计分析表明，河南省居民在教育培训活动、文具用品及相关器材购买等方面的月平均消费金额分别为 141. 27 元、76. 64 元。整体而言，在教育培训类产品和服务上的平均消费金额为 217. 99 元，中位数为 96 元，众数为 0。

1）基于性别特征的教育培训类文化消费金钱支出

不同性别居民在教育培训类研究的消费金额没有明显差异，这从侧面反映出教育培训类消费活动在男性和女性生活中的重要程度是大致相当的。

2）基于居住区域特征的教育培训类文化消费金钱支出

不同居住地的居民在教育培训活动上的消费金额没有显著差异，这说明对于教育培训活动的地位，在非城市居民和城市居民中是基本一样的。不过，城市居民和非城市居民在文具用品及相关器材的购买方面的支出金额具有显著差异（$F=9.259$，$P<0.01$），可能由于经济条件的原因，相对于非城市居民（$m=45.74$）而言，城市居民（$m=83.40$）购买文具用品及相关教育培训器材方面的花费更高。

整体来看，不同居住区域的居民在教育培训类文化产品和服务上的消费金额差异是比较明显的（F=7.496，P<0.01），城市居民（m=230.87）比非城市居民（m=159.71）在这方面的花费更高一些。

3）基于年龄特征的教育培训类文化消费金钱支出

处于不同年龄阶段的居民，在教育培训活动（F=2.776，P<0.05）、文具用品及相关器材购买（F=4.286，P<0.01）等方面均具有显著差异。

就教育培训活动方面的花费而言，年龄越大的居民在这上面的花费越少。多重比较检验表明，51岁及以上年龄段的居民，平均每月的消费金额分别比25岁及以下、26~33岁、34~41岁的居民要少108.83元（P<0.01）、105.89元（P<0.05）、94.78元（P<0.05），而25岁及以下的青年人平均每月的消费金额要比42~50岁、51岁及以上的居民分别多48.13元（P<0.05）、108.83元（P<0.01）。

就文具用品及相关器材购买的花费而言，处于34~41岁年龄段的居民平均每月的花费是最高的，分别比25岁及以下、42~50岁、51岁及以上年龄段的居民要多44.56元（P<0.01）、51.83元（P<0.01）、94.47元（P<0.01）。这可能是因为这一年龄段的居民，其家庭周期往往处于“满巢”阶段，他们不仅需要担负自己的也要承担家庭中孩子的文具及相关教育器材的购买。而51岁及以上年龄段的居民在这方面的花费则较低，多重比较检验表明，他们平均每月消费分别比26~33岁、34~41岁的居民要少69.99元（P<0.05）、94.47元（P<0.01）。

从整体来看，不同年龄段居民在教育培训类文化产品和服务上的消费金额差异是比较明显的（F=3.381，P<0.01）。其中，51岁及以上年龄段的居民，平均每月的消费支出是最少的，分别比25岁及以下、26~33岁、34~41岁的居民要少158.89元（P<0.01）、175.87元（P<0.01）、189.25元（P<0.01）；42~50岁的居民在这方面花费也比较少，分别比26~33岁、34~41岁的居民要少72.54元（P<0.05）、85.91元（P<0.05）。相对而言，在这方面花费较多的是处于34~41岁及26~33岁年龄段的居民。

4）基于学历特征的教育培训类文化消费金钱支出

受教育程度不同的居民在教育培训活动方面（F=3.120，P<0.01）的消费金额具有显著差异。多重比较检验分析表明，具有大专学历和大学本科学历的居民在这方面的月均消费金额较多。具有大专学历居民的月均支出分别比初中、高中/中专学历的居民要多67.69元（P<0.05）、43.12元（P<0.05），具有大学本科学历居民的月均支出分别比初中、高中/中专学历的居民要多83.61元（P<0.05）、59.05元（P<0.01）。这说明，大专学历和大学本科学历居民对教育培训活动更为重视，也更愿意在这方面花费金钱以提升自身的知识和技能水平。

整体来看，不同学历居民在教育培训类文化研究上的消费金额差异是比较明显的（F=3.090，P<0.01）。相对而言，具有大学本科学历的居民在这方面花费较多，其月均支出分别比初中、高中/中专学历的居民要多100.96元（P<0.05）、89.50元（P<0.01）。具有大专学历的居民在这方面花费也比较多，其月均支出比高中/中专学历的居民要多64.59元（P<0.05）。

5）基于社会阶层自我感知特征的教育培训类文化消费金钱支出

自我社会阶层感知不同的居民，在教育培训活动（F=4.307，P<0.01）、文具用品及相关器材购买（F=5.471，P<0.001）等方面均具有显著差异。

就教育培训活动方面的花费而言，自我社会阶层感知为中上层和中层的居民在这方面的花费较多。多重比较检验表明，社会阶层感知为中上层的居民，平均每月的消费金额分别比自我感知为下层、中下层的居民要多85.73元（P<0.01）、63.82元（P<0.01），而自我感知为中层的居民平均每月的消费金额要比下层、中下层的居民分别多72.41元（P<0.01）、50.50元（P<0.01）。而自我感知为中下层和下层的居民在这方面花费相对较低。

就文具用品及相关器材购买的花费而言，自我社会阶层感知为中层的居民在这方面的花费最多，其平均每月的消费金额分别比自我感知为下层、中下层和上层的居民要多66.42元（P<0.001）、42.52元（P<0.01）、37.57元（P<0.05）。自我感知为中上层的居民在这方面花费也多一些，比自我感知为下层的居民要多47.53元（P<0.05）。

整体来看，社会阶层感知不同的居民在教育培训类文化产品和服务上的消费金额差异是比较明显的（F=6.109，P<0.001）。自我社会阶层感知为中层和中上层的居民在这方面的花费最多。数据分析表明，社会阶层感知为中层的居民，平均每月的消费金额分别比自我感知为下层、中下层的居民要多138.51元（P<0.001）、93.02元（P<0.001），而自我感知为中上层的居民平均每月的消费金额要比自我感知为下层、中下层的居民分别多132.95元（P<0.01）、87.46元（P<0.01）。

6）基于月均收入特征的教育培训类文化消费金钱支出

人均月收入不同的居民，在教育培训活动（F=5.699，P<0.001）、文具用品及相关器材购买（F=8.886，P<0.001）等方面均具有显著差异。

就教育培训活动方面的花费而言，月均收入在8000元以上的居民在这方面的花费最多。多重比较检验表明，月均收入8000元以上的居民，平均每月的消费金额分别比月均收入为1000元以下、1001~2000元、2001~3000元、3001~4000元、4001~6000元、6001~8000元的居民要多70.93元（P<0.05）、98.05元（P<0.001）、131.59元（P<0.001）、123.19元（P<0.001）、88.93元（P<0.001）、99.95元（P<0.01）。月均收入为4001~6000元的居民在这方面的花费也多一些，比月均收入为2001~3000元的居民多42.66元（P<0.05）。

就文具用品及相关器材购买的花费而言，月均收入在8000元以上的居民在这方面的花费最多，其平均每月的消费金额分别比月均收入为1000元以下、1001~2000元、2001~3000元、3001~4000元、4001~6000元的居民要多91.34元（P<0.001）、87.67元（P<0.001）、88.82元（P<0.001）、105.60元（P<0.001）、57.35元（P<0.01）。月均收入为4001~6000元及6001~8000元的居民在这方面的花费也较多，其中，月均收入为4001~6000元的居民平均每月的消费金额分别比月均收入为1001~

2000 元、2001~3000 元、3001~4000 元的居民要多 30.32 元（P<0.05）、31.47 元（P<0.05）、48.25 元（P<0.01），月均收入为 6001~8000 元的居民平均每月的消费金额分别比月均收入为 1000 元以下、1001~2000 元、2001~3000 元、3001~4000 元的居民要多 74.90 元（P<0.01）、71.23 元（P<0.01）、72.38 元（P<0.01）、89.16 元（P<0.001）。

从整体来看，月均收入不同的居民在教育培训类文化产品和服务上的消费金额差异是比较明显的（F=8.699，P<0.001）。具体而言，月均收入在 8000 元以上的居民在这方面的花费最多，其平均每月的消费金额分别比月均收入为 1000 元以下、1001~2000 元、2001~3000 元、3001~4000 元、4001~6000 元、6001~8000 元的居民要多 162.27 元（P<0.001）、185.35 元（P<0.001）、220.41 元（P<0.001）、228.79 元（P<0.001）、146.28 元（P<0.001）、116.38 元（P<0.05）。月均收入为 4001~6000 元及 6001~8000 元的居民的花费也较多，其中，月均收入为 4001~6000 元的居民平均每月的消费金额分别比月均收入为 2001~3000 元、3001~4000 元的居民要多 74.13 元（P<0.05）、82.51 元（P<0.05），月均收入为 6001~8000 元的居民平均每月的消费金额分别比月均收入为 2001~3000 元、3001~4000 元的居民要多 104.02 元（P<0.05）、112.41 元（P<0.05）。

不同类型居民在教育培训类文化项目上的金钱支出差异如表 6-8 所示。

表 6-8　不同类型居民在教育培训类文化项目上的金钱支出差异

项目 / 人口特征	教育培训活动	文具用品及相关器材	教育培训类文化活动（总）
性别	—	—	—
居住区域	—	城市居民花费更高	城市居民花费更高
年龄	年龄越大的居民，在教育培训活动上的花费越少	34~41 岁年龄段居民花费最高，51 岁及以上年龄段居民花费较低	51 岁及以上居民花费最少，42~50 岁居民花费较少；34~41 岁和 26~33 岁居民花费较多

续表

项目 / 人口特征	教育培训活动	文具用品及相关器材	教育培训类文化活动（总）
学历	大专和大学本科学历居民消费较多	—	大学本科和大专学历居民消费较多
社会阶层感知	中上层和中层的居民花费较多	中层和中上层的居民花费较多	中层和中上层的居民花费较多
月均收入	月均收入 8000 元以上的居民花费最多，月均收入 4001~6000 元的居民花费也较多	月均收入 8000 元以上的居民花费最多，月均收入 4001~8000 元的居民花费也较多	月均收入 8000 元以上的居民花费最多，月均收入 4001~8000 元的居民花费也较多

（2）教育培训类文化消费时间支出及其人口特征差异

由表 6-9 可以看出，被调查者中只有 20%的居民没有涉及教育培训类文化消费活动，而每天花费 1 小时以内时间来参与教育培训的居民约为 36.06%，花费 1.01~2 个小时参与教育培训活动的居民约为 20.15%，花费 2.01~5 个小时参与教育培训活动的居民约为 11.26%，每天花费 5 个小时以上时间来进行教育培训活动的居民约为 12.54%。这从一个侧面反映出，对于很多被调查者而言，教育培训活动是其生活中的一个重要组成部分。

表 6-9　教育培训类消费时间支出的频次分析

每天花费时间 / 项目	0		1~30 分钟		31~60 分钟		61~90 分钟	
	频次	百分比	频次	百分比	频次	百分比	频次	百分比
教育培训	142	20.00	173	24.37	83	11.69	89	12.54
每天花费时间 / 项目	91~120 分		121~180 分		181~300 分		300 分以上	
	频次	百分比	频次	百分比	频次	百分比	频次	百分比
教育培训	54	7.61	53	7.46	27	3.80	89	12.54

为了进一步分析不同人口特征的居民在教育培训方面消费时间的一

般水平和具体差异，本书对各种水平的文化消费时间数据进行了处理，采用组中值作为每一消费水平的代表值，然后进行描述性统计分析和单因素方差分析。描述性统计分析表明，河南省居民在教育培训活动方面每天花费时间的均值为91.61分钟，中值为45.5分钟，众数为15.5分钟。这说明，被调查者中，人们平均每天约花费1.5个小时进行教育培训活动，且有一半以上居民的时间花费超过了45分钟，而相当一部分人（173人，约占总人数的24.4%）的时间花费较少，基本在15.5分钟左右。

1）基于性别特征的教育培训类文化消费时间支出

不同性别居民在教育培训类研究的消费时间没有明显差异，这从侧面反映出无论是男性还是女性，教育培训活动在生活中的重要程度是一样的。

2）基于居住区域特征的教育培训类文化消费时间支出

不同居住地的居民在教育培训活动上的消费时间具有显著差异（$F=5.019$，$P<0.05$）。相对于非城市居民（$m=70.58$），城市居民（$m=96.33$）在教育培训活动方面花费的时间更多。这从一个侧面反映出，非城市居民和城市居民在教育培训活动上的重视程度还是有所差异的。

3）基于年龄特征的教育培训类文化消费时间支出

处于不同年龄阶段的居民，在教育培训活动（$F=5.365$，$P<0.001$）方面具有显著差异。其中，25岁及以下年龄段的居民花费的时间最多，平均每天花费的时间分别比26~33岁、34~41岁、42~50岁的居民要多26.95分钟（$P<0.05$）、36.02分钟（$P<0.01$）、56.30分钟（$P<0.001$）。一般而言，年龄越大的居民，每天用于教育培训活动的时间越少。

4）基于学历特征的教育培训类文化消费时间支出

受教育程度不同的居民在教育培训活动方面（$F=3.602$，$P<0.01$）的消费时间具有显著差异。多重比较检验分析表明，具有大学本科和硕士研究生及以上学历的居民在这方面花费的时间较多。比如，具有大学本科学历居民每天平均花费的时间分别比小学及以下、初中、高中/中

专学历的居民多 73.70 分钟（P<0.05）、63.05 分钟（P<0.001）、26.77 分钟（P<0.05），具有硕士研究生及以上学历居民每天平均花费的时间分别比小学及以下、初中学历的居民多 83.93 分钟（P<0.05）、73.29 分钟（P<0.01）。而小学及以下和初中学历的居民在这方面花费的时间最少，比如初中学历的居民每天平均花费的时间分别比大专、大学本科、硕士研究生及以上学历的居民分别少 42.72 分钟（P<0.05）、63.05 分钟（P<0.01）、73.29 分钟（P<0.01）。

5）基于社会阶层自我感知特征的教育培训类文化消费时间支出

自我社会阶层感知不同的居民，在教育培训活动方面所花费的时间没有显著差异。这说明无论人们自我感知处于哪一个社会阶层，教育培训活动在其生活中的重要程度都是大致相当的。人们不会因为处于较低的社会阶层就放弃教育培训活动，而自我感知处在较高社会阶层的人也不会因此忽略教育培训活动。

6）基于月均收入特征的教育培训类文化消费时间支出

人均月收入不同的居民，在教育培训活动（F=3.438，P<0.01）方面所花费的时间具有显著差异。人均月收入在 8000 元以上的居民在这上面花费的时间最多，其平均每天花费的时间分别比月均收入为 1000 元以下、1001~2000 元、2001~3000 元、3001~4000 元、4001~6000 元、6001~8000 元的居民要多 40.05 分钟（P<0.05）、58.31 分钟（P<0.001）、57.16 分钟（P<0.001）、65.98 分钟（P<0.001）、38.45 分钟（P<0.05）、44.21 分钟（P<0.05）。相对而言，人均月收入越少的居民，在教育培训活动上所花费的时间也较少。这可能是因为，收入越少的居民，每天的主要精力放在与谋生相关的事务上，不太有余暇来进行教育培训活动，而收入较高的居民相对而言能够有更多的精力放在这一方面。因此，要提升河南省居民文化消费的时间水平，必须注意提升其收入水平。

不同类型的居民在教育培训类文化项目上的时间支出差异如表 6-10 所示。

表 6-10　不同类型居民在教育培训类文化项目上的时间支出差异

人口特征＼项目	教育培训活动
性别	—
居住区域	相对于非城市居民，城市居民在教育培训活动方面花费的时间更多
年龄	25 岁及以下年龄段的居民花费的时间最多。一般而言，年龄越大的居民，每天用于教育培训活动的时间越少
学历	大学本科和硕士研究生及以上学历的居民在这方面花费的时间较多，而小学及以下和初中学历的居民在这方面花费的时间最少
社会阶层感知	—
月均收入	人均月收入在 8000 元以上的居民在这上面花费的时间最多。整体而言，人均月收入越少的居民，在教育培训活动上所花费的时间也较少

6.2.3　文化传媒类消费支出及其人口特征差异

文化传媒类文化消费主要包括两个方面：其一，涉及图书、报纸、期刊以及 CD、DVD 等音像制品方面的消费；其二，涉及购票看电影、付费电视节目和广播等方面的消费。

（1）文化传媒类消费的金钱支出

由表 6-11 可以看出，平均而言，约有 26.2%的居民在文化传媒类消费上的月均支出金额为 0，月均支出金额在 1~30 元、31~60 元、61~100 元、101~150 元、151~200 元、201~400 元及 400 元以上的居民分别为 19.37%、13.73%、14.51%、8.66%、6.20%、7.18% 和 4.15%，这说明文化传媒类消费是人们文化生活中的一个重要组成部分。

为了进一步分析不同人口特征的居民在文化传媒类产品和服务上的消费金额的一般水平和具体差异，本书对各种水平的文化消费金额数据进行了处理，采用组中值作为每一消费水平的代表值，然后进行描述性统计分析和单因素方差分析。描述性统计分析表明，河南省居民在图书等出版物与音像制品、付费电影和电视等方面的月平均消费金额分别为87.70元、82.32元，其中半数以上的被调查者在这两方面的月均花费在45元以上。整体而言，在文化传媒类产品和服务的消费金额为170.03元，约有一半的被调查者的月均消费金额在96元以上。

表6-11　文化传媒类消费金钱支出的频次分析

月支出金额 / 项目	0		1~30元		31~60元		61~100元	
	频次	百分比	频次	百分比	频次	百分比	频次	百分比
图书等出版物及音像制品	197	27.75	136	19.15	92	12.96	98	13.80
购票看电影、付费电视等	175	24.65	139	19.58	103	14.51	108	15.21
平均频次分布	186	26.20	137.5	19.37	97.5	13.73	103	14.51
月支出金额 / 项目	101~150元		151~200元		201~400元		400元以上	
	频次	百分比	频次	百分比	频次	百分比	频次	百分比
图书等出版物及音像制品	60	8.45	35	4.93	58	8.17	34	4.79
购票看电影、付费电视等	63	8.87	53	7.46	44	6.20	25	3.52
平均频次分布	61.5	8.66	44	6.20	51	7.18	29.5	4.15

1）基于性别特征的文化传媒类消费金钱支出

不同性别居民在购票看电影、付费电视节目和广播等方面的消费金额具有明显差异（$F=4.225$，$P<0.05$）。相对于女性（$m=73.62$），男性居民（$m=90.94$）在这方面的月均消费金额更高一些。

2）基于居住区域特征的文化传媒类消费金钱支出

不同居住地的居民在图书等出版物与音像制品（$F=8.557$，$P<0.01$）、付费电影和电视等方面（$F=4.400$，$P<0.05$）的金钱支出均具有显著差异。

就图书、报纸、期刊等各类出版物及CD、DVD等音像制品方面的花费而言，相对于非城市居民（$m=58.03$），城市居民（$m=94.24$）的月均支出金额明显要高一些；就购票看电影、付费电视节目和广播等方面的花费而言，城市居民（$m=86.56$）的月均支出金额也比非城市居民（m=63.19）要高一些。

整体来看，不同居住区域的居民在文化传媒类文化研究上的消费金额差异是比较明显的（F=8.449，P<0.01），城市居民（m=180.79）比非城市居民（m=121.22）在这方面的花费更高一些。

3）基于年龄特征的文化传媒类消费金钱支出

处于不同年龄阶段的居民，在图书等出版物与音像制品（F=3.987，P<0.01）、付费电影和电视等方面（F=8.902，P<0.001）的金钱支出均具有显著差异。

就图书、报纸、期刊等各类出版物及CD、DVD等音像制品方面的花费而言，34~41岁年龄段居民的月均支出是最多的，其平均每月的消费金额要比25岁及以下、42~50岁、51岁及以上的居民分别多42.04元（P<0.01）、57.49元（P<0.01）、86.69元（P<0.01）。相对而言，51岁及以上年龄段的居民在这方面花费最少，其平均每月的消费金额分别比26~33岁、34~41岁的居民要少61.51元（P<0.05）、86.69元（P<0.01）。

就购票看电影、付费电视节目和广播等方面的花费而言，处于26~41岁年龄段的居民平均每月的花费是最多的，而42岁及以上年龄段居民的花费则较少。比如，34~41岁年龄段居民平均每月的花费分别比25岁及以下、42~50岁、51岁及以上年龄段的居民要多34.68元（P<0.05）、69.01元（P<0.001）、93.88元（P<0.001），26~33岁年龄段居民平均每月的花费分别比25岁及以下、42~50岁、51岁及以上年龄段的居民要多33.79元（P<0.01）、68.11元（P<0.001）、92.98元（P<0.001）。而42~50岁和51岁及以上年龄段的居民，平均每月的花费不仅低于26~33岁和34~41岁年龄段的居民，而且要低于25岁及以下年龄段的居民，其分别低于25岁及以下年龄段居民的花费为34.33元（P<0.05）、59.20元（P<0.05）。

从整体来看，不同年龄居民在文化传媒类文化产品和服务上的消费金额差异是比较明显的（F=7.663，P<0.001）。处于26~41岁年龄段

的居民平均每月的花费是最多的，而51岁及以上年龄段居民的花费则较少。比如，34~41岁年龄段居民平均每月的花费分别比25岁及以下、42~50岁、51岁及以上年龄段的居民要多76.72元（P<0.01）、126.50元（P<0.001）、180.57元（P<0.001），26~33年龄段居民平均每月的花费分别比25岁及以下、42~50岁、51岁及以上年龄段的居民要多50.64元（P<0.01）、100.42元（P<0.001）、154.50元（P<0.01）。而51岁及以上年龄段的居民，平均每月的花费不仅低于26~33岁和34~41岁年龄段的居民，而且要低于25岁及以下年龄段的居民，其低于25岁及以下年龄段居民的花费为103.85元（P<0.05）。

4）基于学历特征的文化传媒类消费金钱支出

受教育程度不同的居民在图书等出版物与音像制品方面（F=5.975，P<0.001）的消费金额具有显著差异。多重比较检验分析表明，具有硕士研究生及以上学历的居民在这方面的月均消费金额较多，分别比小学及以下、初中、高中/中专、大专、大学本科学历的居民要多115.42元（P<0.01）、83.68元（P<0.01）、94.40元（P<0.001）、64.59元（P<0.01）、40.95元（P<0.05）。数据分析表明，受教育程度越高的居民在这方面的花费相对越多。

整体来看，不同学历居民在文化传媒类文化产品和服务上的消费金额差异是比较明显的（F=3.734，P<0.01），受教育程度越高的居民，相对而言月均花费就越高。比如，具有硕士研究生及以上学历的居民分别比小学及以下、初中、高中/中专学历的居民要多179.08元（P<0.01）、105.81元（P<0.05）、103.36元（P<0.01）。而大学本科和大专学历的居民在这方面花费也较高，大学本科学历居民分别比小学及以下、高中/中专学历的居民要多143.05元（P<0.05）、67.33元（P<0.01），大专学历居民分别比小学及以下、高中/中专学历的居民要多123.46元（P<0.05）、47.74元（P<0.05）。

5）基于社会阶层自我感知特征的文化传媒类消费金钱支出

自我社会阶层感知不同的居民，在图书等出版物与音像制品（F=

4.045，P<0.01）、付费电影和电视等方面（F=5.151，P<0.001）的金钱支出均具有显著差异。

就图书、报纸、期刊等各类出版物及CD、DVD等音像制品方面的花费而言，自我社会阶层感知为中层的居民的月均支出是最多的，其平均每月的消费金额要比自我社会阶层感知为下层、中下层和中上层的居民分别多54.06元（P<0.01）、39.92元（P<0.01）、26.33元（P<0.05）。

就购票看电影、付费电视节目和广播等方面的花费而言，自我社会阶层感知为中层的居民的月均支出仍然是最多的，其平均每月的消费金额要比自我社会阶层感知为下层、中下层、中上层和上层的居民分别多46.49元（P<0.01）、36.68元（P<0.01）、26.96元（P<0.05）、47.38元（P<0.01）。

整体来看，不同年龄居民在文化传媒类产品和服务上的消费金额差异是比较明显的（F=5.821，P<0.001）。自我社会阶层感知为中层的居民的月均支出是最高的，其平均每月的消费金额要比自我社会阶层感知为下层、中下层、中上层和上层的居民分别多100.55元（P<0.01）、76.60元（P<0.001）、53.29元（P<0.05）、75.90元（P<0.01）。

6）基于月均收入特征的文化传媒类消费金钱支出

月均收入不同的居民，在图书等出版物与音像制品（F=7.873，P<0.001）、付费电影和电视等方面（F=12.695，P<0.001）的金钱支出均具有显著差异。

就图书、报纸、期刊等各类出版物及CD、DVD等音像制品方面的花费而言，月均收入在8000元以上的居民在这方面的花费最多。多重比较检验表明，月均收入8000元以上的居民，平均每月的消费金额分别比月均收入为1000元以下、1001~2000元、2001~3000元、3001~4000元、4001~6000元的居民要多83.24元（P<0.001）、79.86元（P<0.001）、79.41元（P<0.001）、99.80元（P<0.001）、50.83元（P<0.01）。月均收入为6001~8000元的居民在这方面的花费也多一些，

分别比月均收入为 1000 元以下、1001 ~ 2000 元、2001 ~ 3000 元、3001~4000 元的居民多 71.47 元（P<0.01）、68.08 元（P<0.01）、67.63 元（P<0.01）、88.02 元（P<0.001）。

就购票看电影、付费电视节目和广播等方面的花费而言，人均月收入在 8000 元以上的居民在这方面的花费仍然是最多的，其平均每月的消费金额分别比月均收入为 1000 元以下、1001 ~ 2000 元、2001 ~ 3000 元、3001~4000 元、4001 ~ 6000 元、6001 ~ 8000 元的居民要多 117.58 元（P<0.001）、97.65 元（P<0.001）、87.72 元（P<0.001）、109.26 元（P<0.001）、52.48 元（P<0.001）、45.09 元（P<0.05）。月均收入在 4001 ~ 6000 元和 6001 ~ 8000 元的居民在这方面花费也较高，月均收入为 4001 ~ 6000 元的居民平均每月的消费金额分别比月均收入为 1000 元以下、1001 ~ 2000 元、2001 ~ 3000 元、3001 ~ 4000 元的居民要多 65.09 元（P<0.001）、45.17 元（P<0.01）、35.24 元（P<0.01）、56.78 元（P<0.001），月均收入为 6001 ~ 8000 元的居民平均每月的消费金额分别比月均收入为 1000 元以下、1001 ~ 2000 元、2001 ~ 3000 元、3001 ~ 4000 元的居民要多 72.49 元（P<0.01）、52.57 元（P<0.01）、42.63 元（P<0.01）、64.17 元（P<0.01）。

从整体来看，月均收入不同的居民在文化传媒类产品和服务上的消费金额差异是比较明显的（F=13.148，P<0.001）。具体而言，人均月收入在 8000 元以上的居民在这方面的花费最多，其平均每月的消费金额分别比月均收入为 1000 元以下、1001 ~ 2000 元、2001 ~ 3000 元、3001 ~ 4000 元、4001 ~ 6000 元的居民要多 200.82 元（P<0.001）、177.51 元（P<0.001）、167.13 元（P<0.001）、209.05 元（P<0.001）、103.31 元（P<0.001）。月均收入在 4001 ~ 6000 元和 6001 ~ 8000 元的居民在这方面花费也较高，月均收入为 4001 ~ 6000 元的居民平均每月的消费金额分别比月均收入为 1000 元以下、1001 ~ 2000 元、2001 ~ 3000 元、3001 ~ 4000 元的居民要多 97.51 元（P<0.01）、74.20 元（P<0.01）、63.81 元（P<0.01）、105.74 元（P<0.001），月均收

入为6001~8000元的居民平均每月的消费金额分别比月均收入为1000元以下、1001~2000元、2001~3000元、3001~4000元的居民要多143.96元（P<0.001）、120.65元（P<0.01）、110.26元（P<0.01）、152.19元（P<0.001）。

不同类型居民在文化传媒类项目上的金钱支出差异如表6-12所示。

表6-12 不同类型居民在文化传媒类项目上的金钱支出差异

项目 人口特征	图书等出版物及音像制品	购票看电影、付费电视等	文化传媒类活动（总）
性别	—	男性居民的月均消费金额更高	—
居住区域	城市居民的花费更高	城市居民的花费更高	城市居民的花费更高
年龄	34~41岁居民的月均支出是最多的，51岁及以上居民花费最少	26~41岁居民月均花费最高，42岁及以上居民的花费较少	26~41岁居民月均花费最高，51岁及以上居民的花费较少
学历	硕士研究生及以上学历居民的月均消费金额较多。受教育程度越高，其花费就相对越多	—	受教育程度越高的居民，相对而言月均花费就越高
社会阶层感知	自我社会阶层感知为中层的居民，月均支出最多	自我社会阶层感知为中层的居民，月均支出最多	自我社会阶层感知为中层的居民，月均支出最多
月均收入	月均收在8000元以上的居民花费最多，6001~8000元的居民花费也多一些	月均收入8000元以上的居民花费最多，4001~8000元的居民花费也较高	月均收入8000元以上的居民花费最多，4001~8000元的居民花费也较高

（2）文化传媒类消费时间支出及其人口特征差异

由表6-13可以看出，平均而言，被调查者中，只有12.89%的居民没有涉及文化传媒类消费活动，而每天花费1小时以内时间进行文化传媒类消费活动的居民约为38.52%，而花费1.01~2个小时进行文化传媒消费的居民约为24.23%，花费2.01~5个小时进行文化传媒消费的居民约为15.57%，每天花费5个小时以上时间来进行文化传媒消费的居民约为8.80%。这从一个侧面反映出，对于很多被调查者而言，文化传媒类消费是其生活中的一个重要组成部分。

表6-13 文化传媒类消费时间支出的频次分析

每天花费时间 / 项目	0		1~30分钟		31~60分钟		61~90分	
	频次	百分比	频次	百分比	频次	百分比	频次	百分比
图书等出版物及音像制品	102	14.37	202	28.45	102	14.37	85	11.97
购票看电影、付费电视等	81	11.41	139	19.58	104	14.65	119	16.76
平均频次分布	91.5	12.89	170.5	24.01	103	14.51	102	14.37

每天花费时间 / 项目	91~120分钟		121~180分钟		181~300分钟		300分钟以上	
	频次	百分比	频次	百分比	频次	百分比	频次	百分比
图书等出版物及音像制品	70	9.86	62	8.73	32	4.51	55	7.75
购票看电影、付费电视等	70	9.86	98	13.80	29	4.08	70	9.86
平均频次分布	70	9.86	80	11.27	30.5	4.30	62.5	8.80

为了进一步分析不同人口特征的居民在文化传媒类消费时间支出方面的一般水平和具体差异，本书对各种水平的文化消费时间数据进行了处理，采用组中值作为每一消费水平的代表值，然后进行描述性统计分析和单因素方差分析。描述性统计分析表明，河南省居民在图书等出版物与音像制品方面每天花费时间的均值为81.55分钟，中值为45.5分钟，众数为15.5分钟，而在付费电影和电视等方面每天花费时间的均值为98.19分钟，中值为75.5分钟，众数为15.5分钟。整体而言，河南省居民在文化传媒类产品和服务上每天花费时间的均值为179.65分钟，中值为121分钟，众数为31分钟。这说明，被调查者中平均每天花费约3个小时进行文化传媒类消费活动，且有一半以上居民的时间花

费超过了 2 个小时，而相当一部分人（79 人，约占总人数的 11.1%）的时间花费基本在半个小时左右。

1）基于性别特征的文化传媒类消费时间支出

不同性别居民在文化传媒类产品和服务上的消费时间没有明显差异，这从侧面反映出无论是男性还是女性，文化传媒类消费活动在生活中的重要程度是一样的。

2）基于居住区域特征的文化传媒类消费时间支出

不同居住地的居民在图书等出版物与音像制品方面的消费时间具有显著差异（F=6.994，P<0.01）。相对于非城市居民（m=60.22），城市居民（m=86.28）在图书、报纸、期刊等各类出版物及 CD、DVD 等音像制品方面花费的时间更多。

整体来看，城市居民和非城市居民在文化传媒类消费活动方面所花费的时间具有明显差异（F=6.654，P<0.05）。相对于非城市居民（m=142.01），城市居民（m=188.08）在这方面所花费的时间更多。

3）基于年龄特征的文化传媒类消费时间支出

处于不同年龄阶段的居民，在文化传媒类消费时间支出方面没有显著差异。这说明，无论是处于哪个年龄阶段的人，对于看书、报纸、期刊等出版物，对于观看 CD、DVD 等音像制品，以及购票看电影、付费电视节目和广播等方面，所花费的时间基本是相当的。

4）基于学历特征的文化传媒类消费时间支出

受教育程度不同的居民，在文化传媒类消费时间支出方面也没有显著差异。这说明，无论受教育程度如何，人们在看书、报纸、期刊等出版物和音像制品，以及购票看电影、付费电视节目和广播等方面，都花费了大致相当的时间。

5）基于社会阶层自我感知特征的文化传媒类消费时间支出

自我社会阶层感知不同的居民，在图书等出版物与音像制品方面（F=2.892，P<0.05）的金钱支出具有显著差异。其中，自我社会阶层感知为中层的居民，平均每天所花费的时间是最多的，会比自我社会阶

层感知为下层、中下层和上层的居民分别多 36.49 分钟（$P<0.05$）、23.70 分钟（$P<0.05$）、26.90 分钟（$P<0.05$）。

从整体来看，不同社会阶层感知的居民在文化传媒类消费上的时间支出差异是比较明显的（$F=2.996$，$P<0.05$），自我社会阶层感知为中层的居民所花费的时间是最多的，其平均每天花费的时间要比自我社会阶层感知为下层、中下层、中上层和上层的居民分别多 64.18 分钟（$P<0.05$）、46.92 分钟（$P<0.01$）、50.94 分钟（$P<0.05$）。

6）基于月均收入特征的文化传媒类消费时间支出

月均收入不同的居民，在图书等出版物与音像制品（$F=2.753$，$P<0.05$）、付费电影和电视等方面（$F=3.456$，$P<0.01$）的时间支出均具有显著差异。

就图书、报纸、期刊等各类出版物及 CD、DVD 等音像制品方面的时间支出而言，人均月收入在 8000 元以上的居民在这方面所花费的时间最多。多重比较检验表明，月均收入 8000 元以上的居民，平均每天花费的时间分别比月均收入为 1000 元以下、1001~2000 元、2001~3000 元、3001~4000 元、4001~6000 元的居民要多 41.11 分钟（$P<0.05$）、45.38 分钟（$P<0.01$）、31.71 分钟（$P<0.05$）、48.79 分钟（$P<0.01$）、28.95 分钟（$P<0.05$）。月均收入为 6001~8000 元的居民在这上面的花费也多一些，分别比月均收入为 1001~2000 元、3001~4000 元的居民多 38.60 分钟（$P<0.05$）、42.01 分钟（$P<0.05$）。

就购票看电影、付费电视节目和广播等方面的时间支出而言，月均收入在 8000 元以上的居民在这方面的支出仍然是最多的，其平均每天花费的时间分别比月均收入为 1000 元以下、1001~2000 元、3001~4000 元、4001~6000 元的居民要多 60.21 分钟（$P<0.001$）、44.46 分钟（$P<0.01$）、50.59 分钟（$P<0.01$）、32.48 分钟（$P<0.05$）。月均收入在 2001~3000 元和 6001~8000 元的居民在这方面的时间支出也较多，月均收入为 2001~3000 元的居民平均每天花费的时间分别比月均收入为 1000 元以下、3001~4000 元的居民要多 40.47 分钟（$P<0.01$）、

30.85分钟（P<0.05），月均收入为6001~8000元的居民平均每天花费的时间比月均收入为1000元以下的居民要多45.26分钟（P<0.05）。

从整体来看，月均收入不同的居民在文化传媒类消费上所花费的时间的差异是比较明显的（F=3.602，P<0.01）。具体而言，月均收入在8000元以上的居民在这方面的时间支出是最多的，其平均每天花费的时间分别比月均收入为1000元以下、1001~2000元、2001~3000元、3001~4000元、4001~6000元的居民要多99.82分钟（P<0.01）、87.59分钟（P<0.01）、49.96分钟（P<0.05）、97.89分钟（P<0.001）、59.93分钟（P<0.05）。月均收入为6001~8000元的居民在这方面的时间支出也多一些，分别比月均收入为1000元以下、1001~2000元、3001~4000元的居民多79.59分钟（P<0.05）、67.36分钟（P<0.05）、77.65分钟（P<0.05）。

不同类型居民在文化传媒类项目上的时间支出差异如表6-14所示。

表6-14　不同类型居民在文化传媒类项目上的时间支出差异

项目 人口特征	图书等出版物及音像制品	购票看电影、付费电视等	文化传媒类活动（总）
性别	—	—	—
居住区域	城市居民花费的时间更多	—	城市居民花费的时间更多
年龄	—	—	—
学历	—	—	—
社会阶层感知	自我社会阶层感知为中层的居民，花费的时间最多	—	自我社会阶层感知为中层的居民，花费的时间最多
月均收入	月均收入在8000元以上的居民花费时间最多，月均收入6001~8000元的居民花费时间也多一些	月均收在8000元以上的居民花费时间最多，2001~3000元和6001~8000元的居民花费时间也多一些	月均收在8000元以上的居民花费时间最多，6001~8000元的居民花费时间也多一些

6.2.4 休闲娱乐类文化消费支出及其人口特征差异

文化休闲娱乐类文化消费主要包括三个方面：其一，涉及旅游、出行和观光方面（游乐园、景点旅游、艺术园区、度假村等）的消费；其二，涉及去KTV、歌舞厅、酒吧等娱乐场所的相关产品和服务消费；其三，主要是指所参与的棋类、纸牌、麻将、桌球等室内娱乐活动。

（1）休闲娱乐类文化消费的金钱支出

由表6-15可以看出，平均而言，约有41.74%的居民在文化休闲娱乐类消费上的月均支出金额为0，月均支出金额在1~30元、31~60元、61~100元、101~150元、151~200元、201~400元及400元以上的居民分别为9.62%、6.24%、8.45%、6.90%、5.54%、7.98%和13.52%。这些数据显示，很多被调查者在这方面的花费并不高，这也可能是因为这些活动很多都有免费的选择，也可能是因为人们的日常闲暇时间并不是太多。

表6-15 休闲娱乐类文化消费金钱支出的频次分析

月支出金额 / 项目	0		1~30元		31~60元		61~100元	
	频次	百分比	频次	百分比	频次	百分比	频次	百分比
旅游观光	154	21.69	60	8.45	47	6.62	67	9.44
KTV、歌舞厅、酒吧等活动	331	46.62	69	9.72	44	6.20	58	8.17
棋类、纸牌、麻将等活动	404	56.90	76	10.70	42	5.92	55	7.75
平均频次分布	296.33	41.74	68.33	9.62	44.33	6.24	60	8.45
月支出金额 / 项目	**101~150元**		**151~200元**		**201~400元**		**400元以上**	
	频次	百分比	频次	百分比	频次	百分比	频次	百分比
旅游观光	65	9.15	47	6.62	89	12.54	181	25.49
KTV、歌舞厅、酒吧等活动	52	7.32	45	6.34	46	6.48	65	9.15
棋类、纸牌、麻将等活动	30	4.23	26	3.66	35	4.93	42	5.92
平均频次分布	49	6.90	39.33	5.54	56.67	7.98	96	13.52

为了进一步分析不同人口特征的居民在文化休闲娱乐类产品和服务上的消费金额的一般水平和具体差异，本书对各种水平的文化消费金额

数据进行了处理，采用组中值作为每一消费水平的代表值，然后进行描述性统计分析和单因素方差分析。描述性统计分析表明，河南省居民在旅游观光、KTV/歌舞厅/酒吧、棋牌等室内活动方面的月平均消费金额分别为200.25元、96.49元和66.52元。其中，大约有25.5%的被调查者（181人）在旅游观光方面的月均支出在500元左右。整体而言，在文化休闲娱乐类产品和服务上的消费金额为363.26元，而约有一半的被调查者的月均消费金额在251元以上。

1）基于性别特征的休闲娱乐类文化消费金钱支出

不同性别居民在旅游观光方面的月均消费金额没有显著差异，但在KTV/歌舞厅/酒吧（$F=27.156$，$P<0.001$）和棋牌等室内活动方面（$F=34.422$，$P<0.001$）的月均消费金额具有显著差异。就KTV/歌舞厅/酒吧等娱乐场所相关产品和服务的花费而言，相对于女性居民（$m=66.98$），男性居民（$m=125.58$）的月均支出金额明显要高一些；就棋牌等室内活动方面的花费而言，男性居民（$m=94.60$）的月均支出也明显比女性（$m=38.05$）要高。

整体来看，不同性别的居民在休闲娱乐类文化消费方面的月均金钱支出具有显著差异（$F=21.194$，$P<0.001$）。男性居民（$m=426.57$）在这方面明显要比女性（$m=299.05$）花费多。

2）基于居住区域特征的休闲娱乐类文化消费金钱支出

不同居住地的居民在旅游观光方面（$F=12.032$，$P<0.01$）的金钱支出均具有显著差异。相对于非城市居民（$m=144.46$），城市居民（$m=212.36$）的月均支出金额明显要高一些。整体来看，不同居住区域的居民在文化休闲娱乐类产品和服务上的消费金额差异是比较明显的（$F=3.988$，$P<0.05$），城市居民（$m=376.91$）比非城市居民（$m=302.71$）在这方面的花费更高一些。

3）基于年龄特征的休闲娱乐类文化消费金钱支出

处于不同年龄阶段的居民，在旅游观光方面的月均消费金额没有显著差异，但在KTV/歌舞厅/酒吧（$F=5.861$，$P<0.001$）和棋牌等室内

活动方面（F=6.706，P<0.001）的月均消费金额具有显著差异。

就KTV/歌舞厅/酒吧等娱乐场所相关产品和服务的花费而言，年轻人一般花费要多一些，而年龄大的人花费则比较少。多重比较检验分析表明，42~50岁和51岁及以上年龄段的居民，其月均支出是最少的。比如，51岁及以上年龄的居民，其平均每月的消费金额要比25岁及以下、26~33岁和34~41岁的居民分别少77.95元（P<0.05）、112.59元（P<0.01）、97.08元（P<0.01）；42~50岁的居民平均每月的消费金额要比25岁及以下、26~33岁和34~41岁的居民分别少48.06元（P<0.05）、82.70元（P<0.001）、67.19元（P<0.01）。而26~33岁年龄段的居民，其花费相对是比较多的，不仅多于42岁以上居民的花费，而且要比25岁及以下年龄段的居民多34.65元（P<0.05）。

就棋牌、桌球等室内活动方面的花费而言，25岁及以下年龄段居民的月均支出是最少的，分别比26~33岁、34~41岁及42~50岁的居民少46.82元（P<0.001）、46.76元（P<0.01）、61.90元（P<0.001）。

从整体来看，不同年龄居民在文化休闲娱乐类产品和服务上的消费金额差异是比较明显的（F=3.706，P<0.01），26~41岁的居民在这方面花费较多，而25岁及以下以及51岁及以上的居民在这方面花费相对较少。比如，34~41年龄段居民平均每月的花费分别比25岁及以下、51岁及以上年龄段的居民要多98.61元（P<0.05）、186.81元（P<0.05），26~33年龄段居民平均每月的花费分别比25岁及以下、51岁及以上年龄段的居民要多107.45元（P<0.01）、195.66元（P<0.05）。

4）基于学历特征的休闲娱乐类文化消费金钱支出

受教育程度不同的居民在旅游观光（F=2.959，P<0.05）、KTV/歌舞厅/酒吧（F=3.265，P<0.01）和棋牌等室内活动方面（F=5.473，P<0.001）的月均消费金额均具有显著差异。

就旅游观光等方面的花费而言，学历越低的居民，其月均支出也越少；学历较高的居民，其月均支出相对要高一些。数据分析表明，小学及以下学历的居民，其月均支出要比大专、大学本科以及硕士研究生及以上学历的居民分别少 115.87 元（P<0.05）、127.00 元（P<0.05）、138.33 元（P<0.05）；初中学历的居民，其月均支出要比大专、大学本科以及硕士研究生及以上学历的居民分别少 77.54 元（P<0.05）、88.67 元（P<0.05）、100.01 元（P<0.05）；高中/中专学历的居民，其月均支出要比大学本科学历的居民少 48.09 元（P<0.05）。

就 KTV/歌舞厅/酒吧等娱乐场所相关产品和服务的花费而言，高中/中专学历的居民在这方面的月均消费金额较多，分别比小学及以下、初中、大学本科及硕士研究生及以上学历的居民要多 110.77 元（P<0.05）、63.06 元（P<0.05）、44.47 元（P<0.01）、84.89 元（P<0.01）。具有大专学历的居民在这方面的花费也多一些，其月均消费金额要比硕士研究生及以上学历的居民要多 54.00 元（P<0.05）。

就棋牌、桌球等室内活动方面的花费而言，高中/中专学历的居民在这方面的月均消费金额是最多的，分别比大专、大学本科及硕士研究生及以上学历的居民要多 53.51 元（P<0.001）、71.77 元（P<0.001）、78.39 元（P<0.01）。

5）基于社会阶层自我感知特征的休闲娱乐类文化消费金钱支出

自我社会阶层感知不同的居民，在旅游观光（F＝4.669，P<0.01）、KTV/歌舞厅/酒吧（F＝3.879，P<0.01）和棋牌等室内活动方面（F＝4522，P<0.01）的月均消费金额具有显著差异。

就旅游观光等方面的花费而言，自我社会阶层感知为中层的居民的月均消费支出是最多的，分别比自我社会阶层感知为下层、中下层和上层的居民要多 93.97 元（P<0.01）、40.52 元（P<0.05）、82.59 元（P<0.01）。

就 KTV/歌舞厅/酒吧等娱乐场所相关产品和服务的花费而言，自我社会阶层感知为中层的居民的月均消费支出仍是最高的，分别比自我社会阶层感知为下层、中下层和上层的居民要多 68.27 元（P<0.01）、40.98 元（P<0.01）、46.38 元（P<0.05）。

就棋牌、桌球等室内活动方面的花费而言，自我社会阶层感知为中层的居民的月均消费支出是最多的，分别比自我社会阶层感知为下层、中下层和上层的居民要多 49.00 元（P<0.01）、40.29 元（P<0.01）、53.44 元（P<0.01）。

从整体来看，自我社会阶层感知不同的居民在休闲娱乐类文化研究上的消费金额差异是比较明显的（F=7.089，P<0.001），自我社会阶层感知为中层的居民的月均消费支出是最多的，分别比自我社会阶层感知为下层、中下层、中上层、上层的居民要多 211.25 元（P<0.001）、121.80 元（P<0.01）、84.36 元（P<0.05）、182.41 元（P<0.001）。

6）基于月均收入特征的休闲娱乐类文化消费金钱支出

人均月收入不同的居民，在旅游观光（F=8.300，P<0.001）、KTV/歌舞厅/酒吧（F=7.665，P<0.001）和棋牌等室内活动方面（F=6.906，P<0.001）的月均消费金额具有显著差异。

就旅游观光等方面的花费而言，人均月收入在 8000 元以上的居民在这方面的花费最多。多重比较检验表明，月均收入 8000 元以上的居民，平均每月的消费金额分别比月均收入为 1000 元以下、1001~2000 元、2001~3000 元、3001~4000 元、4001~6000 元的居民要多 150.76 元（P<0.001）、150.71 元（P<0.001）、135.50 元（P<0.001）、144.01 元（P<0.001）、74.04 元（P<0.01）；月均收入为 6001~8000 元和 4001~6000 元的居民在这方面的花费也相对较多。月均收入为 6001~8000 元的居民分别比月均收入为 1000 元以下、1001~2000 元、2001~3000 元、3001~4000 元的居民多 92.67 元（P<0.05）、92.62 元（P<0.01）、77.41 元（P<0.05）、85.92 元（P<0.05），月均收入为 4001~6000 元的居民分别比月均收入为 1000 元以下、1001~2000 元、2001~3000 元、3001~4000 元的居民多 76.72 元（P<0.01）、76.67 元（P<0.01）、61.46 元（P<0.01）、69.97 元（P<0.05）。

就 KTV/歌舞厅/酒吧等娱乐场所相关产品和服务的花费而言，人均月收入在 8000 元以上的居民在这方面的花费仍然是最多的，其平均每月的消费金额分别比月均收入为 1000 元以下、1001~2000 元、2001~3000 元、3001~4000 元、4001~6000 元的居民要多 105.25 元（P<

0.001)、99.78元(P<0.001)、79.14元(P<0.001)、118.88元(P<0.001)、45.04元(P<0.05)。月均收入为6001~8000元的居民在这方面花费也较多，分别比月均收入为1000元以下、1001~2000元、2001~3000元、3001~4000元的居民要多90.49元(P<0.01)、85.02元(P<0.01)、64.38元(P<0.05)、104.11元(P<0.001)。

就棋牌、桌球等室内活动方面的花费而言，月均收入在8000元以上的居民在这方面的花费最多，其平均每月的消费金额分别比月均收入为1000元以下、1001~2000元、2001~3000元、3001~4000元、4001~6000元的居民要多99.18元(P<0.001)、86.65元(P<0.001)、73.21元(P<0.001)、83.94元(P<0.001)、43.84元(P<0.05)；月均收入为6001~8000元和4001~6000元的居民在这方面的花费也相对较多。月均收入为6001~8000元的居民分别比月均收入为1000元以下、1001~2000元、2001~3000元、3001~4000元的居民多86.73元(P<0.01)、74.20元(P<0.01)、60.76元(P<0.01)、71.48元(P<0.01)，月均收入为4001~6000元的居民分别比月均收入为1000元以下、1001~2000元、3001~4000元的居民多55.34元(P<0.01)、42.81元(P<0.01)、40.10元(P<0.05)。

从整体来看，月均收入不同的居民在休闲娱乐类文化产品和服务上的消费金额差异是比较明显的(F=13.058，P<0.001)。具体而言，人均月收入在8000元以上的居民在这方面的花费最多，其平均每月的消费金额分别比月均收入为1000元以下、1001~2000元、2001~3000元、3001~4000元、4001~6000元的居民要多355.19元(P<0.001)、337.14元(P<0.001)、287.86元(P<0.001)、346.83元(P<0.001)、162.92元(P<0.01)。月均收入在4001~6000元和6001~8000元的居民在这方面花费也较多，月均收入为4001~6000元的居民平均每月的消费金额分别比月均收入为1000元以下、1001~2000元、2001~3000元、3001~4000元的居民要多192.27元(P<0.001)、174.22元(P<0.001)、124.94元(P<0.01)、183.91元(P<0.001)，

月均收入为6001~8000元的居民平均每月的消费金额分别比月均收入为1000元以下、1001~2000元、2001~3000元、3001~4000元的居民要多269.88元（P<0.001）、251.84元（P<0.001）、202.55元（P<0.01）、261.52元（P<0.001）。

不同类型居民在休闲娱乐类文化消费上的金钱支出差异如表6-16所示。

表6-16 不同类型居民在休闲娱乐类文化消费上的金钱支出差异

项目 人口特征	旅游观光	KTV、歌舞厅、酒吧等活动	棋类、纸牌、麻将等活动	文化休闲娱乐（总）
性别	—	男性居民月均花费更高	男性居民月均花费更高	男性居民月均花费更高
居住区域	城市居民月均花费更高	—	—	城市居民月均花费更高
年龄		42岁及以上居民花费最低，26~33岁居民花费较高。年轻人一般花费高，年龄大的人花费则较低	25岁及以下居民的月均支出最少	26~41岁居民花费较高，而25岁及以下以及51岁及以上居民花费较少
学历	学历越低的居民花费也越少，学历较高居民的花费相对较高	高中/中专和大专学历的居民花费较多	高中/中专学历的居民花费最多	—
社会阶层感知	自我社会阶层感知为中层的居民花费最高	自我社会阶层感知为中层的居民花费最高	自我社会阶层感知为中层的居民花费最高	自我社会阶层感知为中层的居民花费最高
月均收入	月均收入8000元以上居民花费最多，4001~8000元的居民花费也较多	月均收入8000元以上居民花费最多，6001~8000元的居民花费也较多	月均收入8000元以上居民花费最多，4001~8000元的居民花费也相对较多	月均收入8000元以上居民花费最多，4001~8000元的居民花费也相对较多

(2) 休闲娱乐类文化消费时间支出及其人口特征差异

由表 6-17 可以看出，被调查者中，有 48.36%的居民没有涉及休闲娱乐类文化消费活动，而每天花费 1 小时以内时间进行休闲娱乐类文化消费的居民约为 23.29%，而花费 1.01~2 个小时进行休闲娱乐类文化消费的居民约为 12.91%，花费 2.01~5 个小时进行休闲娱乐类文化消费的居民约为 9.35%，每天花费 5 个小时以上时间来进行休闲娱乐类文化消费的居民约为 6.10%。这从一个侧面反映出，对于很多被调查者而言，休闲娱乐类文化消费在生活中所占比重并不高。

表 6-17 文化休闲娱乐类消费时间支出的频次分析

每天花费时间 / 项目	0		1~30 分钟		31~60 分钟		61~90 分钟	
	频次	百分比	频次	百分比	频次	百分比	频次	百分比
旅游观光	239	33.66	133	18.73	66	9.30	57	8.03
KTV、歌舞厅、酒吧等活动	389	54.79	112	15.77	38	5.35	48	6.76
棋类、纸牌、麻将等活动	402	56.62	109	15.35	38	5.35	48	6.76
休闲娱乐类文化消费时间频次分布	343.33	48.36	118	16.62	47.33	6.67	51	7.18
每天花费时间 / 项目	91~120 分钟		121~180 分钟		181~300 分钟		300 分钟以上	
	频次	百分比	频次	百分比	频次	百分比	频次	百分比
旅游观光	56	7.89	57	8.03	27	3.80	75	10.56
KTV、歌舞厅、酒吧等活动	38	5.35	35	4.93	22	3.10	28	3.94
棋类、纸牌、麻将等活动	28	3.94	40	5.63	18	2.54	27	3.80
休闲娱乐类文化消费时间频次分布	40.67	5.73	44	6.20	22.33	3.15	43.33	6.10

为了进一步分析不同人口特征的居民在休闲娱乐类文化消费时间支出上的一般水平和具体差异，本书对各种水平的文化消费时间数据进行了处理，采用组中值作为每一消费水平的代表值，然后进行描述性统计分析和单因素方差分析。描述性统计分析表明，河南省居民在旅游观光、KTV/歌舞厅/酒吧和棋牌等室内活动方面每天花费时间的均值分别

为80.27分钟、44.13分钟和41.49分钟。整体而言，河南省居民在休闲娱乐类产品和服务上每天花费时间的均值为166.06分钟，中值为75.5分钟。这说明，被调查者平均每天约花费2.5个小时进行休闲娱乐类消费活动，且有一半以上居民的时间花费超过了1个小时。

1）基于性别特征的休闲娱乐类文化消费时间支出

性别不同的居民，在旅游观光方面的日均时间支出没有显著差异，但是在KTV/歌舞厅/酒吧（F=12.490，P<0.001）和棋牌等室内活动方面（F=20.452，P<0.001）的日均时间支出具有显著差异。

就KTV/歌舞厅/酒吧等娱乐场所相关产品和服务的时间花费而言，相对于女性居民（m=32.99），男性居民（m=55.14）每天所花费的时间明显要多一些；就棋牌、桌球等室内活动方面的时间花费而言，男性居民（m=55.17）比女性居民（m=27.69）明显多一些。

整体来看，性别不同的居民在休闲娱乐类文化消费上的时间支出差异是比较明显的（F=9.532，P<0.01），相对于女性居民（m=140.12）而言，男性居民（m=191.78）每天所花费的时间明显要多。

2）基于居住区域特征的休闲娱乐类文化消费时间支出

不同居住地的居民在旅游观光方面的消费时间具有显著差异（F=4.823，P<0.05）。相对于非城市居民（m=60.18），城市居民（m=84.70）平均每天在旅游观光方面花费的时间更多。不过，居住区域不同的居民在KTV/歌舞厅/酒吧和棋牌等室内活动方面的日均时间花费没有明显差别。

3）基于年龄特征的休闲娱乐类文化消费时间支出

处于不同年龄阶段的居民，在旅游观光、KTV/歌舞厅/酒吧等方面的日均时间支出方面没有显著差异，但在棋牌等室内活动方面（F=4.666，P<0.01）具有显著差异。其中，51岁及以上年龄的居民在棋牌等室内活动方面所花费的时间最多，其平均每日的时间花费要比25岁及以下、26~33岁、34~41岁以及42~40岁的居民分别多64.62分钟（P<0.001）、55.66分钟（P<0.01）、45.65分钟（P<0.05）、40.83分

钟（P<0.05）。这可能是因为51岁以上的居民相对拥有更多的空闲时间。

4）基于学历特征的休闲娱乐类文化消费时间支出

受教育程度不同的居民，在旅游观光、KTV/歌舞厅/酒吧等方面的日均时间支出没有显著差异，但在棋牌等室内活动方面（F=6.354，P<0.001）具有显著差异。其中，具有高中/中专和初中学历的居民在棋牌等室内活动方面所花费的时间较多。具有高中/中专学历的居民，其平均每日的时间花费要比具有大专、大学本科及硕士研究生及以上的居民分别多37.81分钟（P<0.001）、45.14分钟（P<0.001）、53.65分钟（P<0.001）；具有初中学历的居民，其平均每日的时间花费要比具有大学本科及硕士研究生及以上的居民分别多33.32分钟（P<0.05）、41.83分钟（P<0.05）。

5）基于社会阶层自我感知特征的休闲娱乐类文化消费时间支出

自我社会阶层感知不同的居民，在KTV/歌舞厅/酒吧等方面的日均时间支出没有显著差异，但在旅游观光（F=4.225，P<0.01）、棋牌等室内活动方面（F=2.502，P<0.05）具有显著差异。

就旅游观光相关产品和服务消费所花费的时间而言，自我社会阶层感知为中层的居民平均每天所花费的时间最多，而自我社会阶层感知为下层的居民平均每天花费的时间最少。比如，自我社会阶层感知为中层的居民，平均每天所花费的时间比自我社会阶层感知为下层、中下层和上层的居民分别多58.46分钟（P<0.001）、22.09分钟（P<0.05）、31.29分钟（P<0.05）；而自我社会阶层感知为下层的居民，平均每天所花费的时间比自我社会阶层感知为中下层、中层和中上层的居民分别少36.37分钟（P<0.05）、58.46分钟（P<0.001）、53.01分钟（P<0.01）。

就棋牌、桌球等室内活动方面的时间花费而言，自我社会阶层感知为中层的居民花费最多，其平均每天所花费的时间比自我社会阶层感知为下层、中下层、中上层和上层的居民分别多25.96分钟（P<0.05）、

18.62 分钟（P<0.05）、17.07 分钟（P<0.05）、20.88 分钟（P<0.05）。

从整体来看，不同社会阶层感知的居民在休闲娱乐类文化消费上的时间支出差异是比较明显的（F=3.187，P<0.05），自我社会阶层感知为中层的居民所花费的时间是最多的，其平均每天花费的时间要比自我社会阶层感知为下层、中下层和上层的居民分别多 96.44 分钟（P<0.01）、47.66 分钟（P<0.05）、61.63 分钟（P<0.05）。另外，自我社会阶层感知为中上层的居民所花费的时间也要多一些，平均每天花费的时间要比自我社会阶层感知为下层的居民多 72.40 分钟（P<0.05）。

6）基于月均收入特征的休闲娱乐类文化消费时间支出

人均月收入不同的居民，在旅游观光（F=6.854，P<0.001）、KTV/歌舞厅/酒吧（F=5.651，P<0.001）、棋牌等室内活动方面（F=3.819，P<0.01）均具有显著差异。

就旅游观光相关产品和服务消费所花费的时间而言，人均月收入在 4000 元以上的居民在这方面所花费的时间较多。多重比较检验表明，月均收入 8000 元以上的居民，平均每天花费的时间分别比月均收入为 1000 元以下、1001~2000 元、2001~3000 元、3001~4000 元的居民要多 84.59 分钟（P<0.001）、72.60 分钟（P<0.001）、57.57 分钟（P<0.001）、70.60 分钟（P<0.001）；月均收入为 6001~8000 元的居民分别比月均收入为 1000 元以下、1001~2000 元、3001~4000 元的居民多 58.82 分钟（P<0.01）、46.83 分钟（P<0.05）、44.83 分钟（P<0.05）；月均收入 4001~6000 元的居民则分别比月均收入为 1000 元以下、1001~2000 元、2001~3000 元、3001~4000 元的居民要多 59.23 分钟（P<0.001）、47.24 分钟（P<0.01）、32.21 分钟（P<0.05）、45.24 分钟（P<0.01）。

就 KTV/歌舞厅/酒吧等娱乐场所相关产品和服务的时间花费而言，人均月收入在 8000 元以上的居民在这方面的支出是最多的，其平均每天花费的时间分别比月均收入为 1000 元以下、1001~2000 元、2001~

3000 元、3001～4000 元、4001～6000 元、6001～8000 元的居民要多 63.15 分钟（P<0.001）、55.65 分钟（P<0.001）、42.86 分钟（P<0.001）、58.96 分钟（P<0.001）、34.91 分钟（P<0.01）、35.41 分钟（P<0.05）。月均收入在 4001～6000 元的居民在这方面的时间支出也较多，平均每天花费的时间分别比月均收入为 1000 元以下、3001～4000 元的居民要多 28.24 分钟（P<0.05）、24.05 分钟（P<0.05）。

就棋牌、桌球等室内活动方面的时间花费而言，人均月收入在 6001～8000 元的居民在这方面的支出是最多的，其平均每天花费的时间分别比月均收入为 1000 元以下、1001～2000 元、2001～3000 元、3001～4000 元、4001～6000 元的居民要多 52.90 分钟（P<0.01）、51.30 分钟（P<0.01）、32.69 分钟（P<0.05）、41.27 分钟（P<0.05）、30.78 分钟（P<0.05）。另外，月均收入在 8000 元以上的居民在这方面的时间支出也较多，分别比月均收入为 1000 元以下、1001～2000 元、3001～4000 元的居民要多 41.89 分钟（P<0.01）、40.28 分钟（P<0.01）、30.26 分钟（P<0.05）。

从整体来看，月均收入不同的居民在休闲娱乐类文化消费上所花费的时间差异是比较明显的（F=8.025，P<0.001）。具体而言，月均收入在 8000 元以上的居民在这方面的时间支出是最多的，其平均每天花费的时间分别比月均收入为 1000 元以下、1001～2000 元、2001～3000 元、3001～4000 元、4001～6000 元的居民要多 189.62 分钟（P<0.001）、168.53 分钟（P<0.001）、122.10 分钟（P<0.001）、158.71 分钟（P<0.001）、80.03 分钟（P<0.01）；另外，月均收入为 6001～8000 元和 4001～6000 元的居民在这方面的时间支出也多一些。其中，月均收入为 6001～8000 元的居民分别比月均收入为 1000 元以下、1001～2000 元、3001～4000 元的居民多 139.46 分钟（P<0.01）、118.37 分钟（P<0.01）、108.55 分钟（P<0.05），月均收入为 4001～6000 元的居民分别比月均收入为 1000 元以下、1001～2000 元、3001～4000 元的居民多 109.59 分钟（P<0.01）、88.50 分钟（P<0.01）、78.68 分钟（P<

0.05)。

不同类型居民在休闲娱乐类文化项目上的时间支出差异如表6-18所示。

表6-18 不同类型居民在休闲娱乐类文化项目上的时间支出差异

项目 人口特征	旅游观光	KTV、歌舞厅、酒吧等活动	棋类、纸牌、麻将等活动	文化休闲娱乐（总）
性别	—	男性居民花费的时间更多	男性居民花费的时间更多	男性居民花费的时间更多
居住区域	城市居民花费时间更多	—	—	—
年龄	—	—	50岁以上居民花费时间最多	—
学历	—	—	高中/中专和初中学历居民花费的时间较多	—
社会阶层感知	自我社会阶层感知为中层的居民花费时间最多，下层居民花费时间最少		自我社会阶层感知为中层的居民花费时间最多	自我社会阶层感知为中层的居民花费时间最多，中上层居民花费时间也较多
月均收入	月均收入4000元以上的居民花费的时间较多	月均收入8000元以上居民花费时间最多，4001～6000元的居民花费时间也相对较多	月均收入6001～8000元的居民花费时间最多，8000元以上的居民花费时间也较多	月均收入8000元以上居民花费时间最多，4001～8000元的居民花费时间也相对较多

6.2.5 文化艺术类消费支出及其人口特征差异

文化艺术类文化消费主要包括三个方面：其一，是指观看各类演出和表演，比如歌舞剧、音乐会、曲艺和魔术等；其二，是指参观博物馆、纪念馆、图书馆及其他各类艺术展会；其三，主要是指购买工艺美术产品和艺术藏品（如古玩字画等）。

(1) 文化艺术类消费的金钱支出

由表6-19可以看出，平均而言，约有63.57%的居民在文化艺术类消费上的月均支出金额为0，月均支出金额在1~30元、31~60元、61~100元、101~150元、151~200元、201~400元及400元以上的居民分别为11.60%、6.48%、5.21%、3.47%、3.15%、3.19%和3.33%。这些数据显示，很多被调查者在这方面的支出都比较少，甚至一多半的人并未涉及这方面的消费。这说明，文化艺术类消费目前在河南省居民生活中的地位还比较低，有很大的上升潜力。

表6-19 文化艺术类消费金钱支出的频次分析

项目 \ 月支出金额	0		1~30元		31~60元		61~100元	
	频次	百分比	频次	百分比	频次	百分比	频次	百分比
观看各类表演和演出	489	68.87	64	9.01	32	4.51	34	4.79
参观博物馆、纪念馆及其他艺术展会	406	57.18	106	14.93	67	9.44	47	6.62
工艺美术品和艺术藏品	459	64.65	77	10.85	39	5.49	30	4.23
平均频次分布	451.33	63.57	82.33	11.60	46	6.48	37	5.21
项目 \ 月支出金额	**101~150元**		**151~200元**		**201~400元**		**400元以上**	
	频次	百分比	频次	百分比	频次	百分比	频次	百分比
观看各类表演和演出	24	3.38	23	3.24	20	2.82	24	3.38
参观博物馆、纪念馆及其他艺术展会	28	3.94	19	2.68	18	2.54	19	2.68
工艺美术品和艺术藏品	22	3.10	25	3.52	30	4.23	28	3.94
平均频次分布	24.67	3.47	22.33	3.15	22.67	3.19	23.67	3.33

为了进一步分析不同人口特征的居民在文化艺术类产品和服务上的消费金额的一般水平和具体差异，本书对各种水平的文化消费金额数据进行了处理，采用组中值作为每一消费水平的代表值，然后进行描述性

统计分析和单因素方差分析。描述性统计分析表明，河南省居民在表演和演出、博物馆及其他艺术展会、工艺美术品和艺术藏品等方面的月平均消费金额分别为 42.46 元、42.38 元和 49.76 元，而消费金额的中值和众数都是 0，说明被调查者中超过一半以上的人在这些方面的支出都为 0。整体而言，人们在文化艺术类产品和服务上的月均消费金额为 134.70 元，而约有一半的被调查者的月均消费金额在 15 元以上。这些统计数据表明，各种演出和表演、博物馆及其他艺术展会、工艺美术品和艺术藏品等文化艺术类消费产品和服务在河南省居民生活中所占比例还非常小。之所以会出现这种情况，可能与人们的闲暇时间、生活习惯、爱好及经济条件有关，也可能与这些文化艺术类产品和服务的供给环境和条件有关。

1）基于性别特征的文化艺术类消费金钱支出

不同性别居民在各种表演和演出、博物馆/图书馆/纪念馆及其他艺术展会等方面的月均消费金额没有显著差异，但在工艺美术品/艺术藏品方面（F=8.075，P<0.01）的月均消费金额具有显著差异。就工艺美术品/艺术藏品的花费而言，相对于女性居民（m=37.50）而言，男性居民（m=61.89）的月均支出金额明显要多一些。

从整体来看，不同性别的居民在文化艺术类消费方面的月均金钱支出具有显著差异（F=5.368，P<0.05）。男性居民（m=157.94）在这方面明显要比女性（m=111.20）花费得多。

2）基于居住区域特征的文化艺术类消费金钱支出

不同居住地的居民在文化艺术类产品和服务上的消费金额没有显著差异，这说明，无论是城市居民还是非城市居民，在表演和演出、博物馆/图书馆/纪念馆/艺术展会、工艺美术品/艺术藏品等方面的月均消费金额都比较低。

3）基于年龄特征的文化艺术类消费金钱支出

处于不同年龄阶段的居民，在表演和演出（F=5.572，P<0.001）、博物馆/图书馆/纪念馆/艺术展会（F=4.136，P<0.01）、工艺美术

品/艺术藏品等方面（F=5.053，P<0.01）的月均消费金额具有显著差异。

就观看各种表演和演出方面的花费而言，34~41岁年龄段居民的月均支出是最高的，而25岁及以下居民的月均支出是最低的。多重比较检验分析表明，34~41岁年龄段的居民，其平均每月的消费金额要比25岁及以下、26~33岁和51岁及以上的居民分别多50.48元（P<0.001）、27.04元（P<0.05）、53.68元（P<0.05）；25岁及以下年龄段的居民，平均每月的消费金额要比26~33岁、34~41岁、42~50岁的居民分别少23.44元（P<0.05）、50.48元（P<0.001）、32.72元（P<0.05）。

就参观博物馆/图书馆/纪念馆/艺术展会方面的花费而言，25岁及以下年龄段居民的月均支出是最少的，分别比26~33岁、34~41岁的居民少20.09元（P<0.05）、42.32元（P<0.001）。

就购买工艺美术品/艺术藏品等方面的花费而言，34~41岁的居民在这方面的支出是最多的，其月均金钱支出分别比25岁及以下、26~33岁、51岁及以上的居民分别多55.26元（P<0.001）、38.51元（P<0.01）、57.09元（P<0.05）。另外，42~50岁的居民在这方面的月均支出也较多一些，要比25岁及以下年龄段的居民多31.08元（P<0.05）。

从整体来看，不同年龄居民在文化艺术类产品和服务上的消费金额差异是比较明显的（F=6.682，P<0.001），34~41岁居民的月均支出是最高的，而25岁及以下居民的月均支出是最低的。34~41岁居民的月均消费金额要比25岁及以下、26~33岁和51岁及以上的居民分别多147.94元（P<0.001）、87.78元（P<0.05）、137.69元（P<0.05）；25岁及以下居民的月均消费金额要比26~33岁、34~41岁、42~50岁的居民分别少60.16元（P<0.05）、147.94元（P<0.001）、79.93元（P<0.05）。

4）基于学历特征的文化艺术类消费金钱支出

不同学历的居民在文化艺术类产品和服务上的消费金额没有显著差

异，这说明，无论受教育程度如何，被调查者在表演和演出、博物馆/图书馆/纪念馆/艺术展会、工艺美术品/艺术藏品等方面的月均消费金额都是差不多的，都比较低。

5）基于社会阶层自我感知特征的文化艺术类消费金钱支出

自我社会阶层感知不同的居民，在表演和演出（F=3.356，P<0.05）、博物馆/图书馆/纪念馆/艺术展会（F=3.613，P<0.01）、工艺美术品/艺术藏品等方面（F=3.324，P<0.05）的月均消费金额具有显著差异。

就观看各种表演和演出方面的花费而言，自我社会阶层感知为中层的居民的月均消费支出是最高的，分别比自我社会阶层感知为下层、中下层、中上层、上层的居民要多35.43元（P<0.05）、24.52元（P<0.05）、29.24元（P<0.01）、33.57元（P<0.05）。

就参观博物馆/图书馆/纪念馆/艺术展会方面的花费而言，自我社会阶层感知为中层的居民的月均消费支出还是最高的，分别比自我社会阶层感知为下层、中下层和上层的居民要多34.86元（P<0.05）、27.01元（P<0.01）、32.63元（P<0.01）。

就购买工艺美术品/艺术藏品等方面的花费而言，自我社会阶层感知为中层的居民的月均消费支出较高，分别比自我社会阶层感知为下层、中下层的居民要多41.72元（P<0.05）、35.21元（P<0.01）。

从整体来看，自我社会阶层感知不同的居民在文化艺术类产品和服务上的消费金额差异是比较明显的（F=4.385，P<0.01），自我社会阶层感知为中层的居民的月均消费支出是最高的，分别比自我社会阶层感知为下层、中下层、中上层、上层的居民要多111.43元（P<0.01）、86.74元（P<0.01）、57.47元（P<0.05）、90.49元（P<0.01）。

6）基于月均收入特征的文化艺术类消费金钱支出

月均收入不同的居民，在表演和演出（F=7.557，P<0.001）、博物馆/图书馆/纪念馆/艺术展会（F=5.885，P<0.001）、工艺美术品/艺术藏品等方面（F=10.701，P<0.001）的月均消费金额具有显著

差异。

就观看各种表演和演出方面的花费而言，月均收入在 4000 元以上的居民在这方面的花费较多。多重比较检验表明，月均收入为 4001~6000 元的居民分别比月均收入为 1000 元以下、1001~2000 元、2001~3000 元、3001~4000 元的居民多 46.53 元（P<0.01）、48.73 元（P<0.001）、32.57 元（P<0.01）、45.56 元（P<0.01）；月均收入为6001~8000 元的居民分别比月均收入为 1000 元以下、1001~2000 元、2001~3000 元、3001~4000 元的居民多 53.66 元（P<0.05）、55.86 元（P<0.01）、39.70 元（P<0.05）、52.69 元（P<0.01）；月均收入 8000 元以上的居民，平均每月的消费金额分别比月均收入为 1000 元以下、1001~2000 元、2001~3000 元、3001~4000 元的居民要多 72.88 元（P<0.001）、75.09 元（P<0.001）、58.92 元（P<0.001）、71.91 元（P<0.001）。

就参观博物馆/图书馆/纪念馆/艺术展会方面的花费而言，月均收入在 8000 元以上的居民在这方面的花费是最多的，其平均每月的消费金额分别比月均收入为 1000 元以下、1001~2000 元、2001~3000 元、3001~4000 元、4001~6000 元、6001~8000 的居民要多 72.27 元（P<0.001）、60.24 元（P<0.001）、62.86 元（P<0.001）、64.57 元（P<0.001）、42.51 元（P<0.01）、43.29 元（P<0.05）。

就购买工艺美术品/艺术藏品等方面的花费而言，月均收入在 8000 元以上的居民在这方面的花费最多，其平均每月的消费金额分别比月均收入为 1000 元以下、1001~2000 元、2001~3000 元、3001~4000 元、4001~6000 元、6001~8000 元的居民要多 105.41 元（P<0.001）、101.40 元（P<0.001）、90.02 元（P<0.001）、109.72 元（P<0.001）、66.45 元（P<0.001）、44.91 元（P<0.05）；月均收入为 6001~8000 元和 4001~6000 元的居民在这上面的花费也相对较多。月均收入为6001~8000 元的居民分别比月均收入为 1000 元以下、1001~2000 元、2001~3000 元、3001~4000 元的居民多 60.50 元（P<0.01）、56.49 元（P<

0.01）、45.11 元（P<0.05）、64.81 元（P<0.01），月均收入为 4001~6000 元的居民分别比月均收入为 1000 元以下、1001~2000 元、3001~4000 元的居民多 38.96 元（P<0.05）、34.95 元（P<0.05）、43.27 元（P<0.01）。

从整体来看，月均收入不同的居民在文化艺术类产品和服务上的消费金额差异是比较明显的（F=10.889，P<0.001）。具体而言，月均收入在 8000 元以上的居民在这方面的花费最多，其平均每月的消费金额分别比月均收入为 1000 元以下、1001~2000 元、2001~3000 元、3001~4000 元、4001~6000 元、6001~8000 元的居民要多 250.56 元（P<0.001）、236.44 元（P<0.001）、211.80 元（P<0.001）、246.20 元（P<0.001）、135.32 元（P<0.001）、107.42 元（P<0.05）。月均收入为 4001~6000 元和 6001~8000 元的居民在这方面的花费也较高，月均收入为 4001~6000 元的居民平均每月的消费金额分别比月均收入为 1000 元以下、1001~2000 元、2001~3000 元、3001~4000 元的居民要多 115.24 元（P<0.01）、101.12 元（P<0.01）、76.48 元（P<0.05）、110.88 元（P<0.01），月均收入为 6001~8000 元的居民平均每月的消费金额分别比月均收入为 1000 元以下、1001~2000 元、2001~3000 元、3001~4000 元的居民要多 143.13 元（P<0.01）、129.01 元（P<0.01）、104.38 元（P<0.05）、138.78 元（P<0.01）。

不同类型居民在文化艺术类项目上的金钱支出差异如表 6-20 所示。

表 6-20　不同类型居民在文化艺术类项目上的金钱支出差异

项目 人口特征	观看各类表演和演出	参观博物馆、纪念馆及其他艺术展会	工艺美术品和艺术藏品	文化休闲娱乐（总）
性别	—	—	男性居民月均花费更高	男性居民月均花费更高
居住区域	—	—	—	—

续表

项目 人口特征	观看各类表演和演出	参观博物馆、纪念馆及其他艺术展会	工艺美术品和艺术藏品	文化休闲娱乐（总）
年龄	34~41 岁居民花费最高，25 岁及以下居民花费最低	25 岁及以下居民花费最低	34~41 岁居民的花费最高，42~50 岁的居民花费也较多	34~41 岁居民的花费最高，25 岁及以下居民的花费最低
学历	—	—	—	—
社会阶层感知	自我社会阶层感知为中层的居民的花费最高	自我社会阶层感知为中层的居民的花费最高	自我社会阶层感知为中层的居民的花费最高	自我社会阶层感知为中层的居民的花费最高
月均收入	月均收入 4000 元以上居民的花费相对较多	月均收入 8000 元以上居民花费最多	月均收入 8000 元以上居民花费最多，4001 ~ 8000 元的居民花费也相对较多	月均收入 8000 元以上居民花费最多，4001 ~ 8000 元的居民花费也相对较多

（2）文化艺术类消费时间支出及其人口特征差异

由表6-21 可以看出，被调查者中，有56.13%的居民没有涉及文化艺术类消费活动，而每天花费 1 小时以内时间进行文化艺术类消费活动的居民约为 24.58%，而花费 1.01~2 个小时进行文化艺术类消费的居民约为 9.72%，花费 2.01~3 个小时进行文化艺术类消费的居民约为 4.93%，花费 3.01~5 个小时进行文化艺术类消费的居民约 1.48%，每天花费 5 个小时以上时间来进行文化艺术类消费的居民约为 3.17%。这从一个侧面反映出，对于很多被调查者而言，文化艺术类消费在生活中所占比重并不高。

表 6-21　文化艺术类消费时间支出的频次分析

项目 \ 每天花费时间	0		1~30 分钟		31~60 分钟		61~90 分钟	
	频次	百分比	频次	百分比	频次	百分比	频次	百分比
各类表演和演出	438	61.69	114	16.06	50	7.04	29	4.08
博物馆、纪念馆及其他艺术展会	359	50.56	128	18.03	57	8.03	46	6.48
平均频次分布	398.5	56.13	121	17.04	53.5	7.54	37.5	5.28
项目 \ 每天花费时间	91~120 分钟		121~180 分钟		181~300 分钟		300 分钟以上	
	频次	百分比	频次	百分比	频次	百分比	频次	百分比
各类表演和演出	25	3.52	29	4.08	10	1.41	15	2.11
博物馆、纪念馆及其他艺术展会	38	5.35	41	5.77	11	1.55	30	4.23
平均频次分布	31.5	4.44	35	4.93	10.5	1.48	22.5	3.17

为了进一步分析不同人口特征的居民在文化艺术类消费时间支出上的一般水平和具体差异，本书对各种水平的文化消费时间数据进行了处理，采用组中值作为每一消费水平的代表值，然后进行描述性统计分析和单因素方差分析。描述性统计分析表明，河南省居民在表演和演出、博物馆/图书馆/纪念馆/艺术展会等方面每天花费时间的均值分别为 29.45 分钟、44.04 分钟。整体而言，河南省居民在文化艺术类产品和服务上每天花费的时间的均值为 73.48 分钟，中位数为 15.5 分钟。

1）基于性别特征的文化艺术类消费时间支出

性别不同的居民，在参观博物馆/图书馆/纪念馆/艺术展会方面的日均时间支出没有显著差异，但是在观看表演和演出（$F=8.021$，$P<0.01$）的日均时间支出上具有显著差异。相对于女性居民（$m=22.38$），男性居民（$m=36.44$）每天在观看各种表演和演出方面所花费的时间明显要多。

从整体来看，性别不同的居民在文化艺术类产品和服务上的消费时间差异是比较明显的（$F=6.308$，$P<0.05$），相对于女性居民（m=

61.12）而言，男性居民（m=85.72）每天所花费的时间明显要多。

2）基于居住区域特征的文化艺术类消费时间支出

不同居住地的居民在观看表演和演出（F=10.240，P<0.01）、参观博物馆/图书馆/纪念馆/艺术展会方面（F=13.126，P<0.001）的日均时间支出均具有显著差异。相对于非城市居民（m=12.19）而言，城市居民（m=33.17）平均每天在观看表演和演出方面花费的时间更多；并且城市居民（m=48.72）平均每天在参观博物馆/图书馆/纪念馆/艺术展会方面花费的时间也比非城市居民（m=19.66）要多。

从整体来看，不同居住区域的居民在文化艺术类产品和服务上的消费时间差异是比较明显的（F=15.228，P<0.001），相对于非城市居民（m=31.85）而言，城市居民（m=81.88）在这方面平均花费的时间更多。

3）基于年龄特征的文化艺术类消费时间支出

处于不同年龄阶段的居民，在观看表演和演出、参观博物馆/图书馆/纪念馆/艺术展会方面的日均时间支出均没有显著差异。这说明，无论是什么年龄的居民，在观看表演和演出、参观博物馆/图书馆/纪念馆/艺术展会方面所花费的时间大致相当，都是比较少的。

4）基于学历特征的文化艺术类消费时间支出

学历不同的居民，在观看表演和演出、参观博物馆/图书馆/纪念馆/艺术展会方面的日均时间支出也都没有显著差异。这说明，不论受教育程度如何，被调查者在观看表演和演出、参观博物馆/图书馆/纪念馆/艺术展会方面所花费的时间相差不大，都是比较少的。

5）基于社会阶层自我感知特征的文化艺术类消费时间支出

自我社会阶层感知不同的居民，在参观博物馆/图书馆/纪念馆/艺术展会方面的日均时间支出没有显著差异，但是在观看表演和演出（F=2.586，P<0.05）方面的日均时间支出具有显著差异。

就观看各类表演和演出方面所花费的时间而言，自我社会阶层感知为中层的居民花费的时间最多，其平均每天所花费的时间比自我社会阶层感知为下层、中下层和中上层的居民分别多 20.68 分钟（P<0.05）、17.35 分钟（P<0.01）、14.34 分钟（P<0.05）。

6）基于月均收入特征的文化艺术类消费时间支出

月均收入不同的居民，在观看表演和演出（F=4.090，P<0.001）、参观博物馆/图书馆/纪念馆/艺术展会方面（F=4.384，P<0.001）的日均时间支出均具有显著差异。

就观看表演和演出方面所花费的时间而言，月均收入在 4001~6000 元和 8000 元以上的居民在这方面所花费的时间较多。其中，月均收入 8000 元以上的居民，平均每天花费的时间分别比月均收入为 1000 元以下、1001~2000 元、3001~4000 元的居民要多 32.21 分钟（P<0.01）、35.92 分钟（P<0.001）、29.95 分钟（P<0.01）；月均收入为 4001~6000 元的居民分别比月均收入为 1000 元以下、1001~2000 元、3001~4000 元的居民多 23.63 分钟（P<0.05）、27.34 分钟（P<0.001）、21.37 分钟（P<0.05）。

就参观博物馆/图书馆/纪念馆/艺术展会方面的时间花费而言，月均收入在 4000 元以上的居民在这方面的支出较多。比如，月均收入为 8000 元以上的居民，其平均每天花费的时间分别比月均收入为 1000 元以下、1001~2000 元、2001~3000 元、3001~4000 元的居民要多 40.19 分钟（P<0.01）、39.21 分钟（P<0.01）、22.94 分钟（P<0.05）、36.70 分钟（P<0.01）；月均收入在 4001~6000 元的居民在这方面的时间支出也较多，平均每天花费的时间分别比月均收入为 1000 元以下、1001~2000 元、3001~4000 元的居民要多 29.31 分钟（P<0.05）、28.33 分钟（P<0.01）、25.83 分钟（P<0.05）；月均收入为 6001~8000 元的居民，其平均每天花费的时间分别比月均收入为 1000 元以下、1001~2000 元、2001~3000 元、3001~4000 元的居民要多 50.74 分钟（P<0.01）、49.75 分钟（P<0.01）、33.48 分钟（P<0.05）、47.25 分钟（P<0.01）。

从整体来看，月均收入不同的居民在文化艺术类产品和服务上所花费时间的差异是比较明显的（F=5.268，P<0.001），月均收入在4000元以上的居民在这方面的支出较多。具体而言，月均收入为8000元以上的居民，其平均每天花费的时间分别比月均收入为1000元以下、1001~2000元、2001~3000元、3001~4000元的居民要多72.40分钟（P<0.01）、75.13分钟（P<0.001）、36.63分钟（P<0.05）、66.66分钟（P<0.01）；月均收入在4001~6000元的居民在这方面的时间支出也较多，平均每天花费的时间分别比月均收入为1000元以下、1001~2000元、3001~4000元的居民要多52.94分钟（P<0.01）、55.66分钟（P<0.01）、47.20分钟（P<0.05）；月均收入为6001~8000元的居民，其平均每天花费的时间分别比月均收入为1000元以下、1001~2000元、3001~4000元的居民要多68.76分钟（P<0.01）、71.49分钟（P<0.01）、63.02分钟（P<0.05）。

不同类型居民在文化艺术类项目上的时间支出差异如表6-22所示。

表6-22　不同类型居民在文化艺术类项目上的时间支出差异

项目 人口特征	观看各类表演和演出	参观博物馆、纪念馆及其他艺术展会	文化休闲娱乐（总）
性别	男性居民花费的时间更多	—	男性居民花费的时间更多
居住区域	城市居民花费的时间更多	城市居民花费的时间更多	城市居民花费的时间更多
年龄	—	—	—
学历	—	—	—
社会阶层感知	自我社会阶层感知为中层的居民花费时间最多	—	—
月均收入	月均收入4001~6000元和8000元以上的居民，花费的时间较多	月均收入4000元以上居民，花费时间较多	月均收入4000元以上的居民，花费时间较多

6.2.6 健身运动类文化消费支出及其人口特征差异

健身运动类文化研究是指参与登山、垂钓、网球、羽毛球、跑步、游泳、潜水等各种健身运动和活动，而这方面的消费包括金钱消费和时间消费，主要涉及支付相关健身运动设备和器材的成本及相关健身培训和活动方面的花费。

（1）健身运动类消费的金钱支出

由表6-23可以看出，平均而言，约有39.01%的居民在健身运动类消费研究上的月均支出金额为0，月均支出金额在1~30元、31~60元、61~100元、101~150元、151~200元、201~400元及400元以上的居民分别为12.54%、7.75%、11.83%、6.06%、5.21%、8.31%和9.30%。这些数据显示，的确有一部分人并未涉及这方面的金钱消费，整体上人们在这方面的支出也不是太多。之所以出现这种情况，很大的原因可能在于在这一类消费上人们有许多免费的选择，还可能是由于闲暇时间不多或者偏好其他类型的文化消费。

表6-23 健身运动类文化消费金钱支出的频次分析

月支出金额 / 项目	0		1~30元		31~60元		61~100元	
	频次	百分比	频次	百分比	频次	百分比	频次	百分比
健身运动	277	39.01	89	12.54	55	7.75	84	11.83
月支出金额 / 项目	101~150元		151~200元		201~400元		400元以上	
	频次	百分比	频次	百分比	频次	百分比	频次	百分比
健身运动	43	6.06	37	5.21	59	8.31	66	9.30

为了进一步分析不同人口特征的居民在健身运动类产品和服务上的消费金额的一般水平和具体差异，本书对各种水平的文化消费金额数据进行了处理，采用组中值作为每一消费水平的代表值，然后进行描述性统计分析和单因素方差分析。描述性统计分析表明，河南省居民在健身

运动类文化消费上的月均消费金额为 103.22 元，而消费金额的中位数为 15.5 元，说明大部分人在这方面的金钱支出并不是太高。

1）基于性别特征的健身运动类文化消费金钱支出

不同性别居民在健身运动类文化消费方面（F=11.593，P<0.01）的月均消费金额具有显著差异，相对于女性居民（m=83.57）而言，男性居民（m=122.60）的月均支出金额明显要高一些。

2）基于居住区域特征的健身运动类文化消费金钱支出

不同居住区域的居民，在健身运动类文化消费方面（F=9.495，P<0.01）的月均消费金额具有显著差异，相对于非城市居民（m=64.51）而言，城市居民（m=111.43）的月均支出金额明显要高一些。

3）基于年龄特征的健身运动类文化消费金钱支出

处于不同年龄阶段的居民，在健身运动类文化消费方面（F=7.099，P<0.001）的月均消费金额具有显著差异。其中，26~33 岁和 34~41 岁年龄段居民的月均支出是比较高的。统计分析数据显示，26~33 岁居民平均每月的消费金额要比 25 岁及以下、42~50 岁和 51 岁及以上的居民分别多 62.84 元（P<0.001）、49.02 元（P<0.05）、85.29 元（P<0.05）；34~41 岁居民平均每月的消费金额要比 25 岁及以下、42~50 岁和 51 岁及以上的居民分别多 63.38 元（P<0.001）、49.56 元（P<0.05）、85.82 元（P<0.05）。

4）基于学历特征的健身运动类文化消费金钱支出

不同学历的居民在健身运动类文化产品和服务上的消费金额没有显著差异，这说明，无论受教育程度如何，被调查者在健身运动方面的月均消费金额都是大致相当的。

5）基于社会阶层自我感知特征的健身运动类文化消费金钱支出

自我社会阶层感知不同的居民，在健身运动类文化消费方面（F=3.941，P<0.01）的月均消费金额具有显著差异，自我社会阶层感知为中层和中上层居民的月均消费支出是比较高的。自我社会阶层感知为中层的居民，其月均消费金额分别比自我社会阶层感知为下层、中下层、

上层的居民要多 54.31 元（P<0.05）、29.78 元（P<0.05）、67.31 元（P<0.01）。而自我社会阶层感知为中上层的居民，其月均消费金额比自我社会阶层感知为上层的居民要多 50.90 元（P<0.05）。

6）基于月均收入特征的文化健身运动类文化消费金钱支出

月均收入不同的居民，在健身运动类文化消费方面（F = 12.851，P<0.001）的月均消费金额具有显著差异，其中人均月收入在 4000 元以上的居民在这方面的花费较多。多重比较检验表明，月均收入 8000 元以上的居民，平均每月的消费金额分别比月均收入为 1000 元以下、1001~2000 元、2001~3000 元、3001~4000 元、4001~6000 元、6001~8000 元的居民要多 158.92 元（P<0.001）、132.52 元（P<0.001）、131.96 元（P<0.001）、148.25 元（P<0.001）、84.57 元（P<0.001）、54.49 元（P<0.05）；月均收入为 4001~6000 元的居民分别比月均收入为 1000 元以下、1001~2000 元、2001~3000 元、3001~4000 元的居民多 74.36 元（P<0.01）、47.95 元（P<0.05）、47.40 元（P<0.01）、63.68 元（P<0.01）；月均收入为 6001~8000 元的居民分别比月均收入为 1000 元以下、1001~2000 元、2001~3000 元、3001~4000 元的居民多 104.43 元（P<0.001）、78.02 元（P<0.01）、77.47 元（P<0.01）、93.75 元（P<0.01）。

不同类型居民在健身运动类文化项目上的时间支出差异如表 6-24 所示。

表 6-24　不同类型居民在健身运动类文化项目上的时间支出差异

人口特征 \ 项目	健身运动
性别	男性居民月均花费更高
居住区域	城市居民月均花费更高
年龄	26~33 岁和 34~41 岁居民的月均花费较高
学历	—
社会阶层感知	自我社会阶层感知为中层和中上层的居民的花费较高
月均收入	月均收入 4000 元以上居民的花费相对较多

(2) 健身运动类文化消费时间支出及其人口特征差异

由表6-25可以看出，在被调查者中，有24.79%的居民没有涉及健身运动类文化消费活动，而每天花费半小时以内时间进行健身运动的居民约为26.20%，花费0.5~1小时以上进行健身运动的居民约为13.52%，而花费1.01~2个小时进行健身运动的居民约为18.31%，花费2.01~3个小时进行健身运动的居民约为8.45%，花费3个小时以上进行健身运动的居民约8.73%。这从一个侧面反映出，对于很多被调查者而言，健身运动在其生活中的地位还是比较重要的。

表6-25 健身运动类文化消费时间支出的频次分析

项目＼每天花费时间	0		1~30分钟		31~60分钟		61~90分钟	
	频次	百分比	频次	百分比	频次	百分比	频次	百分比
健身运动	176	24.79	186	26.20	96	13.52	68	9.58
项目＼每天花费时间	91~120分钟		121~180分钟		181~300分钟		300分钟以上	
	频次	百分比	频次	百分比	频次	百分比	频次	百分比
健身运动	62	8.73	60	8.45	14	1.97	48	6.76

为了进一步分析不同人口特征的居民在健身运动类消费上的时间支出的一般水平和具体差异，本书对各种水平的文化消费时间数据进行了处理，采用组中值作为每一消费水平的代表值，然后进行描述性统计分析和单因素方差分析。描述性统计分析表明，河南省居民在健身运动方面每天花费时间的均值为67.94分。但是，这一数据并不能说明大部分居民每天都能保持1个小时以上的健身运动，进一步的频次分析表明，有24.8%的居民没有进行任何健身运动，而26.2%的居民每天的健身运动时间仅在15.5分左右。在这样的全民健身时代，被调查者中竟然有一半的居民在这方面花费的时间不足30分钟，这充分说明进一步提升健身运动类文化消费的迫切性和重要性。

1）基于性别特征的健身运动类文化消费时间支出

性别不同的居民在健身运动类消费上的时间支出差异是比较明显的

（F=7.554，P<0.01），相对于女性居民（m=58.17）而言，男性居民（m=77.59）每天所花费的时间明显要高。

2）基于居住区域特征的健身运动类文化消费时间支出

不同居住区域的居民在健身运动类消费上的时间支出差异是比较明显的（F=12.307，P<0.001），相对于非城市居民（m=41.14）而言，城市居民（m=73.79）平均在这方面花费的时间更多。

3）基于年龄特征的健身运动类文化消费时间支出

处于不同年龄阶段的居民，在进行健身运动和活动方面的日均时间支出均没有显著差异。这说明，无论是什么年龄的居民，在健身运动方面所花费的时间是差不多的。

4）基于学历特征的健身运动类文化消费时间支出

学历不同的居民，在健身运动和活动方面也是没有显著差异的。这说明，不论受教育程度如何，被调查者在健身运动方面所花费的时间都相差不大。

5）基于社会阶层自我感知的健身运动类文化消费时间支出

自我社会阶层感知不同的居民，在健身运动和活动方面（F=4.791，P<0.01）的日均时间支出具有显著差异。其中，自我社会阶层感知为中层的居民花费的时间最多，其平均每天所花费的时间比自我社会阶层感知为下层、中下层和上层的居民分别多48.91分（P<0.001）、24.84分（P<0.01）、32.93分（P<0.01）。另外，自我社会阶层感知为中上层的居民所花费的时间也较多，比自我社会阶层感知为下层的居民要多35.25分（P<0.05）。

6）基于月均收入特征的健身运动类文化消费时间支出

月均收入不同的居民，在健身运动和活动方面（F=6.446，P<0.001）的日均时间支出具有显著差异。月均收入在4000元以上的居民在这方面的支出较多。具体而言，月均收入为8000元以上的居民在这方面花费的时间最多，其平均每天花费的时间分别比月均收入为1000元以下、1001~2000元、2001~3000元、3001~4000元、4001~6000元

的居民要多 67.60 分（P<0.001）、62.29 分（P<0.001）、51.55 分（P<0.001）、52.58（P<0.001）、29.68（P<0.015）；月均收入在 6001~8000 元的居民在这方面的时间支出也较多，平均每天花费的时间分别比月均收入为 1000 元以下、1001~2000 元、2001~3000 元、3001~4000 元的居民要多 59.76 分（P<0.01）、54.45 分（P<0.01）、43.71 分（P<0.01）、44.74 分（P<0.05）；月均收入为 4001~6000 元的居民，其平均每天花费的时间分别比月均收入为 1000 元以下、1001~2000 元、2001~3000 元的居民要多 37.92 分（P<0.01）、32.61 分（P<0.01）、21.87 分（P<0.05）。

不同类型居民在健身运动类文化消费上的时间支出差异如表 6-26 所示。

表 6-26　不同类型居民在健身运动类文化消费上的时间支出差异

项目 人口特征	健身运动
性别	男性居民每天花费的时间更多
居住区域	城市居民每天花费的时间更多
年龄	—
学历	—
社会阶层感知	自我社会阶层感知为中层的居民花费时间最多，自我社会阶层感知为中上层居民花费时间也较多
月均收入	月均收入 4000 元以上的居民花费的时间较多

6.3　居民文化消费支出的人口特征总结

河南省大部分居民（71%）都认为文化消费生活和活动对自己是非常重要的，且相对而言，女性居民、受教育程度较高的、自我社会阶层感知为中下层和中层的居民，对文化消费生活和活动更为重视。

河南省居民的整体文化消费意愿尚不是很高（$M_{消费数量意愿}=4.79$，$M_{消费时间意愿}=4.84$），有较大的提升空间。文化消费意愿会随着居民的学历水平、月均收入水平的提高而增加，且相对而言，自我社会阶层感知为中下层、中层和中上层的居民，以及城市居民的文化消费意愿会更高一些。就国内/国外文化产品和服务品牌的选择意愿而言，34~50 岁的居民更愿意选择国内品牌，但 18~25 岁的年轻人选择国内品牌的倾向性相对较低；另外，居住在城市中的 34~41 岁的男性居民更倾向于选择著名品牌的文化产品和服务，且相对而言，受教育程度越高和收入水平越高的居民越倾向于选择名牌产品。

河南省居民在各类文化消费上的金钱支出由多到少依次为：文化休闲和娱乐类、教育培训类、文化传媒类、文娱用机电产品和服务类、文化艺术产品和服务类、互联网文化产品和服务类、健身与运动类；时间支出由多到少依次为：互联网文化产品和服务类、文化传媒类、文化休闲和娱乐类、教育培训类、文化艺术产品和服务类、健身与运动类。由此可以看出，在河南省居民消费生活中所涉及的各种类型的文化产品和服务类型中，相对而言，占据比较重要地位的是互联网文化产品和服务类、文化传媒类、文化休闲和娱乐类、教育培训类等。不过，尽管人们花费了较长时间进行与互联网文化产品和服务相关的消费活动，但在这方面的金钱支出并不多，这可能是因为很多互联网文化产品和服务都能通过免费的渠道获得，而且人们也习惯了这种免费产品和服务。

不过，值得注意的是，当前仍有很多人并未涉及文化艺术类消费、互联网文化产品和服务类、休闲娱乐类等方面的消费活动，这很大程度上可能是因为人们经济条件和时间条件的限制所致。

本书将不同文化消费类型的金钱支出和时间支出数据进行标准化处理之后，得到的坐标如图 6-3 所示。从图 6-3 中可以看出：消费者日常在教育培训、旅游出行和观光、运动和健身方面花费的时间和金钱都较多。对于图书等出版物及音像制品等传媒类文化活动和互联网文化消费活动，花费的时间很多但金钱很少，前者可能是因为诸如图书馆等公共文化设施服务所致，后者可能是因为大多数人对于互联网文化活动还持一种免费消费理念。对于诸如表演和演出、参观艺术展馆等较高层次的文化艺术类活动，人们无论是在金钱还是在时间方面的支出都比较少。

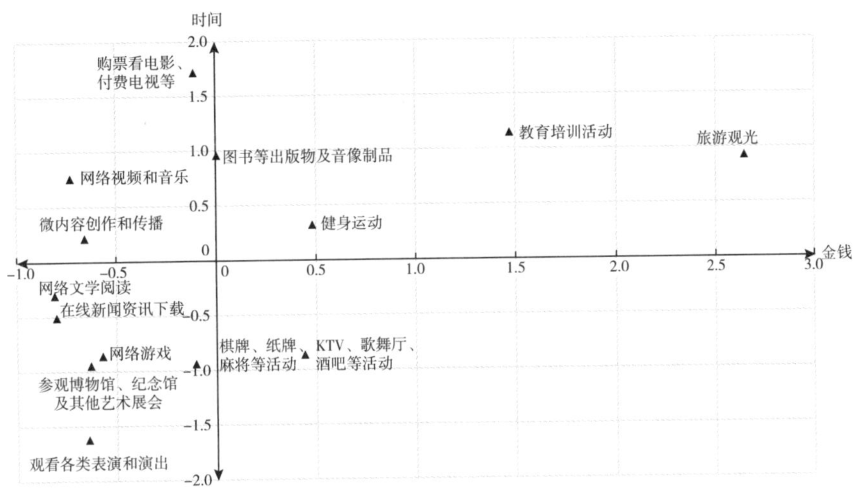

图 6-3　个体消费者在不同类型文化消费活动上的金钱和时间支出

不同文化消费类型的人口特征如表 6-27 所示。从表 6-27 中可以看出，比较重要的文化消费人群，主要是城市居民，男性较多，年龄多在 41 岁以下，月平均收入水平在 4000 元以上，自我社会阶层感知为中层和中上层。

表 6-27　各类文化研究所涉及的重要消费群体的一般人口统计特征

文化消费类型	重要消费群体的一般特征
互联网文化产品和服务类	城市居民；男性；年龄在 41 岁以下；大专和大学本科学历，中层和中上层；月均收入水平在 4001~6000 元和 8000 元以上

续表

文化消费类型	重要消费群体的一般特征
文化休闲和娱乐类	城市居民；男性；年龄处于26~41岁；中层和中上层；月均收入水平在4000元以上，收入为8000元以上的居民为重点对象
教育培训类	城市居民；年龄在41岁及以下；大专以上学历；中层和中上层；月均收入水平在4000元以上，收入为8000元以上的居民为重点对象
文化传媒类	城市居民；年龄处在26~41岁；学历较高；中层；月均收入水平在4000元以上，收入为8000元以上的居民为重点对象
文化艺术产品和服务类	城市居民；男性；年龄处在34~41岁；中层；月均收入水平在4000元以上，收入为8000元以上的居民为重点对象
健身与运动类	城市居民；男性；年龄在26~41岁；中层和中上层；月均收入在4000元以上

本章的主要分析结果，还体现在以下几个方面：

第一，居民的文化消费意愿受到受教育程度、收入水平的影响，会随着受教育程度和收入水平的提升而增加。国家统计局2015年就全国城镇居民的抽样调查也表明，居民的收入越高和消费水平越高，居民用于教育文化娱乐服务方面的消费水平也越高，同时需求量也更大。① 因此，要提高居民文化消费意愿，应注重提升居民的受教育水平和收入水平。

第二，自我社会阶层感知为中层的居民，文化消费意愿相对更高。因此，要更加关注提升中层居民的文化消费需求情况，同时努力促进河南省中产阶层的壮大。

第三，城乡居民在文化消费意愿上差异仍然存在。城市居民文化消费意愿的进一步提升是扩大文化消费的重要着力点，但非城市居民的文化消费潜力也很大。

① 马思遥．扩大文化消费首次出台相关政策［N］．北京青年报，2016-05-24.

第四，国内文化产品和服务的品牌建设非常重要。本书的研究结论表明，消费能力较强的人群，比如 34～41 岁的居住在城市的受教育程度更高和收入水平较高的人们，都倾向于选择国内名牌产品。因此，打造名牌文化产品和服务，进一步提升其消费吸引力，成为提升居民文化消费意愿的关键。

7 文化消费活动偏好分析

为了更详细地揭示个体消费者的文化消费活动偏好，本书还基于多选项频数分析了消费者日常参与较多的文化消费活动，以及在经济和时间条件允许情况下会优先考虑的文化消费活动。

7.1 个体消费者日常参与较多的文化活动项目

在众多的文化消费活动中，为了进一步调查河南省居民日常参与较多的文化活动研究，本书基于互联网文化产品和服务、教育培训、文化传媒产品、文化休闲和娱乐、文化艺术产品和服务、健身运动类产品和服务6个方面，分解出16种具体的文化活动类型，然后请被调查者选出自己平时参与较多的研究，并规定其选择最多不能超过4项。其中，这16项活动内容分别是：①知识、技能、素质培训等活动；②出行、观光、旅游；③KTV、歌舞厅、酒吧等娱乐活动；④棋牌、麻将、桌球等娱乐活动；⑤社区或广场文化活动；⑥看书、报纸、期刊等出版物；⑦看电视、听广播以及看CD、DVD等音像制品；⑧看电影；⑨网络文学阅读；⑩网络视频和音乐；⑪网络游戏（如网游、客户端游戏、手机游戏等）；⑫在线新闻资讯服务、资源和软件下载；⑬博客、微博、微信等内容创作和传播；⑭观看表演和演出（如歌舞剧、音乐会、曲艺、魔术等)；⑮参观博物馆、纪念馆、图书馆及其他各种艺术展会；⑯运动和健身（如健步走、跑步、登山、钓鱼、球类等各种健身运动用品、器材、培训等)。

利用 SPSS 进行多选项频数分析发现：被访者平时参与较多的 4 项文化活动类型由多到少依次为：出行、观光、旅游，看书、报纸、期刊等出版物，看电影，知识、技能、素质培训等活动；被访者平时参与最少的 3 项文化活动类型由少到多依次为：观看表演和演出，社区或广场文化活动，参观博物馆、纪念馆、图书馆及其他各种艺术展会。具体情况如表 7-1 和图 7-1 所示。另外，从表 7-1 还可以看出，每位被访者会有 3.7183 个选择。也就是说，被访者日常参与较多的文化活动类型有 3~4 个。而在参与最少的文化活动类型中，主要涉及文化艺术类的产品和服务消费，说明这类文化消费活动在河南省居民生活中扮演的角色相对处于较弱的地位。

表 7-1　被访者平时参与较多的文化活动类型频次分析

文化活动类型	选择人数	占所有被访者选择的百分比（%）	占所有被访者的百分比（%）
知识、技能、素质培训等活动	244	9. 24	34. 37
出行、观光、旅游	307	11. 63	43. 24
KTV、歌舞厅、酒吧等娱乐活动	115	4. 36	16. 20
棋牌、麻将、桌球等娱乐活动	121	4. 58	17. 04
社区或广场文化活动	47	1. 78	6. 62
看书、报纸、期刊等出版物	294	11. 14	41. 41
看电视、听广播以及看 CD、DVD 等音像制品	224	8. 48	31. 55
看电影	296	11. 21	41. 69
网络文学阅读	127	4. 81	17. 89
网络视频和音乐	220	8. 33	30. 99
网络游戏	110	4. 17	15. 49
在线新闻资讯服务、资源和软件下载	95	3. 60	13. 38

续表

文化活动类型	选择人数	占所有被访者选择的百分比（%）	占所有被访者的百分比（%）
博客、微博、微信等内容创作和传播	157	5.95	22.11
观看表演和演出	32	1.21	4.51
参观博物馆、纪念馆、图书馆及其他各种艺术展会	60	2.27	8.45
运动和健身	191	7.23	26.90
全部	2640	100	371.83

注：占所有被访者选择的百分比，是基于被访者的选择计算百分比，比如知识技能培训的9.24%=244/2640×100%；占所有被访者的百分比，是基于所有被访者来计算百分比，比如知识技能培训的34.37%=244/710×100%。

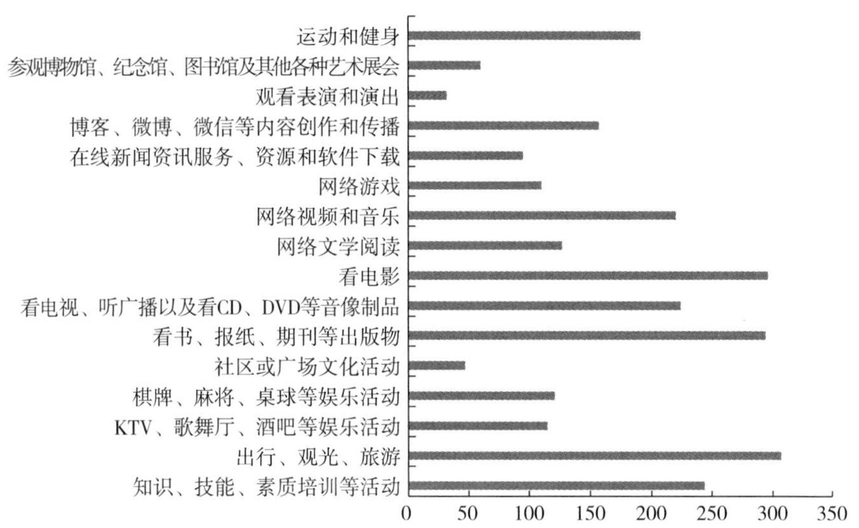

图 7-1　河南省居民日常参与的文化活动类型选择

7.1.1　按性别区分的日常参与文化活动类型的差异

按性别区分的居民日常参与的文化活动类型基本情况如表 7-2 所示。

表 7-2　按性别区分的居民日常参与的文化活动类型

	男性（357 人）		女性（353 人）	
	选择频数	频数占比（%）	选择频数	频数占比（%）
知识、技能、素质培训等活动	122	34. 17	122	34. 56
出行、观光、旅游	146	40. 90	161	45. 61
KTV、歌舞厅、酒吧等娱乐活动	64	17. 93	51	14. 45
棋牌、麻将、桌球等娱乐活动	75	21. 01	46	13. 03
社区或广场文化活动	20	5. 60	27	7. 65
看书、报纸、期刊等出版物	149	41. 74	145	41. 08
看电视、听广播以及看 CD、DVD 等音像制品	102	28. 57	122	34. 56
看电影	132	36. 97	164	46. 46
网络文学阅读	66	18. 49	61	17. 28
网络视频和音乐	107	29. 97	113	32. 01
网络游戏	87	24. 37	23	6. 52
在线新闻资讯服务、资源和软件下载	48	13. 45	47	13. 31
博客、微博、微信等内容创作和传播	50	14. 01	107	30. 31
观看表演和演出	15	4. 20	17	4. 82
参观博物馆、纪念馆、图书馆及其他各种艺术展会	33	9. 24	27	7. 65
运动和健身	113	31. 65	79	22. 38

按性别将数据分为两组，其中男性 357 人，女性 353 人。选择频数是各组在每类文化消费类型上的选择次数，选择频数占比是用各组频数除以各组的人数而得到。计算选择频数占比的目的是为了比较各组之间在同一类文化消费研究上的选择差异（下文同，将不再一一介绍）。

基于选择频数占比所得到的折线图如图 7-2 所示。从图 7-2 中可以看到，男性居民和女性居民在日常参与较多的文化活动类型中，差异最大的是网络游戏（男高于女）和博客、微博、微信等内容创造和传播（女高于男），其次是棋牌、麻将、桌球等娱乐活动（男高于女）、看电影（女高于男）以及运动和健身（男高于女）。而在其他文化活动类型方面，两者差异不大或基本没有差异。

另外，从表 7-2 和图 7-2 中还可以看出，对于男性而言，日常参与较多的文化活动类型是看书、报纸、期刊等出版物，出行、观光、旅游，看电影，知识、技能、素质培训以及运动和健身，而女性居民参与较多的文化活动类型则是看电影，出行、观光、旅游，看书、报纸、期刊等出版物，知识、技能、素质培训以及看电视、听广播以及看 CD、DVD 等音像制品。因此，无论男性居民还是女性居民，看书、报纸、期刊等出版物，出行、观光、旅游，看电影和知识、技能、素质培训都是他们日常参与较多的文化活动类型。

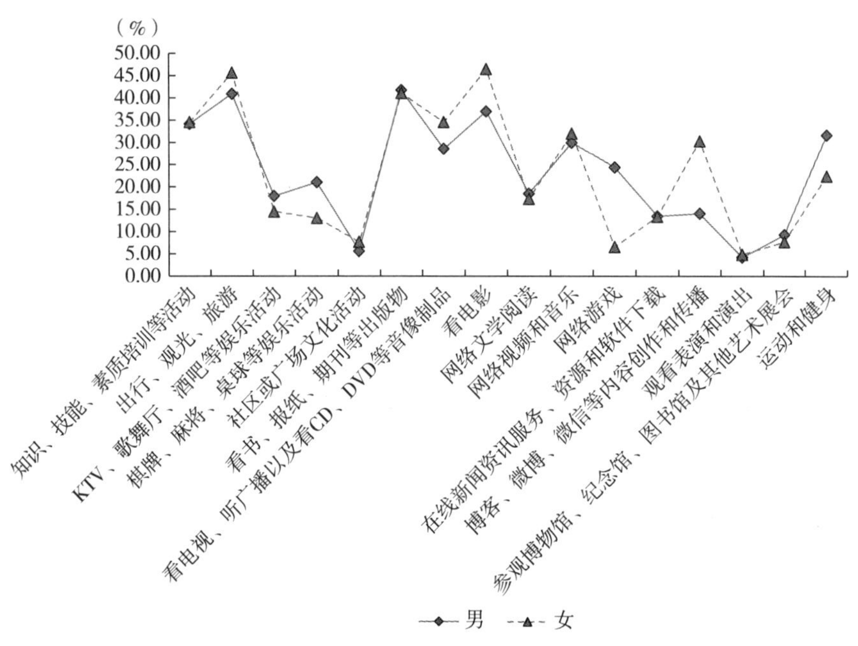

图 7-2　按性别区分的居民日常参与的文化活动类型

7.1.2　按居住区域区分的日常参与文化活动类型的差异

基于问卷样本信息以及城乡差别可能对文化消费活动产生的影响，本书将居民居住区域分为城市和非城市两种类型。其中，非城市地区包括一般的县域、乡镇和农村。按居住区域区分的居民日常参与的文化活动类型如表 7-3 所示，基于选择频数占比所得到的折线图如图 7-3 所示。

从表 7-3 中和图 7-3 中可以看出，城市居民和非城市居民在日常参与较多的文化活动类型中，差异最大的是出行观光旅游和知识、技能、素质培训活动（皆是城市高于非城市），在网络视频和音乐，棋牌、麻将、桌球等娱乐活动方面差异比较大（皆是非城市高于城市）。

表 7-3　按居住区域区分的居民日常参与的文化活动类型

	城市（586 人）		非城市（124 人）	
	选择频数	频数占比（%）	选择频数	频数占比（%）
知识、技能、素质培训等活动	217	37.03	27	21.77
出行、观光、旅游	269	45.90	37	29.84
KTV、歌舞厅、酒吧等娱乐活动	97	16.55	18	14.52
棋牌、麻将、桌球等娱乐活动	93	15.87	28	22.58
社区或广场文化活动	35	5.97	12	9.68
看书、报纸、期刊等出版物	245	41.81	48	38.71
看电视、听广播以及看 CD、DVD 等音像制品	184	31.40	40	32.26
看电影	247	42.15	48	38.71
网络文学阅读	106	18.09	20	16.13
网络视频和音乐	171	29.18	48	38.71
网络游戏	86	14.68	23	18.55
在线新闻资讯服务、资源和软件下载	83	14.16	12	9.68
博客、微博、微信等内容创作和传播	134	22.87	22	17.74
观看表演和演出	28	4.78	4	3.23
参观博物馆、纪念馆、图书馆及其他各种艺术展会	55	9.39	5	4.03
运动和健身	160	27.30	31	25.00

另外还可以看出，对于城市居民而言，日常参与较多的文化活动类

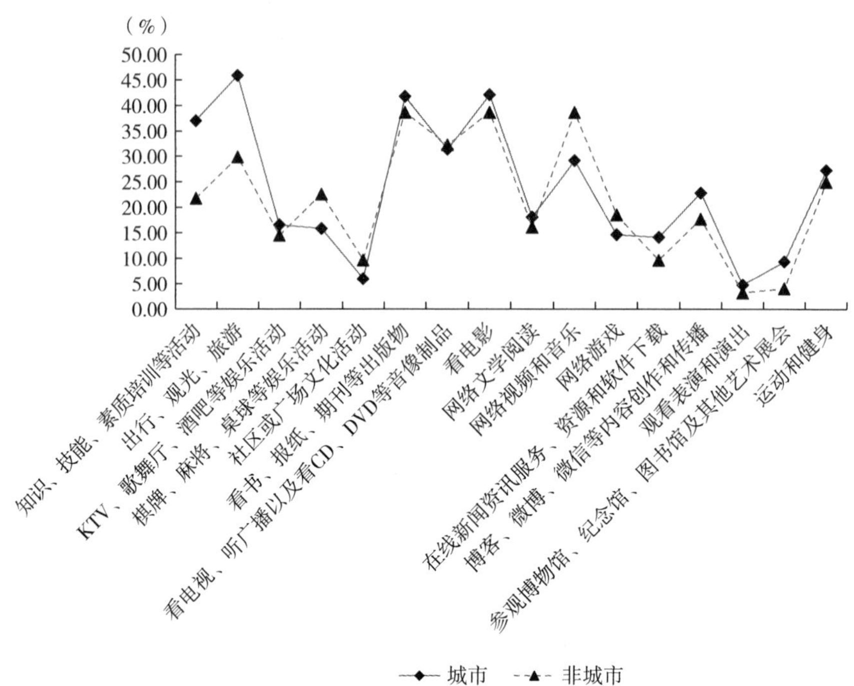

图 7-3　按居住区域区分的居民日常参与的文化活动类型

型是出行、观光、旅游，看书、报纸、期刊等出版物，看电影和知识、技能、素质培训活动，而非城市居民参与较多的文化活动类型则是看书、报纸、期刊等出版物，看电影，出行、观光、旅游，网络视频和音乐。无论城市居民还是非城市居民，日常参与较多的文化活动类型都包括出行、观光、旅游，看书、报纸、期刊等出版物，看电影。

7.1.3　按年龄区分的日常参与文化活动类型的差异

按年龄区分的居民日常参与的文化活动类型如表 7-4 所示，基于选择频数占比所得到的折线图如图 7-4 所示。

从表 7-4 中和图 7-4 中可以看出，不同年龄段的居民在日常参与较多的文化活动类型中的很多方面都存在较大的差异。其中，51 岁及以上年龄段的人，在棋牌、麻将、桌球等娱乐活动，社区或广场文化活动以及看书、报纸、期刊等出版物文化活动类型方面参与较多，但在知识、技能、素质培训，KTV、歌舞厅、酒吧等娱乐活动，在线新闻资讯、资源和软件下载等活动类型方面却很少涉及；而在看电影、网络视频和音乐、网络游戏以及知识、技能、素质培训等方面，26~33 岁及25 岁及以下年龄段的居民则相对参与较多。无论处于哪个年龄段，出行、观光、旅游，看书、报纸、期刊等出版物都是日常参与较多的文化活动类型。

表 7-4　按年龄区分的居民日常参与的文化活动类型

	25 岁及以下（357 人）		26~33 岁（160 人）		34~41 岁（95 人）		42~50 岁（76 人）		51 岁及以上（22 人）	
	选择频数	频数占比（%）	选择频数	频数占比（%）	选择频数	频数占比（%）	选择频数	频数占比（%）	选择频数	频数占比（%）
知识、技能、素质培训等活动	138	38.66	56	35.00	30	31.58	20	26.32	0	0.00
出行、观光、旅游	136	38.10	72	45.00	55	57.89	32	42.11	12	54.55
KTV、歌舞厅、酒吧等娱乐活动	60	16.81	39	24.38	12	12.63	4	5.26	0	0.00
棋牌、麻将、桌球等娱乐活动	34	9.52	32	20.00	22	23.16	24	31.58	9	40.91
社区或广场文化活动	9	2.52	6	3.75	9	9.47	16	21.05	7	31.82
看书、报纸、期刊等出版物	141	39.50	59	36.88	46	48.42	35	46.05	13	59.09
看电视、听广播以及看CD、DVD 等音像制品	102	28.57	45	28.13	36	37.89	34	44.74	7	31.82
看电影	168	47.06	79	49.38	31	32.63	13	17.11	5	22.73
网络文学阅读	77	21.57	25	15.63	13	13.68	10	13.16	2	9.09

续表

	25岁及以下（357人）		26~33岁（160人）		34~41岁（95人）		42~50岁（76人）		51岁及以上（22人）	
	选择频数	频数占比（%）	选择频数	频数占比（%）	选择频数	频数占比（%）	选择频数	频数占比（%）	选择频数	频数占比（%）
网络视频和音乐	137	38.38	47	29.38	22	23.16	11	14.47	3	13.64
网络游戏	70	19.61	27	16.88	9	9.47	3	3.95	1	4.55
在线新闻资讯服务、资源和软件下载	41	11.48	26	16.25	15	15.79	13	17.11	0	0.00
博客、微博、微信等内容创作和传播	98	27.45	30	18.75	18	18.95	9	11.84	2	9.09
观看表演和演出	15	4.20	8	5.00	7	7.37	1	1.32	1	4.55
参观博物馆、纪念馆、图书馆及其他各种艺术展会	24	6.72	10	6.25	13	13.68	12	15.79	1	4.55
运动和健身	78	21.85	42	26.25	29	30.53	34	44.74	9	40.91

另外，对于41岁及以下年龄段的人，知识、技能、素质培训活动，看电影是他们日常参与较多的。越是年轻的居民，在知识、技能、素质培训，网络文学阅读，网络视频和音乐，网络游戏等活动参与得越多，而年龄较大的人则反之；而越是年龄较大的居民，越会在运动和健身，棋牌、麻将、桌球等娱乐活动，看书、报纸、期刊等出版物，看电视、听广播以及看、CD、DVD等音像制品方面参与得越多。

以上情况说明，在促进和提升居民文化消费意愿时，对于不同类型的文化活动类型应考虑到性别差异的因素。

7.1.4 按学历区分的日常参与文化活动类型的差异

按受教育程度区分的居民日常参与的文化活动类型如表7-5所示，基于选择频数占比所得到的折线图如图7-5所示。

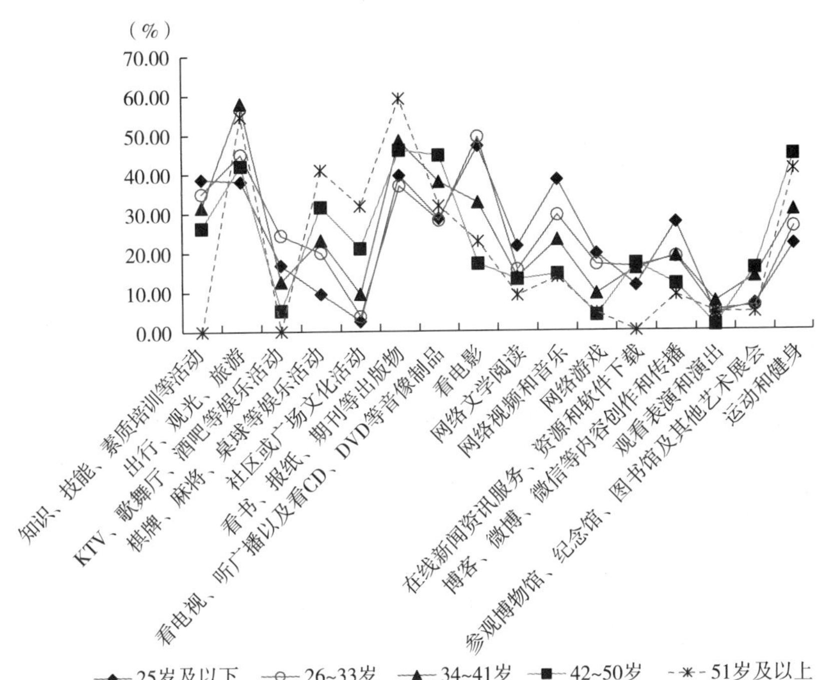

图 7-4　按年龄区分的居民日常参与的文化活动类型

表 7-5　按学历区分的居民日常参与的文化活动类型

	初中及以下（48 人）		高中/中专（116 人）		大专（218 人）		大学本科（286 人）		硕士研究生及以上（42 人）	
	选择频数	频数占比（%）	选择频数	频数占比（%）	选择频数	频数占比（%）	选择频数	频数占比（%）	选择频数	频数占比（%）
知识、技能、素质培训等活动	8	16. 67	28	24. 14	68	31. 19	117	40. 91	23	54. 76
出行、观光、旅游	12	25. 00	47	40. 52	93	42. 66	131	45. 80	24	57. 14
KTV、歌舞厅、酒吧等娱乐活动	3	6. 25	28	24. 14	40	18. 35	42	14. 69	2	4. 76
棋牌、麻将、桌球等娱乐活动	19	39. 58	36	31. 03	33	15. 14	26	9. 09	7	16. 67

续表

	初中及以下（48人）		高中/中专（116人）		大专（218人）		大学本科（286人）		硕士研究生及以上（42人）	
	选择频数	频数占比（%）	选择频数	频数占比（%）	选择频数	频数占比（%）	选择频数	频数占比（%）	选择频数	频数占比（%）
社区或广场文化活动	12	25.00	10	8.62	16	7.34	7	2.45	2	4.76
看书、报纸、期刊等出版物	18	37.50	40	34.48	83	38.07	126	44.06	27	64.29
看电视、听广播以及看CD、DVD等音像制品	25	52.08	35	30.17	69	31.65	83	29.02	12	28.57
看电影	15	31.25	33	28.45	95	43.58	136	47.55	17	40.48
网络文学阅读	3	6.25	21	18.10	37	16.97	61	21.33	5	11.90
网络视频和音乐	10	20.83	33	28.45	85	38.99	84	29.37	8	19.05
网络游戏	6	12.50	21	18.10	43	19.72	37	12.94	3	7.14
在线新闻资讯服务、资源和软件下载	4	8.33	18	15.52	23	10.55	39	13.64	11	26.19
博客、微博、微信等内容创作和传播	11	22.92	20	17.24	54	24.77	68	23.78	4	9.52
观看表演和演出	3	6.25	7	6.03	6	2.75	16	5.59	0	0.00
参观博物馆、纪念馆、图书馆及其他各种艺术展会	5	10.42	11	9.48	12	5.50	24	8.39	8	19.05
运动和健身	14	29.17	35	30.17	55	25.23	76	26.57	12	28.57

从表7-5和图7-5中可以看出，具有不同学历的居民在日常参与较多的文化活动类型中的很多方面都存在较大的差异。在知识、技能、素质培训和出行、观光、旅游等方面，随着受教育程度的提升，人们日常参与的程度也有所提升。对于高中/中专及以下较低学历的居民，平时参与较多的活动类型是棋牌、麻将、桌球等娱乐活动，看书、报纸、期刊等出版物，看电视、听广播以及看CD、DVD等音像制品；对于大

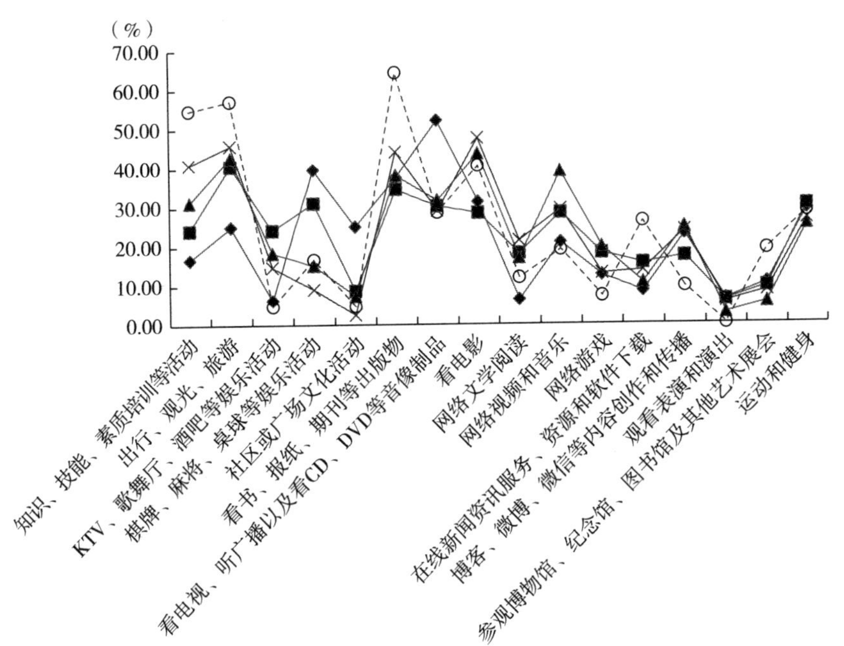

图 7-5　按学历区分的居民日常参与的文化活动类型

专及以上学历的居民而言，日常参与较多的活动类型是知识、技能、素质培训，出行、观光、旅游，看电影，看书、报纸、期刊等出版物。另外，无论是对于何种受教育程度的居民而言，整体上出行、观光、旅游，看书、报纸、期刊等出版物以及看电影等，都是日常参与较多的活动类型。由此可以发现，受教育程度差异也是居民进行文化消费活动选择的重要影响因素，在促进和提升居民文化消费意愿时必须考虑到学历因素。

7.1.5 按社会阶层感知区分的日常参与文化活动类型的差异

按社会阶层自我感知区分的居民日常参与的文化活动类型如表 7-6

所示，基于选择频数占比所得到的折线图如图 7-6 所示。

从表 7-6 和图 7-6 中可以看出，自我社会阶层感知为下层的居民，日常参与较多的文化活动类型是看电影，网络视频和音乐，出行、观光、旅游，看书、报纸、期刊等出版物，看电视、听广播以及看 CD、DVD 等音像制品等；自我社会阶层感知为中下层的居民，日常参与较多的文化活动类型是看书、报纸、期刊等出版物，出行、观光、旅游，看电影知识、技能、素质培训及运动和健身；自我社会阶层感知为中层的居民，日常参与较多的文化活动类型是出行、观光、旅游，看书、报纸、期刊等出版物，看电影，知识技能培训及看电视、听广播以及看 CD、DVD 等音像制品等；自我社会阶层感知为中上层的居民，日常参与较多的文化活动类型是看电影，网络视频和音乐，看书、报纸、期刊等出版物，出行、观光、旅游及看电视、听广播以及看 CD、DVD 等音像制品等；自我社会阶层感知为上层的居民，日常参与较多的文化活动类型是看电影，网络视频和音乐，知识、技能、素质培训，出行、观光、旅游等。

表 7-6　按社会阶层感知区分的居民日常参与的文化活动类型

	下层（60 人）		中下层（168 人）		中层（268 人）		中上层（135 人）		上层（79 人）	
	选择频数	频数占比（%）	选择频数	频数占比（%）	选择频数	频数占比（%）	选择频数	频数占比（%）	选择频数	频数占比（%）
知识、技能、素质培训等活动	16	26.67	63	37.50	89	33.21	47	34.81	29	36.71
出行、观光、旅游	20	33.33	77	45.83	129	48.13	52	38.52	28	35.44
KTV、歌舞厅、酒吧等娱乐活动	6	10.00	21	12.50	53	19.78	26	19.26	9	11.39
棋牌、麻将、桌球等娱乐活动	8	13.33	21	12.50	59	22.01	18	13.33	15	18.99

续表

	下层（60 人）		中下层（168 人）		中层（268 人）		中上层（135 人）		上层（79 人）	
	选择频数	频数占比（%）	选择频数	频数占比（%）	选择频数	频数占比（%）	选择频数	频数占比（%）	选择频数	频数占比（%）
社区或广场文化活动	4	6.67	11	6.55	24	8.96	6	4.44	2	2.53
看书、报纸、期刊等出版物	20	33.33	81	48.21	115	42.91	53	39.26	24	30.38
看电视、听广播以及看 CD、DVD 等音像制品	19	31.67	48	28.57	88	32.84	44	32.59	25	31.65
看电影	33	55.00	66	39.29	104	38.81	58	42.96	35	44.30
网络文学阅读	7	11.67	35	20.83	42	15.67	29	21.48	14	17.72
网络视频和音乐	25	41.67	44	26.19	67	25.00	54	40.00	30	37.97
网络游戏	7	11.67	20	11.90	35	13.06	26	19.26	22	27.85
在线新闻资讯、资源和软件下载	7	11.67	31	18.45	29	10.82	23	17.04	5	6.33
博客、微博、微信等内容创作和传播	14	23.33	47	27.98	54	20.15	24	17.78	18	22.78
观看表演和演出	4	6.67	9	5.36	11	4.10	4	2.96	4	5.06
参观博物馆、纪念馆、图书馆及其他各种艺术展会	5	8.33	21	12.50	27	10.07	5	3.70	2	2.53
运动和健身	12	20.00	51	30.36	75	27.99	32	23.70	21	26.58

整体上看，无论自我社会阶层感知处于哪一个层次，出行、观光、旅游，看电影，看书、报纸、期刊等出版物，看电视、听广播以及看 CD、DVD 等音像制品等都是居民日常参与较多的文化活动类型。并且社会阶层感知对居民日常参与的文化活动类型的影响比较复杂，不同阶层感知的居民在很多方面存在差异。

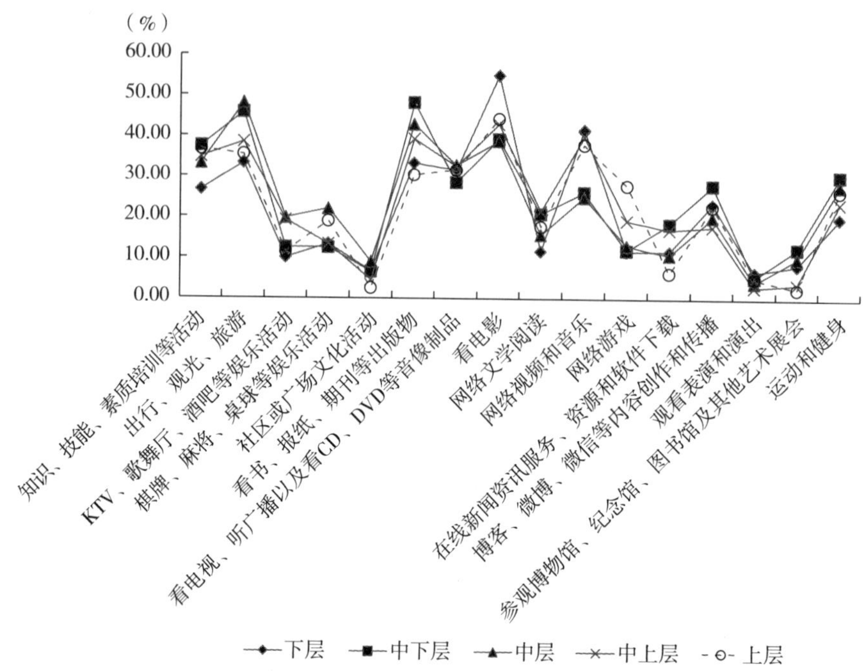

图 7-6　按社会阶层感知区分的居民日常参与的文化活动类型

7.1.6　按月均收入区分的日常参与文化活动类型的差异

按月均收入区分的居民日常参与的文化活动类型如表 7-7 所示，基于选择频数占比所得到的折线图如图 7-7 所示。从表 7-7 和图 7-7 中可以看出，月均收入在 2000 元及以下的居民，日常参与较多的文化活动类型是看电影，看书、报纸、期刊等出版物，网络视频和音乐，出行、观光、旅游等；月均收入在 2001～4000 元的居民，日常参与较多的文化活动类型是看书、报纸、期刊等出版物，出行、观光、旅游，看电影，看电视、听广播以及看 CD、DVD 等音像制品，知识、技能、素质培训等；月均收入为 4001～6000 元的居民，日常参与较多的文化活动类型是出行、观光、旅游，看电影、看书、报纸、期刊等出版物，运动和健身活动等；月均收入为 6001～8000 元的居民，日常参与较多的文化活动类型是出行、观光、旅游，看书、报纸、期刊等出版物，看电影等；月均收入在8000元及以上的居民，日常参与较多的文化活动类型是出行、观光、旅游，看电影、看书、报纸、期刊等出版物，知识、技能、素质培训。

表7-7 按月均收入区分的居民日常参与的文化活动类型

	2000元及以下（186人）		2001~4000元（245人）		4001~6000元（142人）		6001~8000元（44人）		8000元及以上（93人）	
	选择频数	频数占比（%）	选择频数	频数占比（%）	选择频数	频数占比（%）	选择频数	频数占比（%）	选择频数	频数占比（%）
知识、技能、素质培训等活动	59	31.72	78	31.84	42	29.58	11	25.00	39	41.94
出行、观光、旅游	61	32.80	97	39.59	65	45.77	23	52.27	47	50.54
KTV、歌舞厅、酒吧等娱乐活动	24	12.90	30	12.24	31	21.83	6	13.64	17	18.28
棋牌、麻将、桌球等娱乐活动	19	10.22	47	19.18	26	18.31	10	22.73	16	17.20
社区或广场文化活动	6	3.23	18	7.35	11	7.75	3	6.82	8	8.60
看书、报纸、期刊等出版物	70	37.63	102	41.63	57	40.14	20	45.45	28	30.11
看电视、听广播以及看CD、DVD等音像制品	59	31.72	79	32.24	39	27.46	10	22.73	23	24.73
看电影	77	41.40	90	36.73	58	40.85	14	31.82	39	41.94
网络文学阅读	41	22.04	42	17.14	26	18.31	3	6.82	11	11.83
网络视频和音乐	70	37.63	71	28.98	31	21.83	13	29.55	25	26.88
网络游戏	35	18.82	34	13.88	22	15.49	4	9.09	11	11.83
在线新闻资讯服务、资源和软件下载	18	9.68	35	14.29	19	13.38	9	20.45	12	12.90
博客、微博、微信等内容创作和传播	46	24.73	60	24.49	19	13.38	7	15.91	16	17.20

续表

	2000 元及以下（186 人）		2001～4000 元（245 人）		4001～6000 元（142 人）		6001～8000 元（44 人）		8000 元及以上（93 人）	
	选择频数	频数占比（%）	选择频数	频数占比（%）	选择频数	频数占比（%）	选择频数	频数占比（%）	选择频数	频数占比（%）
观看表演和演出	3	1.61	12	4.90	7	4.93	4	9.09	3	3.23
参观博物馆、纪念馆、图书馆及其他各种艺术展会	9	4.84	21	8.57	11	7.75	8	18.18	8	8.60
运动和健身	41	22.04	55	22.45	47	33.10	13	29.55	27	29.03

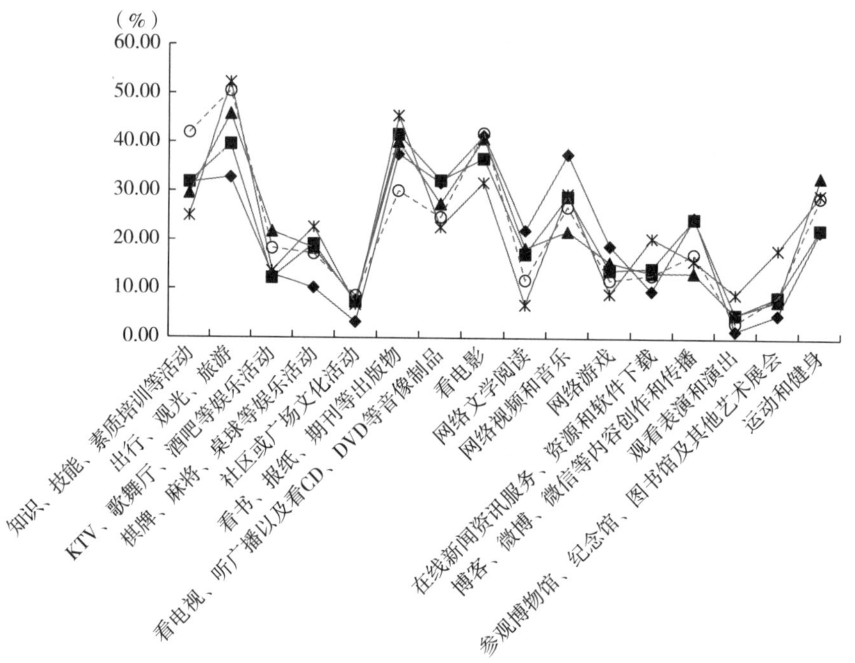

图 7-7　按月均收入区分的居民日常参与的文化活动类型

整体上看，无论月均收入处于哪一个水平，出行、观光、旅游，看电影、看书、报纸、期刊等出版物等都是居民日常参与较多的文化活动类型。

7.2 个体消费者优先考虑的文化活动研究分析

为了深入探查河南省居民的文化消费意愿情况，本书还调查了在经济和时间允许的情况下，人们会优先考虑的文化活动有哪些。利用SPSS进行多选项频数分析，发现被访者优先考虑参与较多的4项文化活动类型由多到少依次为：出行、观光、旅游，运动和健身，知识、技能、素质培训等活动，看电影；被访者优先考虑参与最少的4项文化活动类型由少到多依次为：在线新闻资讯服务、资源和软件下载，网络文学阅读，博客、微博、微信等内容创作和传播，社区或广场文化活动，主要涉及互联网文化活动及社区/广场文化活动。具体情况如表7-8和图7-8所示。另外，从表7-8还可以看出，每位被访者会有3.4845个选择。也就是说，被访者优先考虑参与较多的文化活动类型有3~4个。

表7-8 被访者优先考虑参与的文化活动类型频次分析

文化活动类型	选择人数	占所有被访者选择的百分比（%）	占所有被访者的百分比（%）
知识、技能、素质培训等活动	256	10.35	36.06
出行、观光、旅游	459	18.55	64.65
KTV、歌舞厅、酒吧等娱乐活动	85	3.44	11.97
棋牌、麻将、桌球等娱乐活动	81	3.27	11.41
社区或广场文化活动	67	2.71	9.44
看书、报纸、期刊等出版物	178	7.19	25.07
看电视、听广播以及看CD、DVD等音像制品	88	3.56	12.39
看电影	255	10.31	35.92
网络文学阅读	54	2.18	7.61

续表

文化活动类型	选择人数	占所有被访者选择的百分比（%）	占所有被访者的百分比（%）
网络视频和音乐	90	3. 64	12. 68
网络游戏	81	3. 27	11. 41
在线新闻资讯服务、资源和软件下载	53	2. 14	7. 46
博客、微博、微信等内容创作和传播	62	2. 51	8. 73
观看表演和演出	163	6. 59	22. 96
参观博物馆、纪念馆、图书馆及其他各种艺术展会	139	5. 62	19. 58
运动和健身	363	14. 67	51. 13
全部	2474	100. 00	348. 45

注：占所有被访者选择的百分比，是基于被访者的选择计算百分比，比如知识技能培训的10. 35%=256/2474×100%；占所有被访者的百分比，是基于所有被访者来计算百分比，比如知识技能培训的36. 06%=256/710×100%。

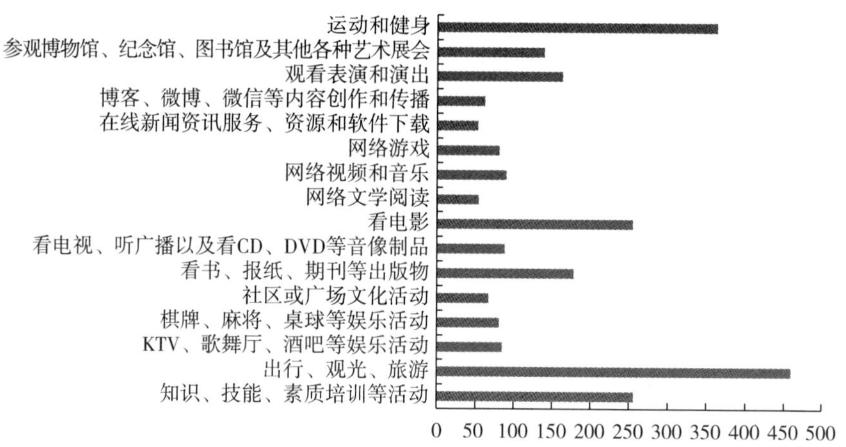

图 7-8 河南省居民优先考虑参与的文化活动类型

7. 2. 1 按性别区分的优先考虑参与文化活动类型的差异

按性别区分的居民优先考虑参与的文化活动类型如表 7-9 所示，基于选择频数占比所得到的折线图如图 7-9 所示。

表 7-9 按性别区分的居民优先考虑参与的文化活动类型

	男性（357 人）		女性（353 人）	
	选择频数	频数占比（%）	选择频数	频数占比（%）
知识、技能、素质培训等活动	115	32. 21	141	39. 94
出行、观光、旅游	223	62. 46	236	66. 86
KTV、歌舞厅、酒吧等娱乐活动	50	14. 01	35	9. 92
棋牌、麻将、桌球等娱乐活动	51	14. 29	30	8. 50
社区或广场文化活动	37	10. 36	30	8. 50
看书、报纸、期刊等出版物	91	25. 49	87	24. 65
看电视、听广播以及看 CD、DVD 等音像制品	37	10. 36	51	14. 45
看电影	122	34. 17	133	37. 68
网络文学阅读	26	7. 28	28	7. 93
网络视频和音乐	50	14. 01	40	11. 33
网络游戏	68	19. 05	13	3. 68
在线新闻资讯服务、资源和软件下载	26	7. 28	27	7. 65
博客、微博、微信等内容创作和传播	26	7. 28	36	10. 20
观看表演和演出	66	18. 49	97	27. 48
参观博物馆、纪念馆、图书馆及其他各种艺术展会	59	16. 53	80	22. 66
运动和健身	177	49. 58	186	52. 69

从表 7-9 和图 7-9 中的信息可以看出，男性居民和女性居民在网络游戏（男高于女），观看表演和演出（女高于男），棋牌、麻将、桌球等娱乐活动（男高于女）方面的差异较大，但在其他方面的差异不大或基本没有差异。无论男性居民还是女性居民，在时间和经济条件许可的情况下，都会优先考虑出行、观光、旅游，运动和健身，知识、技能、素质培训以及看电影。

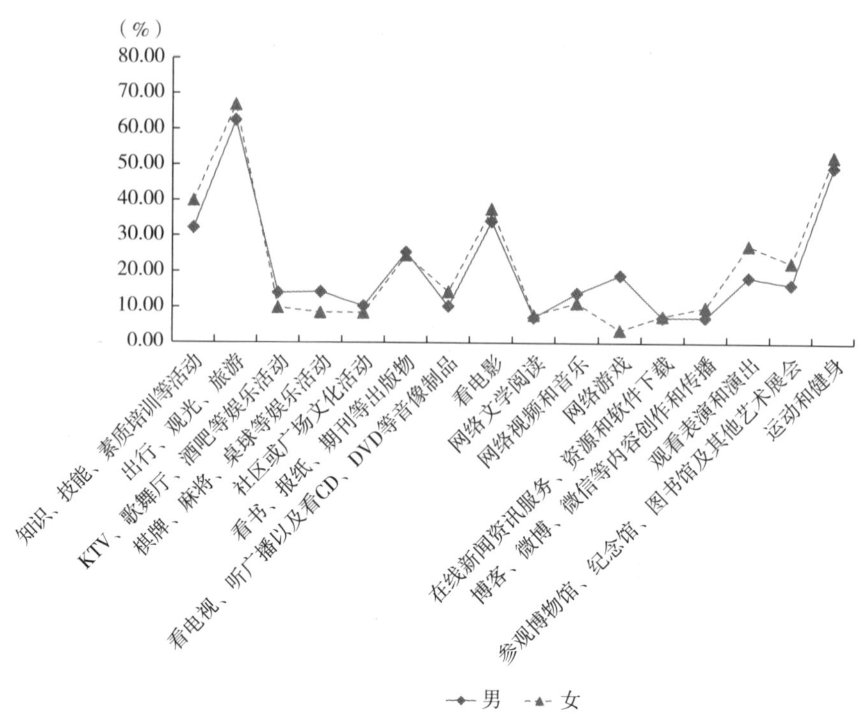

图 7-9 按性别区分的居民优先考虑参与的文化活动类型

7.2.2 按居住区域区分的优先考虑参与文化活动类型的差异

按居住区域区分的居民优先考虑参与的文化活动类型如表 7-10 所示，基于选择频数占比所得到的折线如图 7-10 所示。

从表 7-10 和图 7-10 中的信息可以看出，城市居民和非城市居民在看电影，运动和健身，出行、观光、旅游等方面的差异较大，相对而言，城市居民会较多考虑到这些文化活动类型。但是，不同居住区域的居民在其他方面的差异不大或基本没有差异。

另外，无论城市居民还是非城市居民，在时间和经济条件许可的情况下，都会优先考虑出行、观光、旅游，运动和健身，知识、技能、素质培训活动。

表 7-10　按居住区域区分的居民优先考虑参与的文化活动类型

	城市（586 人）		非城市（124 人）	
	选择频数	频数占比（%）	选择频数	频数占比（%）
知识、技能、素质培训等活动	214	36. 52	41	33. 06
出行、观光、旅游	385	65. 70	74	59. 68
KTV、歌舞厅、酒吧等娱乐活动	69	11. 77	16	12. 90
棋牌、麻将、桌球等娱乐活动	62	10. 58	19	15. 32
社区或广场文化活动	52	8. 87	15	12. 10
看书、报纸、期刊等出版物	149	25. 43	28	22. 58
看电视、听广播以及看 CD、DVD 等音像制品	72	12. 29	16	12. 90
看电影	222	37. 88	32	25. 81
网络文学阅读	44	7. 51	9	7. 26
网络视频和音乐	74	12. 63	14	11. 29
网络游戏	65	11. 09	15	12. 10
在线新闻资讯服务、资源和软件下载	47	8. 02	6	4. 84
博客、微博、微信等内容创作和传播	52	8. 87	9	7. 26
观看表演和演出	138	23. 55	24	19. 35
参观博物馆、纪念馆、图书馆及其他各种艺术展会	115	19. 62	24	19. 35
运动和健身	310	52. 90	53	42. 74

7. 2. 3　按年龄区分的优先考虑参与文化活动类型的差异

按年龄区分的居民优先考虑参与的文化活动类型如表 7-11 所示，基于选择频数占比所得到的折线图如图 7-11 所示。

从图 7-11 和表 7-11 中的信息可以看出，不同年龄段的居民，其优先考虑参与的文化活动类型在知识、技能、素质培训，棋牌、麻将、桌球等娱乐活动，社区或广场文化活动，看电影等方面存在的差异较大，而在其他方面的差异则较小或基本没有差异。

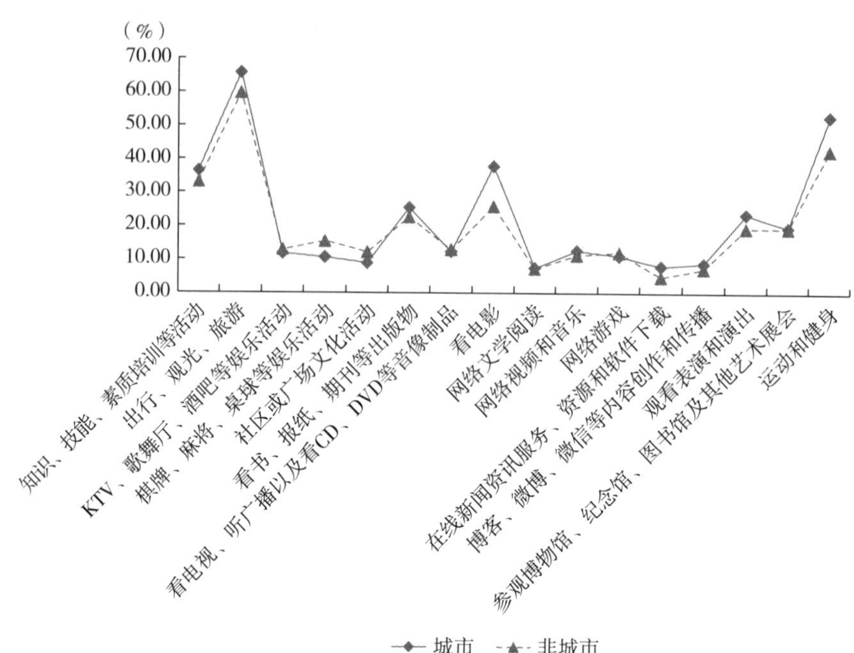

图 7-10 按居住区域区分的居民优先考虑参与的文化活动类型

表 7-11 按年龄区分的居民优先考虑参与的文化活动类型

	25 岁及以下（357 人）		26~33 岁（160 人）		34~41 岁（95 人）		42~50 岁（76 人）		51 岁及以上（22 人）	
	选择频数	频数占比（%）	选择频数	频数占比（%）	选择频数	频数占比（%）	选择频数	频数占比（%）	选择频数	频数占比（%）
知识、技能、素质培训等活动	127	35.57	67	41.88	37	38.95	23	30.26	2	9.09
出行、观光、旅游	219	61.34	111	69.38	61	64.21	51	67.11	17	77.27
KTV、歌舞厅、酒吧等娱乐活动	54	15.13	20	12.50	8	8.42	2	2.63	1	4.55
棋牌、麻将、桌球等娱乐活动	25	7.00	23	14.38	11	11.58	15	19.74	7	31.82

续表

	25 岁及以下（357 人）		26~33 岁（160 人）		34~41 岁（95 人）		42~50 岁（76 人）		51 岁及以上（22 人）	
	选择频数	频数占比（%）	选择频数	频数占比（%）	选择频数	频数占比（%）	选择频数	频数占比（%）	选择频数	频数占比（%）
社区或广场文化活动	22	6. 16	10	6. 25	18	18. 95	11	14. 47	6	27. 27
看书、报纸、期刊等出版物	89	24. 93	35	21. 88	28	29. 47	20	26. 32	6	27. 27
看电视、听广播以及看 CD、DVD 等音像制品	40	11. 20	17	10. 63	13	13. 68	13	17. 11	5	22. 73
看电影	151	42. 30	61	38. 13	30	31. 58	10	13. 16	3	13. 64
网络文学阅读	28	7. 84	8	5. 00	9	9. 47	7	9. 21	2	9. 09
网络视频和音乐	64	17. 93	13	8. 13	9	9. 47	3	3. 95	1	4. 55
网络游戏	53	14. 85	18	11. 25	7	7. 37	2	2. 63	1	4. 55
在线新闻资讯服务、资源和软件下载	29	8. 12	7	4. 38	8	8. 42	9	11. 84	0	0. 00
博客、微博、微信等内容创作和传播	30	8. 40	14	8. 75	12	12. 63	6	7. 89	0	0. 00
观看表演和演出	78	21. 85	35	21. 88	22	23. 16	22	28. 95	6	27. 27
参观博物馆、纪念馆、图书馆及其他各种艺术展会	69	19. 33	32	20. 00	16	16. 84	17	22. 37	5	22. 73
运动和健身	183	51. 26	81	50. 63	48	50. 53	40	52. 63	11	50. 00

其中，相对而言，50 岁及以下年龄段的居民，都会优先考虑参与知识、技能、素质培训活动；41 岁及以下的居民，都会优先考虑去看电影；棋牌、麻将、桌球等娱乐活动则是 51 岁及以上老年人所优先考虑的文化活动类型。另外，无论是处于哪一个年龄段的居民，出行、观光、旅游、健身和运动都是会受到优先考虑的文化活动类型。

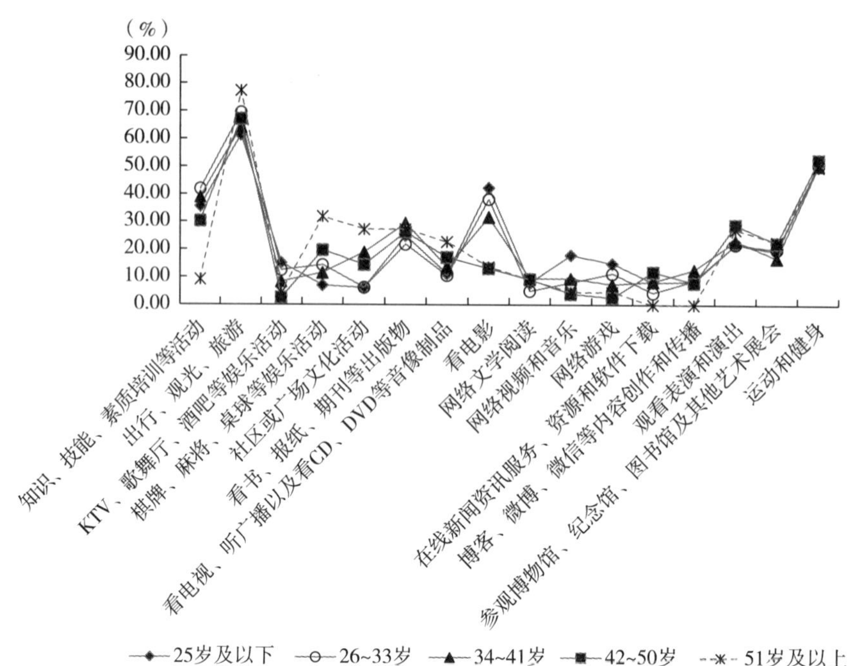

图 7-11 按年龄区分的居民优先考虑参与的文化活动类型

7.2.4 按学历区分的优先考虑参与文化活动类型的差异

按受教育程度区分的居民优先考虑参与的文化活动类型如表 7-12 所示，基于选择频数占比所得到的折线如图 7-12 所示。

从图 7-12 和表 7-12 中的信息可以看出，不同受教育程度的居民，其优先考虑的活动类型在棋牌、麻将、桌球等娱乐活动，看书、报纸、期刊等出版物，看电影，运动和健身等方面具有较大的差异。其中，初中及以下学历的居民，优先选择的文化活动类型主要是出行、观光、旅游，棋牌、麻将、桌球等娱乐活动；高中/中专、大专和大学本科学历的居民，优先选择的文化活动类型主要是出行、观光、旅游，运动和健身，知识、技能、素质培训和看电影；硕士研究生及以上学历的居民，优先选择的文化活动类型主要是出行、观光、旅游，运动和健身，知识、技能、素质培训，看书、报纸、期刊等出版物以及看电影。整体而言，无论受教育程度处于哪个水平，相对而言，人们都会优先考虑选择出行、观光、旅游，知识、技能、素质培训，运动和健身等文化活动。

表 7-12 按学历区分的居民优先考虑参与的文化活动类型

	初中及以下（48 人）		高中/中专（116 人）		大专（218 人）		大学本科（286 人）		硕士研究生及以上（42 人）	
	选择频数	频数占比（%）	选择频数	频数占比（%）	选择频数	频数占比（%）	选择频数	频数占比（%）	选择频数	频数占比（%）
知识、技能、素质培训等活动	12	25.00	35	30.17	75	34.40	117	40.91	17	40.48
出行、观光、旅游	32	66.67	80	68.97	146	66.97	171	59.79	30	71.43
KTV、歌舞厅、酒吧等娱乐活动	3	6.25	18	15.52	30	13.76	34	11.89	0	0.00
棋牌、麻将、桌球等娱乐活动	16	33.33	24	20.69	19	8.72	20	6.99	2	4.76
社区或广场文化活动	10	20.83	14	12.07	20	9.17	22	7.69	1	2.38
看书、报纸、期刊等出版物	5	10.42	25	21.55	50	22.94	83	29.02	15	35.71
看电视、听广播以及看CD、DVD 等音像制品	9	18.75	12	10.34	31	14.22	31	10.84	5	11.90
看电影	7	14.58	35	30.17	84	38.53	115	40.21	14	33.33
网络文学阅读	4	8.33	10	8.62	17	7.80	20	6.99	3	7.14
网络视频和音乐	5	10.42	12	10.34	29	13.30	43	15.03	1	2.38
网络游戏	5	10.42	10	8.62	34	15.60	30	10.49	2	4.76
在线新闻资讯服务、资源和软件下载	0	0.00	10	8.62	13	5.96	23	8.04	7	16.67
博客、微博、微信等内容创作和传播	5	10.42	6	5.17	19	8.72	28	9.79	4	9.52
观看表演和演出	13	27.08	19	16.38	54	24.77	65	22.73	12	28.57
参观博物馆、纪念馆、图书馆及其他各种艺术展会	8	16.67	16	13.79	46	21.10	59	20.63	10	23.81
运动和健身	14	29.17	60	51.72	115	52.75	147	51.40	27	64.29

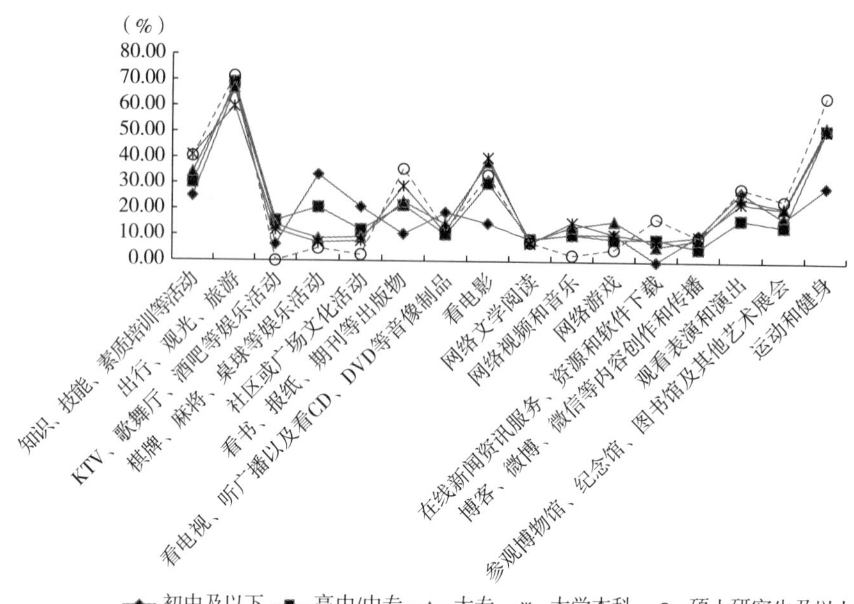

图 7-12　按学历区分的居民优先考虑参与的文化活动类型

7.2.5　按社会阶层感知区分的优先考虑参与文化活动类型的差异

按社会阶层感知区分的居民优先考虑参与的文化活动类型如表 7-13 所示，基于选择频数占比所得到的折线如图 7-13 所示。

从图 7-13 和表 7-13 中的信息可以看出，社会阶层感知不同的居民，在各项文化活动类型上会优先考虑的程度有所差异。但从整体上看，无论自我社会阶层感知处于哪一个层次，出行、观光、旅游，运动和健身，知识、技能、素质培训和看电影等都是其会优先考虑参与的文化活动类型。

表 7-13　按社会阶层感知区分的居民优先考虑参与的文化活动类型

	下层（60人）		中下层（168人）		中层（268人）		中上层（135人）		上层（79人）	
	选择频数	频数占比（%）	选择频数	频数占比（%）	选择频数	频数占比（%）	选择频数	频数占比（%）	选择频数	频数占比（%）
知识、技能、素质培训等活动	19	31.67	73	43.45	91	33.96	42	31.11	31	39.24
出行、观光、旅游	44	73.33	123	73.21	172	64.18	73	54.07	46	58.23
KTV、歌舞厅、酒吧等娱乐活动	8	13.33	14	8.33	32	11.94	21	15.56	10	12.66
棋牌、麻将、桌球等娱乐活动	5	8.33	13	7.74	42	15.67	14	10.37	7	8.86
社区或广场文化活动	6	10.00	15	8.93	36	13.43	7	5.19	3	3.80
看书、报纸、期刊等出版物	13	21.67	55	32.74	67	25.00	26	19.26	16	20.25
看电视、听广播以及看CD、DVD等音像制品	7	11.67	13	7.74	39	14.55	19	14.07	10	12.66
看电影	29	48.33	59	35.12	86	32.09	44	32.59	36	45.57
网络文学阅读	1	1.67	12	7.14	20	7.46	15	11.11	6	7.59
网络视频和音乐	13	21.67	16	9.52	30	11.19	18	13.33	13	16.46
网络游戏	8	13.33	10	5.95	31	11.57	19	14.07	13	16.46
在线新闻资讯服务、资源和软件下载	2	3.33	16	9.52	20	7.46	10	7.41	5	6.33
博客、微博、微信等内容创作和传播	8	13.33	17	10.12	19	7.09	12	8.89	6	7.59
观看表演和演出	8	13.33	49	29.17	59	22.01	34	25.19	13	16.46
参观博物馆、纪念馆、图书馆及其他各种艺术展会	8	13.33	44	26.19	50	18.66	29	21.48	8	10.13
运动和健身	24	40.00	89	52.98	141	52.61	71	52.59	37	46.84

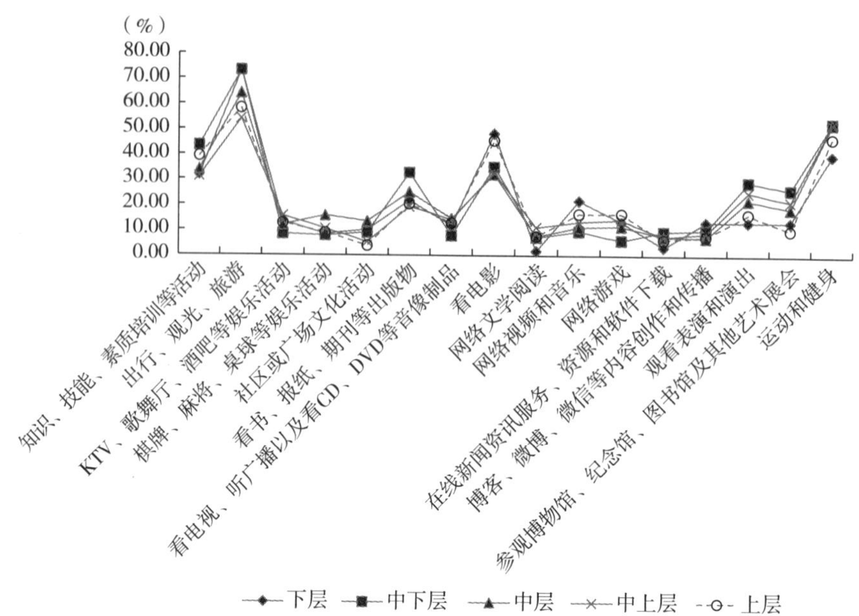

图 7-13 按社会阶层感知区分的居民优先考虑参与的文化活动类型

7.2.6 按月均收入区分的优先考虑参与文化活动类型的差异

按月均收入水平区分的居民优先考虑参与的文化活动类型如表 7-14所示，基于选择频数占比所得到的折线如图 7-14 所示。

从图 7-14 和表 7-14 中的信息可以看出，月均收入水平不同的居民，在各项文化活动类型上会优先考虑的程度有一定的差异。但从整体上看，无论其月均收入处于哪一个水平，出行、观光、旅游，运动和健身，知识、技能、素质培训和看电影等都是其会优先考虑参与的文化活动类型。

表 7-14 按月均收入区分的居民优先考虑参与的文化活动类型

	2000 元及以下（186 人）		2001~4000 元（245 人）		4001~6000 元（142 人）		6001~8000 元（44 人）		8000 元及以上（93 人）	
	选择频数	频数占比（%）	选择频数	频数占比（%）	选择频数	频数占比（%）	选择频数	频数占比（%）	选择频数	频数占比（%）
知识、技能、素质培训等活动	62	33.33	85	34.69	41	28.87	17	38.64	36	38.71
出行、观光、旅游	109	58.60	156	63.67	80	56.34	29	65.91	58	62.37
KTV、歌舞厅、酒吧等娱乐活动	22	11.83	22	8.98	16	11.27	6	13.64	15	16.13
棋牌、麻将、桌球等娱乐活动	11	5.91	28	11.43	21	14.79	8	18.18	11	11.83
社区或广场文化活动	15	8.06	22	8.98	14	9.86	2	4.55	10	10.75
看书、报纸、期刊等出版物	50	26.88	57	23.27	37	26.06	7	15.91	16	17.20
看电视、听广播以及看CD、DVD 等音像制品	22	11.83	30	12.24	18	12.68	7	15.91	8	8.60
看电影	62	33.33	73	29.80	59	41.55	13	29.55	34	36.56
网络文学阅读	11	5.91	24	9.80	11	7.75	1	2.27	4	4.30
网络视频和音乐	23	12.37	27	11.02	15	10.56	4	9.09	16	17.20
网络游戏	25	13.44	21	8.57	17	11.97	5	11.36	12	12.90
在线新闻资讯服务、资源和软件下载	10	5.38	22	8.98	9	6.34	4	9.09	8	8.60
博客、微博、微信等内容创作和传播	15	8.06	20	8.16	15	10.56	3	6.82	6	6.45
观看表演和演出	32	17.20	63	25.71	32	22.54	7	15.91	20	21.51
参观博物馆、纪念馆、图书馆及其他各种艺术展会	30	16.13	46	18.78	26	18.31	11	25.00	17	18.28
运动和健身	89	47.85	123	50.20	64	45.07	23	52.27	46	49.46

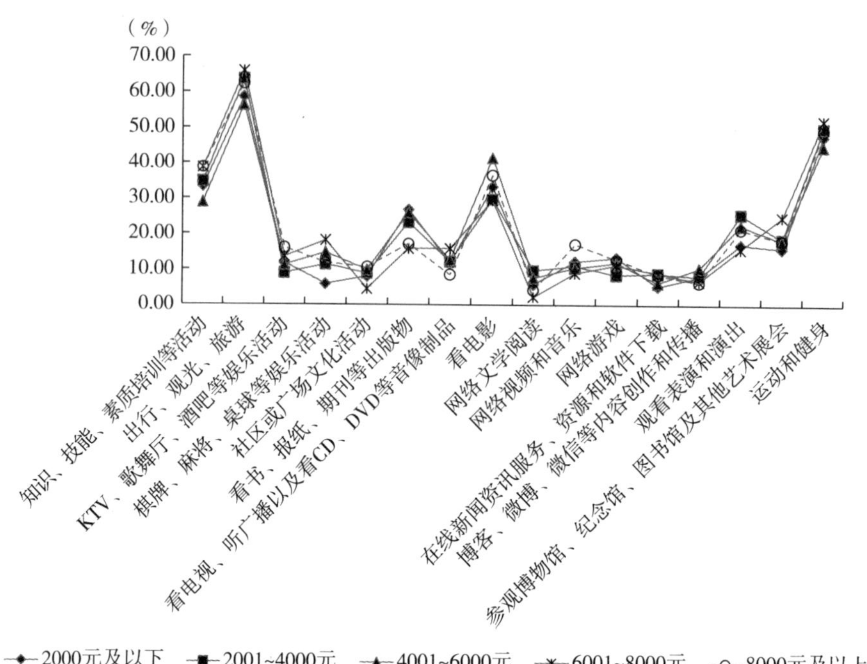

图 7-14　按月均收入区分的居民优先考虑参与的文化活动类型

7.3　个体消费者文化消费偏好特征总结

为了更好地总结个体消费者的文化消费偏好特征，本书对比了消费者日常参与较多的文化消费活动，以及在经济和时间条件允许的情况下会优先考虑的文化消费活动，结果如图 7-15 所示。

河南省居民平时参与较多的 4 项文化活动类型由多到少依次为：出行、观光、旅游，看书、报纸、期刊等出版物，看电影，知识、技能、素质培训等。平时参与最少的 3 项文化活动类型由少到多依次为：观看表演和演出，社区或广场文化活动，参观博物馆和图书馆及其他各种艺

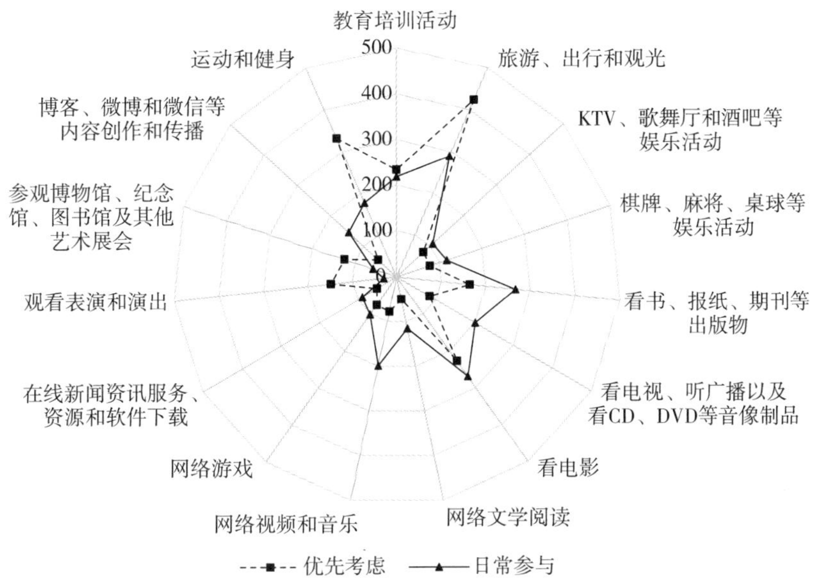

图 7-15　消费者日常参与和优先考虑的文化消费活动

术展会，主要涉及文化艺术类的产品和服务消费。

在时间和经济条件许可的情况下，河南省居民优先考虑参与较多的4项文化活动类型由多到少依次为：出行、观光、旅游，运动和健身，知识、技能、素质培训，看电影；优先考虑参与最少的4项文化活动类型由少到多依次为：在线新闻资讯服务、资源和软件下载，网络文学阅读，博客、微博、微信等内容创作和传播，社区或广场文化活动，主要涉及互联网文化活动及社区或广场文化活动。

可以看出，出行、观光、旅游、看电影和知识、技能、素质培训活动，既是人们所喜爱的文化活动类型，也是平时较多实现的文化活动类型。但是运动和健身虽是人们所愿意进行的文化活动类型，但是碍于时间、生活方式或其他方面的原因，却并非是日常参与较多的文化活动类型。另外，鉴于互联网对人们生活和工作带来的深刻影响，致使人们并不太愿意继续在网络文学阅读，博客、微博、微信等内容创造和传播，在线新闻资讯服务、资源和软件下载等方面花费更多的时间和精力。另外，虽然观看表演和演出，参观博物馆、纪念馆、图书馆及其他各种艺术展会是人们日常参与较少的文化活动类型，但这更多可能是由于相关供给因素以及个人经济和时间条件的影响而导致的，并非是人们不愿意参与这些文化活动。

从本章的数据分析中，我们还可以得出以下几点结论：

第一，休闲娱乐型消费是居民文化消费的主力，出行、观光、旅游成为文化消费市场的首选。近些年来，河南省居民的生活水平得到了极大的提高，物质性基本需求已经基本得到满足，享乐类文化消费需求正在不断提高。本书表明，出行、观光、旅游，不仅是人们所喜爱的文化活动类型，也是平时进行最多的文化活动类型。

第二，文化传媒类消费是居民文化消费的重要内容。购票看电影，看图书、报纸、期刊等各类出版物，在人们文化消费生活中占有重要地位，也是人们花费金钱和时间较多的文化消费类型。

第三，教育培训类文化消费的增长仍将保持迅猛态势。在我国，教育培训是人们改变社会地位、提升文化资本和社会资本的主要途径，人们在这方面的消费具有刚性特征，无论是处于什么境况的人，都比较重视这方面的投入。并且，随着“二胎开放”政策和国家及各省市对文化消费市场的重视，可以预见教育培训类文化消费将仍然在人们的文化消费生活中占据重要地位。

第四，“互联网+文化”的消费模式将可能成为主流模式。研究表明，河南省居民在互联网文化产品和服务方面花费的时间最多。不过，由于人们习惯了使用免费的互联网产品和服务，因此，实际的金钱支出水平及金钱支出意愿并不高。要提高居民互联网文化消费意愿，需要下大力气来对消费者进行教育，改变其习惯，将“有偿使用互联网文化产品和服务”的理念深深植入人们的思维模式中。

第五，运动和健身类文化消费的市场潜力巨大。鉴于人们对自身健康的关注，运动和健身成为人们提升自身健康水平的首选，研究也表明，人们主观上是非常愿意进行运动和健身活动的。不过，由于受到空闲时间、金钱的限制，或者深受现代快节奏生活方式的影响，致使人们当前在这方面实际的时间支出和金钱支出都很低。但是，可以预见，在国家全民健身计划的号召下，只要为居民创造条件，相信他们都会愿意进一步提升健身运动活动水平。也可以预见，与健身运动相关的、基于互联网的可穿戴设备、智能手机 APP 等产品和服务必将成为新一轮文化消费的热点，人们的健身运动也将越来越现代化、网络化和智能化。

第六，文化艺术类产品和服务消费是居民文化消费的“短板”。尽管一部分居民愿意优先考虑参加文化艺术类活动，比如观看各类表演和演出、参观各类艺术展会等，但实际上，很多居民在日常文化消费活动中很少涉及这类活动。本书调查表明，在人们日常参与的文化活动类型中，表演和演出活动、博物馆和纪念馆及各类艺术展会参观活动、社区中心艺术活动等都是人们较少参与的，并且人们在这方面的实际金钱支出和时间支出也处于较低的水平。然而，文化艺术类产品和服务消费是提高人们文化素养、审美情趣和文化生活质量的重要途径，因此，未来有必要进一步改善文化艺术类产品和服务的消费条件，积极培育居民形成良好的、健康的、高层次的文化消费习惯，从而释放居民被禁锢的文化艺术类消费需求。

8 我国各省市提升居民文化消费意愿的政策与经验

提高文化消费水平和质量，建立扩大文化消费的长效机制，成为文化产业发展的一项重要任务。[①] 在中国共产党十七届六中全会上，“扩大文化消费”被视为促进文化产业发展、推动文化产业成为国民经济支柱性产业的四项任务之一。当前，随着供给侧结构性改革和经济重心的偏移，文化消费已然成为新的经济增长点和经济转型升级的新的支撑点。进一步扩大文化消费，激活和释放文化消费需求，不仅有利于促进消费结构的升级，在提升居民文化消费生活水平、改善整体生活质量的同时[②]；还有利于促进文化产品和服务的供给品质和效率，培育经济发展的新动力，从而为稳增长、促改革、调结构、惠民生和推进供给侧结构性改革做出重要贡献[③]。

近年来，中央及各省市地区都非常重视文化消费促进工作。在2015年，文化部和财政部共同开展了典型地区拉动城乡居民文化消费试点研究，这些地区包括东部的北京市海淀区、中部的安徽省合肥市和湖北省武汉市武昌区，以及西部的贵州省遵义市汇川区，初步取得了良好的效果。以武汉市武昌区为例，自研究启动至2015年12月31日止，

---

① 刘重才．文化消费再获政策扶持 试点工作将扩至全国[EB/OL]．中国证券网［2016-05-05］. http：//news. cnstock. com/news/sns_yw/201605/3782251. htm.

② 马思遥．扩大文化消费首次出台相关政策［N］．北京青年报，2016-05-24.

③ 中华人民共和国文化部．文化部 财政部《关于开展引导城乡居民扩大文化消费试点工作的通知》（文产发〔2016〕6号）［EB/OL］．文化部政府门户网站［2016-05-06］．http://www.mcprc. gov. cn/whzx/bnsjdt/whcys/201605/t20160506_461727. html.

居民通过“文化汇”微信平台领取优惠券 142869 张，其中企业已核销 116290 张，优惠券总额为 2012360 元，持券消费总金额为 8646899.1 元，拉动效果约为 1∶3.30，拉动效果显著。而武汉琴岛文化娱乐传播有限公司参与试点后，营业额较 2014 年增加了 50 余万元①，有效实现了文化消费群体和文化消费企业的“双赢”。

在此基础上，2016 年 4 月底，文化部和财政部又下发了《关于开展引导城乡居民扩大文化消费试点工作的通知》，这是第一次从扩大文化消费视角出台的一项重要政策。而首批 26 个国家文化消费试点城市中就包括河南省洛阳市，中央财政通过中央补助地方公共文化服务体系建设专项资金，按照有关规定对扩大文化消费试点工作统筹予以资金支持。

我国许多省市地区也将文化消费摆在非常重要的位置，将之视为促进文化产业发展、推动经济社会转型的关键着眼点，比如北京市、南京市、安徽省合肥市、湖北省武汉市武昌区、贵州省遵义市汇川区等；同时，各省市地区还大胆创新，积极探索促进文化消费的新途径和新机制，其中许多措施和具体做法都对河南省文化消费水平的提升具有重要的启示。下面，本书将着重总结这些经验，以期对河南省扩大文化消费有所助益。

8.1 积极制定和出台促进文化消费的专项政策和措施

为了更好地发挥文化消费对经济增长的拉动作用，引导人们的文化消费行为，培育合理的文化消费理念，引领健康向上的文化消费方向，

① 郭婷婷．拉动城乡居民文化消费试点项目 武昌区试点工作稳步推进[EB/OL]．湖北省文化厅网站［2016-01-28］．http：//www.hbwh.gov.cn/xwdt/whdt/13149.htm.

并最终提升人们进行文化消费的能力和热情，一些城市纷纷制定和出台了文化消费专项促进政策。

北京市人民政府率先出台了《关于促进文化消费的意见（京政法〔2014〕44号）》，提出的主要目标就是到2020年，要使文化产品和服务更加丰富，文化消费市场体系更加健全，文化消费环境更加完善；要使北京市文化消费年均增速保持在10%以上，文化消费对全市经济增长的贡献率达到8%以上，成为北京市新的经济增长点。为达到这样的目标，北京市人民政府还提出了一系列重点任务并通过强有力的配套扶持政策和保障措施加以支撑。①

南京市政府办公厅也专门印发了《南京市引导城乡居民扩大文化消费的实施意见》的通知（宁政办发〔2016〕179号），致力于释放文化消费潜力和活力，提升文化消费整体能级和水平，推动文化消费成为经济转型升级和社会和谐文明的重要抓手。为此，南京市政府提出了增加文化产品有效供给、加强文化消费基础设施建设、打造文化消费品牌、培育新型文化消费业态等12项主要任务，并通过有力的财政支持、健全的文化消费数据库平台、科学的宣传引导等保障措施来保证这些任务的顺利完成。②

佛山市南海区制定了《佛山市南海区文化消费补贴实施意见》《加强外来务工人员文化服务的实施意见》《在城市规划建设中加强文化介入的实施意见》《鼓励民办文化、专题性体育场馆发展实施意见》《文化引领促进科学发展综合评价指标体系》《文化事业发展资金使用管理办法》及其细则等11个制度，并制定《打造动感魅力的文化之城——品质文化行动计划（2016—2018）》《佛山市南海区构建现代公共文化

① 北京市人民政府办公厅．北京市人民政府关于促进文化消费的意见（京政发〔2014〕44号）［EB/OL］．北京市人民政府网［2015-02-05］．http：//zhengwu.beijing.gov.cn/gzdt/gggs/t1380539.htm.

② 南京市政府办公厅．关于印发《南京市引导城乡居民扩大文化消费的实施意见》的通知（宁政办发〔2016〕179号）［EB/OL］．南京市人民政府网［2016-12-17］．http：//www.nanjing.gov.cn/xxgk/szf/201612/t20161221_4316313.html.

服务体系实施意见》等计划措施，在文化服务体系建设和消费方面的制度设计上取得了突破。[①]

江西省南昌市制定了《南昌市宣传文化发展专项资金扶持文化产业研究申报和管理办法》《南昌市文化市场管理暂行条例》等一系列政策和措施，通过购买服务、文化补贴、奖励扶持来促进城乡居民文化消费，规范文化市场并优化文化消费环境。[②]

安徽省合肥市政府也非常重视文化消费，积极从政策层面入手来培育文化消费市场，先后出台了一系列促进文化产业和文化消费的政策措施，从财政投入、税收减免、金融支持、土地供应、研究支撑、市场准入、人才培养等方面初步构建起较为完备的文化消费政策体系。[③]

8.2 加强文化消费基础设施建设，打造“一站式”文化消费场所

北京市人民政府提出要加大对文化消费研究配套基础设施建设的投入力度，对于产业基础好、消费氛围浓、经营活力强的文化创意产业集聚区或特色街区，提质增效升级、功能优化调整的文化消费项目，以及社会资本投资新建（含配建）文化消费项目配套基础设施，都可以申请政府固定资产投资补贴；同时，还强调推动文化创作、成果转化、产业经营一体化运作，提出要加快推进文化资源跨地区、跨行业、跨所有制兼并重组，支持文化设施运营单位与文化创作、服务机构开展多种形

① 广东省文化厅公共文化处．文化引领　悦民共享（南海区）［EB/OL］．广东省文化厅公众服务网［2016-07-06］．http：//www. gdwht. gov. cn/plus/view. php? aid=41047.

② 周筱潼．提升南昌文化消费水平，推动南昌文化产业发展［EB/OL］．南昌理论网［2015-12-22］．http：//skly. nc. gov. cn/aritcle/2015-12/22/content_1484124. htm.

③ 胡功胜．优化消费结构　扩大文化消费［N］．合肥日报，2015-09-24.

式的合作，提供综合性、多样化的“一站式”文化服务。①

南京市政府鼓励各类主体参与文化消费配套设施建设，提出要进一步完善城乡公共文化设施建设，推进文化资源合理布局。具体而言，要根据市场需求，以完善的城市配套、多元的文化基因及关联产业资源为依托，打造一批集影剧院、综合性书城、艺术画廊、电子阅读体验中心等文化消费项目于一体的大型文化消费综合体。另外，还非常支持商业综合体、文化设施运营单位与文创机构开展多种形式合作，提供“一站式”文化服务。②

山东省人民政府在《关于运用综合政策措施支持扩大消费的意见（鲁政发〔2016〕22号）》中，也主张要积极开展文化消费基础设施建设工作。要求省级筹集资金，利用两年时间对全省不适应放映要求的影院放映设备进行升级改造，逐步淘汰在用的1.3k（分辨率1280×1024）放映设备，提升数字影院设备档次，提高消费者观影舒适度；要求推动旅游基础设施升级扩容，统筹相关财政专项资金，支持符合条件的旅游企业和项目建设，提升旅游硬件，并要充分利用省级区域战略推进专项资金利用，将加强乡村旅游基础设施建设作为重点支持方向。③

广东省佛山市南海区大力推进“城乡十分钟文化圈”建设。截至2015年底，南海区、镇、村三级文化广场面积达114万平方米，文化活动室面积达65.64万平方米，每万人室内公共文化设施面积达2431平方米；南海区还积极构建智慧图书馆（24小时“读书驿站”）服务网络，现已建成21家；南海文化馆、图书馆被评为国家一级馆，7个

① 北京市人民政府办公厅．北京市人民政府关于促进文化消费的意见（京政发〔2014〕44号）[EB/OL]．北京市人民政府网［2015-02-05］．http：//zhengwu.beijing.gov.cn/gzdt/gggs/t1380539.htm.

② 南京市政府办公厅．关于印发《南京市引导城乡居民扩大文化消费的实施意见》的通知（宁政办发〔2016〕179号）[EB/OL]．南京市人民政府网［2016-12-17］．http：//www.nanjing.gov.cn/xxgk/szf/201612/t20161221_4316313.html.

③ 山东省人民政府关于运用综合政策措施支持扩大消费的意见（鲁政发〔2016〕22号）[EB/OL]．山东省人民政府网［2016-08-22］．http：//www.sdwht.gov.cn/html/2016/szf_0822/36075.html.

镇街文化站均为省特级文化站，249 个村居的文化活动中心全部实现了“六个一”（拥有一个综合文化活动室、一个文化驿站、一个群众文化广场、一名文体辅导员、一支文化义工分队、一个以上特色群众文化活动项目）。①

上海市徐汇区实施“一带两圈”文化发展战略，打造 3 个文化目的地消费综合功能区，满足消费者“一站式”多层次消费需求。②

8.3 搭建文化消费信息服务平台以促进文化需求和供给的有效对接

当前，阻碍文化消费增长的一个主要因素就是需求和供给尚未能有效对接，致使消费者无法知道自己所需要的文化产品和服务在哪里，而企业也不知道客户在哪里。③ 为此，我国很多省市地区政府都非常注重在企业之间、企业和消费者之间搭建信息服务平台，以便能够及时协调和推动文化信息的传递，加强文化消费市场引导，并推动商户联合营销、综合信息服务、行业监测分析等多种功能建设。

北京市非常重视建设文化消费信息资源共享服务平台，积极编制北京文化消费指南，鼓励文化企业拓展电子商务营销模式，利用移动互联网平台向消费者及时提供最新文化消费信息；重视文化消费的统计工作，强调有关部门数据资源的整合和共享，深入开展文化消费和文化市场的统计监测，组织文化消费调查，以准确掌握文化消费规模和结构的

① 广东省文化厅公共文化处．文化引领　悦民共享（南海区）［EB/OL］．广东省文化厅公众服务网［2016-07-06］．http：//www. gdwht. gov. cn/plus/view. php？aid=41047.

② 苏丹丹．因地制宜、稳步推进——扩大文化消费试点工作成效初显［N］．中国文化报，2016-09-28.

③ 卢扬，郑蕊．国内首现促进文化消费专项政策［EB/OL］．北京商报［2015-02-06］．http：//news. hexun. com/2015-02-06/173126862. html.

变化，并加强对文化消费主要领域发展特征、趋势的分析研究；① 通过线上“文汇天下”国家文化消费服务平台，为北京市尤其是海淀区居民提供各类文化企业、文化产品、优惠活动等相关信息，并为文化企业搭建实时宣传推广平台。自 2015 年 10 月 16 日平台启动后，访问量和注册用户稳步增长，首日访问量达到 3308 次，截至 2015 年 11 月 16 日，累计总访问量 30017 次，注册用户 2736 人，已经推荐特惠商品 2576 件、推荐特惠活动 523 次。②

南京市政府也将搭建文化消费综合服务平台作为扩大文化消费的一项重要任务，提出要建设“国家文化消费试点城市（南京）智能综合服务平台”，实现研究申报、机构审核、电子支付、文化消费信息查询等功能，从而使消费渠道更畅通、手段更便捷。还鼓励文化消费第三方平台与智能综合服务平台对接，以便实现文化消费信息资源共享，促进文化消费信息化、专业化、集成化，扩大自主文化消费规模；还提出要深入开展文化消费和市场的统计监测工作，进行文化消费调查，准确监测和评价全社会文化消费的发展变化状况。③ 南京市文投集团打造城市文化消费 O2O 综合服务平台——文客网，网罗全市重要文化娱乐信息，成为南京的城市文化生活指南。④

湖北省武汉市于 2016 年 3 月 2 日启动了一个标准化的互联网消费服务平台，即“武汉智慧文化消费平台”，是基于互联网模式与技术面向受众打造的集消费、演出、交易、技术、生产、运营、管理、预测、

---

① 北京市人民政府办公厅．北京市人民政府关于促进文化消费的意见（京政发〔2014〕44 号）［EB/OL］．北京市人民政府网［2015-02-05］．http：//zhengwu．beijing．gov．cn/gzdt/gggs/t1380539．htm．

② 王莹．文化部：拉动城乡居民文化消费试点政策各有侧重［EB/OL］．新华网［2015-12-09］．http：//www．chinanews．com/gn/2015/12-09/7663949．shtml．

③ 南京市政府办公厅．关于印发《南京市引导城乡居民扩大文化消费的实施意见》的通知（宁政办发〔2016〕179 号）［EB/OL］．南京市人民政府网［2016-12-17］．http：//www．nanjing．gov．cn/xxgk/szf/201612/t20161221_4316313．html．

④ 苏丹丹．因地制宜、稳步推进——扩大文化消费试点工作成效初显［N］．中国文化报，2016-09-28．

预警等为一体的综合性平台，能够对文化产业的内容数据、生产行为数据、消费行为大数据进行分析，从而引领“互联网+文化消费”，提升文化便民服务水平。① 武汉市武昌区还于 2015 年 10 月启动了“文化汇”微信公众号，以公共文化服务评价、文化活动信息分享、关注文化汇、文化汇每日签到四种渠道给予参与者积分激励，以吸引更多居民或让居民更多地参与公共文化服务。②

安徽省通过文化惠民消费季活动搭建了一个文化消费信息发布平台和营销推广平台，让公众及时知晓文化消费信息，并可直接在微信公众号等平台进行购票。安徽省还利用现有的中国银联全国性营销系统，在企业、商户和消费者之间搭建了一个高效、便捷的平台，消费者只需持“62”开头银行卡在图书、报刊、电影院、戏院等特约商户中消费，即可享受单笔立减 5 元至 30 元的财政补贴，从而实现参与公平化、补贴精准化、引导可控化。并且，消费者在活动中的每一笔文化消费都在后台有数据记录，这既方便监督、做到每笔资金去向明确，又便于统计分析不同行业、不同性别、不同年龄段消费者的文化偏好，文化企业还可以根据这些大数据有针对性地改进文化产品，并且这些数据对于宏观调控和政策引导也具有一定参考价值。③ 安徽省合肥市还多次组织文化消费座谈会，开展市民文化消费需要调查，以便充分了解市民对文化消费的具体需求和偏好。④

贵州省遵义市汇川区于 2016 年 1 月 14 日启用了汇川区文化消费网（http：//www. 91stc. com/extend/atu/），汇川区城乡居民可在该网上进

---

① 肖璐欣，刘欢洋．“武汉智慧文化消费平台”正式上线［EB/OL］. 人民网湖北频道［2016-03-03］. http：//hb. people. com. cn/n2/2016/0303/c337099-27851717. html.

② 夏静，屠非，昌宣．武汉市武昌区试点“拉动城乡居民文化消费”［EB/OL］. 光明网［2015-10-11］. http：//difang. gmw. cn/hb/2015-10/11/content_17306529. htm.

③ 李跃波．公益惠民补短板　创新杠杆促消费［EB/OL］. 中安在线［2016-08-25］. http：//ah. anhuinews. com/system/2016/08/25/007444957. shtml.

④ 合肥市引导城乡居民文化消费试点工作总结［EB/OL］. 安徽省文化厅网站［2016-12-20］. http：//www. ahwh. gov. cn/zwgk/jcbslsqk/45617. shtml.

行文化消费、实时进行网上支付并享受政府补贴。①

8.4 将各种惠民文化消费活动作为引导和推动文化消费的重要抓手

为了引导居民的文化消费行为，培育科学的文化消费理念，各省市地区纷纷开展各种文化消费惠民活动。

北京市通过举办北京惠民文化消费季、发放可消费打折积分的文惠卡等措施来激励和引导居民进行文化消费，并使文化消费逐步成为首都经济发展的新引擎。据统计，2013 年的第一届和 2014 年的第二届北京惠民文化消费季共带动 6426.9 万人次消费，促成 154.1 亿元的交易。发放的 151.1 万张文惠卡，带动交易额 7.2 亿元，直接为消费者节省文化消费金额近亿元；② 2015 年第三届北京惠民文化消费季活动截至 2015 年 11 月 10 日，累计消费人次达到 4857.41 万，消费金额达到 112.1 亿元，有效地提升了北京居民文化消费意识和文化市场的活力。同时，为了激发高科技文化消费市场活力，北京惠民文化消费季主办方还举办了“穿阅中塔 3D 中国行”、北京文化数码产业博览会等活动，利用 3D 技术将明信片、书签、装饰画等变成立体画面，通过 VR（虚拟现实）技术眼镜感受 4D 影像，让消费者充分体验到文化产品的娱乐性、便捷性、艺术性和创新性；③ 而 2016 年举办的第四届北京惠民文化消费季活动，吸引了 7776.2 万人次的参与，累计实现直接消费金额 160.8 亿元，

---

① 汇川区政府办公室．汇川区上网进行文化消费最高补贴 50%[EB/OL]．中国贵州网[2016-01-19]．http：//www.gzgov.gov.cn/xwzx/gszdt/zy/201601/t20160119_367695.html.

② 周筱潼．提升南昌文化消费水平，推动南昌文化产业发展[EB/OL]．南昌理论网[2015-12-22]．http：//skly.nc.gov.cn/aritcle/2015-12/22/content_1484124.htm.

③ 林凯．第三届北京惠民文化消费季拉动消费效果显著[EB/OL]．搜狐网 [2015-12-25]．http：//mt.sohu.com/20151225/n432538202.shtml.

实际交易合同签约 1.7 万余项，完成交易金额 34.4 亿元。通过折扣、满减、买赠等方式，惠民金额达到 17.4 亿元。① 另外，北京市政府还积极支持图书出版、影视、演艺、动漫等文化企业开展文化消费进社区、进机关、进校园、进企业、进乡村等活动，以满足消费者多样化、多层次的文化消费需求，支持文化企事业单位和社会组织广泛开展书法、绘画、创意作品竞赛，举办科普、欣赏、体验、阅读等活动，以便引导消费者养成健康有益的业余文化爱好和消费习惯。②

安徽省也积极举办文化惠民消费季活动，专门安排财政补贴资金用于看书、看报、看电视、看电影、看大戏这五项城乡居民最需要、最实用的文化消费上，既很好地扶持和引导了居民的文化消费行为，又培养了其购票习惯。③ 安徽省合肥市在引导居民参与文化消费、培育文化消费习惯方面更具经验。一方面，合肥市引入了公共文化活动参与积分项，将该市的“大湖名城，悦读合肥”全民阅读活动、全民文化活动周、新春文化庙会、合肥文化大讲堂等知名文化活动引入试点范畴，通过现场扫二维码积分的形式鼓励居民参与公共文化活动，激发广大群众参与文化、享受文化、创造文化的热情；另一方面，合肥市还针对不同文化消费类型设置积分抵扣比例，引导居民扩大文化消费类型。比如，将文化消费划分为娱乐型和发展型两大类，每一大类再根据市场消费的需求进行细分，设置更为细致的补贴比例。具体而言，由于合肥市民对图书消费具有较高热情，连续三年入围亚马逊最爱阅读城市，因此提出要合理地降低该类消费的补贴比例，初步设定为 20%。而基于市民对艺术表演类的消费热情不高、需求不大的特点，则将此类补贴的比例适当

---

① 张静．第四届北京惠民文化消费季消费完美收官［EB/OL］．千龙网［2016－12－29］．http：//culture. qianlong. com/2016/1229/1263234. shtml.

② 北京市人民政府办公厅．北京市人民政府关于促进文化消费的意见（京政发〔2014〕44 号）［EB/OL］．北京市人民政府网［2015－02－05］．http：//zhengwu. beijing. gov. cn/gzdt/gggs/t1380539. htm.

③ 李跃波．公益惠民补短板 创新杠杆促消费［EB/OL］．中安在线［2016－08－25］．http：//ah. anhuinews. com/system/2016/08/25/007444957. shtml.

地做了提高，计划给予艺术演出 50%的消费补贴，逐步引导市民观赏艺术演出，培养新的消费需求和习惯。①

南京市积极开展艺术进社区、进机关、进校园、进企业等活动，支持文化企事业单位和社会组织广泛开展书法、绘画、创意作品竞赛，举办科普、欣赏、体验、阅读等活动，以便培养城乡居民的文化消费习惯和消费热情，引导建立科学、合理、健康的文化消费理念。②

武汉市武昌区也通过微信公众号“文化汇”来激励和引导居民参与公共文化活动，市民通过关注微信公众号“文化汇”并在文化场所签到、评价和分享后，便可获得积分，这些积分可兑换文化消费券，并在指定的书店、剧场、影院等文化消费场所冲抵现金消费，冲抵所需资金由政府进行补贴，最高可享受消费金额 50%的优惠。③④

贵州省遵义市汇川区通过汇川区文化消费网对居民进行文化消费激励，规定在该网上购买并实际支付的文化产品和服务消费可享受政府补贴，且可与商家优惠叠加使用。具体而言，出版类补贴 20%，广播影视类补贴 20%，文艺表演类补贴 50%，文化艺术培训补贴 10%。⑤ 辽宁省大连市为了提高公众艺术欣赏水平，提升居民的文化消费意识，积极开展“快乐周末”公益艺术赏析活动，每年举办 30 场。⑥

另外，河北省石家庄市推进文化惠民卡研究，组织开展“石家庄文化惠民卡戏曲专场”“文化惠民卡社区行”等系列活动，有效地激发了

---

① 合肥市引导城乡居民文化消费试点工作总结[EB/OL]. 安徽省文化厅网站 [2016-12-20]. http://www.ahwh.gov.cn/zwgk/jcbslsqk/45617.html.

② 南京市政府办公厅．关于印发《南京市引导城乡居民扩大文化消费的实施意见》的通知（宁政办发〔2016〕179 号）[EB/OL]. 南京市人民政府网 [2016-12-17]. http://www.nanjing.gov.cn/xxgk/szf/201612/t20161221_4316313.html.

③ 黄磊，屠非，昌宣．武昌试点拉动文化消费[EB/OL]. 湖北日报 [2015-10-15]. http://news.xinhuanet.com/local/2015-10/15/c_128322136.htm.

④ 郭婷婷．拉动城乡居民文化消费试点项目武昌区试点工作稳步推进[EB/OL]. 湖北省文化厅网站 [2016-01-28]. http://www.hbwh.gov.cn/xwdt/whdt/13149.htm.

⑤ 汇川区政府办公室．汇川区上网进行文化消费最高补贴 50%[EB/OL]. 中国贵州网 [2016-01-19]. http://www.gzgov.gov.cn/xwzx/gszdt/zy/201601/t20160119_367695.html.

⑥ 周筱潼．提升南昌文化消费水平，推动南昌文化产业发展[EB/OL]. 南昌理论网 [2015-12-22]. http://skly.nc.gov.cn/aritcle/2015-12/22/content_1484124.htm.

广大群众的文化消费热情。内蒙古鄂尔多斯通过举办“2016草原国际舞蹈嘉年华”、鄂尔多斯诗歌那达慕、首届鄂尔多斯文化遗产博览会等活动，吸引10万多人次参与，直接带动地方文化旅游消费上亿元。[①]

8.5 优化文化消费发展环境，加强市场监管并维护市场秩序

全面提升文化产业从业人员守法经营意识和管理服务水平，维护公平交易和诚实守信的市场秩序，以及增强消费者对文化产业的信任，对于文化行业的良性发展和文化消费的扩大是非常关键的。为此，我国一些省市地区所出台的一系列措施以及经验做法富有借鉴意义。

北京市政府从4个方面来优化文化消费发展环境，即提高行政审批效率、完善创意设计产权保护制度、建立健全文化产品与服务评价指标体系以及加强文化市场监管。[②③] 首先，北京市政府强调要完善文化市场准入机制，制定负面清单，减少行政审批事项，精简审批流程，提高审批效率。其次，提出要加强知识产权运用与保护，完善有利于创意和设计发展的产权制度。完善文化产权市场建设，活跃文化产权交易，促进文化产品及相关知识产权的合理有序流通。这一政策保护了文化产品和服务的知识产权及创作主体的合法权益，有助于增强文化企业的安全感，为其持续创新提供动力，为整个市场增添信心，从而使整个文化行

---

① 苏丹丹．因地制宜、稳步推进——扩大文化消费试点工作成效初显［N］．中国文化报，2016-09-28.

② 北京市人民政府办公厅．北京市人民政府关于促进文化消费的意见（京政发〔2014〕44号）［EB/OL］．北京市人民政府网［2015-02-05］．http：//zhengwu.beijing.gov.cn/gzdt/gggs/t1380539.htm.

③ 卢扬，郑蕊．国内首现促进文化消费专项政策［EB/OL］．北京商报［2015-02-06］．http：//news.hexun.com/2015-02-06/173126862.html.

业处于良性发展进程中；提出要加快推进文化消费领域产品、服务标准化体系建设，发挥标准化对建设安全可信消费环境的支撑作用。建立健全以市场为导向的文化产品与服务评价指标体系，建立由第三方实施的消费者评价和反馈机制，把市场认可度作为评价和支持文化消费研究的重要依据。这些措施在规范文化市场发展机制的同时，还可以大力提升文化产品和服务的质量，增强消费者的信任和信心；提出要推进文化消费市场监管体系建设，创新监管方式，完善文化市场综合行政执法和“扫黄打非”工作机制，提高行政执法能力和水平。依法严厉打击文化侵权行为，惩处盗版、非法出版、非法营销等行为。这些加强市场监管的措施对维护公平交易、诚实守信的文化市场秩序是非常重要的，会极大地推动文化消费和市场的良性发展。

南京市政府也强调要规范文化市场管理和服务。提出要进一步加大文化市场管理培训力度，对文化市场经营场所开展结合实际、形式多样的培训，全面提升行业从业人员守法经营意识和管理服务水平；要综合运用行政、法律、经济、思想教育等手段，加强知识产权保护工作，严厉打击各类侵权盗版行为，依法保护创作者权益；要在加大日常巡查的基础上，充分运用科技手段，强化文化市场监管举措和力度，逐步建立文化市场行业监控平台，实现网上网下同步监管。①

山东省政府也非常重视文化消费环境工作，提出要加快制定和完善重点领域及新兴业态的相关标准，出台完善健康、体育、文化、旅游等领域关键标准；要支持整合优化标准信息网络平台，加强检验检测和认证认可能力建设，为扩大消费提供保障；加大宣传力度，引导全社会积极行动起来，拒买假货，拒绝“山寨”，举报假货。要求媒体做到不登虚假广告，不发误导消费者的信息；支持建立健全预防为主、防范在先的质量监管体系，完善产品质量监督抽查和服务质量监督检查制度，全

① 南京市政府办公厅．关于印发《南京市引导城乡居民扩大文化消费的实施意见》的通知（宁政办发〔2016〕179号）[EB/OL]．南京市人民政府网［2016-12-17］．http：//www.nanjing.gov.cn/xxgk/szf/201612/t20161221_4316313.html.

面提升监管能力、效率和精准度。①

8.6 加大财政资金扶持力度并积极创新支持方式

很多省市地区政府都致力于惠民惠企，激发消费者和企业参与文化消费的热情。为此，它们强调要加大对文化消费的财税资金支持，并通过政府购买文化产品和服务、实施文化消费专项补贴等方式来扶持文化消费。

北京市政府提出要通过政府购买服务、消费补贴等途径，引导和支持文化企业提供更多文化产品和服务，发展适应消费者购买能力的业务。在具体支持方式上，建立了适度竞争、消费挂钩、择优扶持的新机制，由直接补贴文化经营单位向补贴居民文化消费转变。② 这对于消费者而言更富吸引力，在帮助其获取更多、更直接优惠的同时，还能引导文化消费热点并进一步推动文化消费供给；同时，北京市政府还主张提高对北京文化惠民卡加盟商户的扶持和绩效奖励水平，通过“以奖代补”的形式，激发、提升文化企业的服务质量和惠民力度。③ 这种绩效奖励方式对企业而言也意味着一种荣誉，既能提升文化企业的参与热情，也能提高企业的品牌价值，同时也间接地增强了居民文化消费的选

---

① 山东省人民政府关于运用综合政策措施支持扩大消费的意见（鲁政发〔2016〕22 号）[EB/OL]. 山东省人民政府网 [2016-08-22]. http：//www. sdwht. gov. cn/html/2016/szf_0822/36075. html.

② 北京市人民政府办公厅 . 北京市人民政府关于促进文化消费的意见（京政发〔2014〕44 号）[EB/OL]. 北京市人民政府网 [2015-02-05]. http：//zhengwu. beijing. gov. cn/gzdt/gggs/t1380539. htm.

③ 南京市政府办公厅 . 关于印发《南京市引导城乡居民扩大文化消费的实施意见》的通知（宁政办发〔2016〕179 号）[EB/OL]. 南京市人民政府网 [2016-12-17]. http：//www. nanjing. gov. cn/xxgk/szf/201612/t20161221_4316313. html.

择性和便捷性。

安徽省在每年的文化惠民消费季活动中都会安排专项资金补贴。第一届、第二届和第三届文化惠民消费季活动中，组委会分别安排了1000万元、800万元和890万元资金补贴。在具体补贴方式上，把政府的扶持引导资金由过去补贴供给方、引导产品生产，转向直接补贴需求方、拉动文化消费、惠及城乡群众。尤其是，安徽省将财政资金直接补给文化消费者的“五看”优惠活动。比如，在第三届文化惠民季活动中，消费者在特约商户实体店或网上销售平台“购书、订报、购戏票、购电影票、订购电视节目”时，使用“62”开头银行卡刷卡消费，就能按照设定的补贴规则，享受“立减折扣”和折上折优惠。①②

武汉市武昌区也以直接补贴消费者的方式来激发居民参与文化消费的热情。具体而言，以微信公众号“文化汇”为媒介，以公共文化服务评价、文化活动信息分享、关注文化汇、文化汇每日签到四种渠道给予参与者积分激励吸引更多居民或让居民更多地参与公共文化服务，并通过积分兑换规则引导参与者选择其偏好的文化产品进行到店消费，实现对消费者的补贴。活动期间积分兑换规则为10个积分等价于1元钱，其中，关注“文化汇”，一次性获取80个积分、一次有效评价送80个积分、一次活动分享送30个积分、每日签到送10个积分。③

南京市政府提出，市财政要统筹安排文化消费专项资金，完善文化消费专项补贴措施，对文化消费评价绩优的企业和研究，市级文化产业发展专项资金给予优先扶持；提出要设立南京艺术基金，加大对文化艺术产品创作生产、文化交流等扶持力度，激活文艺创作热情，形成鼓励

---

① 彭旖旎．第三届安徽文化惠民消费季拉开帷幕　890万省级财政直补文化消费者[EB/OL]．第三届安徽文化惠民消费季官网［2016-08-26］．http：//ah. anhuinews. com/system/2016/08/26/007446912. shtml.

② 李跃波．公益惠民补短板　创新杠杆促消费[EB/OL]．中安在线［2016-08-25］．http：//ah. anhuinews. com/system/2016/08/25/007444957. shtml.

③ 夏静，屠非，昌宣．武汉市武昌区试点“拉动城乡居民文化消费”[EB/OL]．光明网［2015-10-11］．http：//difang. gmw. cn/hb/2015-10/11/content_17306529. htm.

支持文艺创作的良好氛围；提出要利用科技园、实训基地、实验室、孵化基地等载体，采取“众创、众包、众扶、众筹”等方式积极扶持小微文化企业发展；另外，为了促进演出市场的消费，还提出要通过票价直接补贴和积分补贴相结合的方式，引导市民积极参与各类文化活动，从而实现文化消费多元化的激励模式。①

山东省政府提出要通过注入资金、开发资助研究、划转相关资产，以及鼓励上市融资和发行产业基金、股权投资基金、企业债券等方式，支持重点文化企业加快发展；提出要加大对原创影视、动漫精品的奖励力度，鼓励文化企业提供原创精品；提出对确定为省重点出版项目的出版物，或获得国际、国内重要奖项的优秀出版产品，根据获奖等级给予奖励；对于体育消费，主张安排一定比例体育彩票公益金等财政资金，并通过政府购买服务等方式来大力发展体育竞赛表演业和体育休闲旅游业，积极支持群众健身消费；对于旅游市场，提出要充分发挥旅游发展引导基金作用，扩大旅游产品奖补范围，培育新产品、新业态，引领大众新消费。对新增世界遗产地、5A 级旅游景区、国家旅游度假区、国家旅游改革创新示范区、国家生态旅游示范区等给予一次性奖励；对于文化软件产品和服务消费，则以政府购买服务方式向工业云平台购买基础软件服务，免费向线上企业提供研发设计、工程服务、生产保障等信息化集成服务。②

大连市 2014 年安排资金 243 万元，购买了 100 场民营院团的演出服务，配送到基层、社区、企业、学校，以此促进基层文化消费；对在人民文化俱乐部举办的演出，每场拿出 150 张 30 元的低票价面向市民销售，差额部分由市财政给予补贴；上海市的东方大讲坛采取了百姓点

① 南京市政府办公厅．关于印发《南京市引导城乡居民扩大文化消费的实施意见》的通知（宁政办发〔2016〕179 号）[EB/OL]．南京市人民政府网［2016－12－17］．http：//www.nanjing.gov.cn/xxgk/szf/201612/t20161221_4316313.html.

② 山东省人民政府关于运用综合政策措施支持扩大消费的意见（鲁政发〔2016〕22 号）[EB/OL]．山东省人民政府网［2016－08－22］．http：//www.sdwht.gov.cn/html/2016/szf_0822/36075.html.

菜（共有10大类1000个文化菜单）、政府埋单、区县联动、按需配送的方式，为基层、社区、农村提供节目、讲座、数字电影及教育培训、文艺指导员等服务，年受益群众达6000多万人次。①

广州佛山市南海区对文化消费的补贴做法也非常值得借鉴。2011~2015年，南海区财政安排了超6亿元资金用于文化建设，每年投入2000万元专款对群众看戏（电影）、参加社区文化活动、购买图书、游览文化景点4个领域的文化消费行为试行补贴，每年补贴10场以上国家级高雅艺术演出（平均每月1场）、120场社区文化活动（平均每3天1场）、3000场电影（平均每天9场）、68个图书馆（室、屋）、2个文化旅游景点在内的文化消费行为，既激励文化生产又刺激消费。南海区还设立文化事业资金，对文化设施建设、文化人才培育、文艺精品创演、历史文化保育进行扶持奖励，从2011年至2015年，共补贴奖励文化研究和个人1176项，共计5551万元，以“小投入大产出”的方式，充分发挥了杠杆撬动效应；② 在具体的文化消费补贴方式上，也与其他地区不同，主要采取向文化机构提供补贴的间接补贴方式。这是因为，他们认为针对消费者个人的文化消费模式存在明显弊端，即个人受补额度小因而作用常常不明显，市民拿到补贴不消费则容易造成资金沉淀，个人补贴的地域跨度大因而监管难度高。具体而言，采用政府采购与竞争性分配相结合形式对文化服务的提供者进行补贴。比如2012年、2013年“高雅艺术进剧场”文化项目分别由佛山市龙创文化发展有限公司和南海有为影视文化发展有限公司中标承办；在补贴领域上，坚持以南海区群众文化的实际需求为导向，选择“送戏下乡”、举办社区文化活动、送图书进基层、送文化景点门票这4个大众文化消费领域进行补贴。比如，南海区文化消费补贴“送戏下乡”项目中，对国家级舞

① 周筱潼．提升南昌文化消费水平，推动南昌文化产业发展[EB/OL]．南昌理论网[2015-12-22]．http：//skly. nc. gov. cn/aritcle/2015-12/22/content_1484124. htm.

② 广东省文化厅公共文化处．文化引领　悦民共享（南海区）[EB/OL]．广东省文化厅公众服务网［2016-07-06］．http：//www. gdwht. gov. cn/plus/view. php? aid=41047.

台艺术精品演出每场给予30万元补贴，原价300元到500元的票价在补贴后只需10元、30元、50元，引发南海“高雅艺术潮”，这不仅能够推动更多高水平的文艺演出下基层，又能够减轻群众的负担，刺激群众的文化消费意愿。①

8.7 注重具有地区特色的文化品牌引领战略

富有创造性、思想性、体验性等特征的高层次高品位文化产品和服务的缺乏，是当前抑制文化消费需求增长和释放的一个关键因素。为此，我国一些省市地区政府非常重视文化精品对文化市场的影响力和带动力，希望通过打造具有地区特色的、具有核心竞争力的知名文化品牌，来提升文化产品和服务的吸引力。

广州佛山市南海区在打造文化品牌活动方面极具经验，其地区特色品牌活动打造、精品文化活动带动战略、深层挖掘文化遗产内涵、建设富于岭南文化特色的城市形象等做法，都很值得借鉴。首先，在地区特色品牌活动打造方面，南海艺术节、珠三角休闲欢乐节等群众文化大舞台，以及桂城的“休闲时尚”、狮山的“孝德文化”、九江的“渔耕粤韵”、西樵的“樵山文化”、丹灶的“康有为”、大沥的“伯奇文化”、里水“梦里水乡”等一镇一品、一村一特色活动，都是开展得有声有色的、极富地域特色的文化品牌活动；其次，就精品带动战略而言，南海区充分利用其历史文化资源和历史名人众多的优势，依托国家和省级平台，举办了“伯奇杯”中国创意摄影展、全国“康有为奖”书法大赛、全国青年产业工人文学奖、广东省“大沥杯”小说奖、广东省“九江龙”散文奖、广东省“桂城杯”诗歌奖、广东省“梦里水乡杯·

① 南文．佛山南海：打造文化消费补贴新样本［EB/OL］．［2014-07-25］．http：//www.zjwh.gov.cn/dtxx/2014-07-25/166792.htm.

花地文学奖”、广东省“有为杯”报告文学奖等的高水平赛事，带动了文艺精品创作繁荣发展，提升区域文化影响力；再次，在深层挖掘文化遗产内涵方面也取得了丰硕的成果，比如西樵镇松塘村入选国家级历史文化名村，西樵镇入选国家级历史文化名镇，九江烟桥村、丹灶仙岗村等6个古村入选省级历史文化名村，西樵百西村等10个古村入选第一批广东省传统村落。南海区还借力中央电视台大型纪录片“记住乡愁”之“松塘村——明理养德”及“烟桥村——恪守本分行正道”的播出，扩大南海古村落社会影响和宣传力度；最后，在塑造富有岭南文化特色的城市形象方面，提出要设计建设南海博物馆、樵山文化中心、魁星阁、展旗楼、听音湖等独具岭南特色的、具有精神文化内涵的文化新地标，从而极大地增添城市个性和魅力。①

北京市政府提出要实施文化消费品牌引领战略，办好中国北京国际文化创意产业博览会、北京国际音乐节、北京国际电影节、北京国际图书节、北京国际设计周、北京图书博览会等重大活动，打造一批主题鲜明的文化消费活动品牌。同时，北京也非常重视挖掘中华民族传统节日的文化内涵，支持举办特色主题活动，以丰富人民群众节假日文化消费选择，释放消费潜力。② 在2016年举办的第四届北京惠民文化消费季活动中，还首推“北京文化消费品牌榜”评选活动，评选5大类50个文化消费知名品牌。同时，北京16个区还联动开展各具特色的文化消费活动，比如东城区举办南锣鼓巷戏剧展演季、“戏剧东城”文化惠民活动、美食体验季、王府井国际品牌节等主题活动，朝阳区举办798艺术节、751国际设计节、潘家园工美非遗嘉年华等主题活动。③

南京市政府也将打造文化消费品牌作为扩大文化消费的主要任务之

① 广东省文化厅公共文化处．文化引领　悦民共享（南海区）［EB/OL］．广东省文化厅公众服务网［2016-07-06］．http：//www. gdwht. gov. cn/plus/view. php？aid=41047.

② 北京市人民政府办公厅．北京市人民政府关于促进文化消费的意见（京政发〔2014〕44号）［EB/OL］．北京市人民政府官网［2015-02-05］．http：//zhengwu. beijing. gov. cn/gzdt/gggs/t1380539. htm.

③ 齐小乎．北京惠民文化消费季精彩纷呈［N］．中国财经报，2016-09-22.

一，提出要充分利用法定节假日和黄金周等旅游旺季，整合全市文化消费资源，打造文化消费季活动；要举办好名城会、南京文化艺术节、南京森林音乐会、读书节、南京文交会等一批文化品牌活动，打造在国内外具有广泛影响力和竞争力的特色文化消费品牌产品；要充分利用博物馆、历史文化街区、旅游景点等人流集聚地，开设文创产品经营连锁店，并培育南京本土文博创意企业、单位和领军人才，打造具有南京特色的文博创意品牌；还要有效增强文化惠民活动、文化旅游活动、美食节、婚庆活动等效应，以便吸引更多的国内外游客到南京消费和体验。①

安徽省政府着力在提升文化消费品质方面下功夫，要以“创意安徽”作为激活文化消费的新引擎。一方面非常重视打造新兴的文化消费集中展示体验，推出文化信息消费体验季、文化科技和信息消费产品展、VR 三国（合肥）主题公园、合肥万达文旅城优惠回馈月等活动，给消费者带来不一样的文化体验；另一方面还鼓励传统文化产品和服务提升体验质量，推出“网上赏美好安徽　品特色文化”、互联网文化产品展销（阜阳）等活动，让更多传统文化精品通过互联网而焕发新的生机；此外，安徽省还积极组织各种弘扬优秀传统文化、彰显地域文化特色的文化消费活动，比如工艺美术精品博览会、徽菜博览会、宣纸文化体验月、青铜文化博览会、黄梅戏展演周、竹简文化惠民行等高品质的优秀传统文化活动。②

此外，还有很多城市都在积极打造富有地域特色的文化业态。比如哈尔滨打造出了“中国・哈尔滨国际冰雪节”“哈尔滨之夏音乐会”等

① 南京市政府办公厅．关于印发《南京市引导城乡居民扩大文化消费的实施意见》的通知（宁政办发〔2016〕179 号）[EB/OL]．南京市人民政府网［2016-12-17］．http：//www.nanjing.gov.cn/xxgk/szf/201612/t20161221_4316313.html.

② 彭旖旎．第三届安徽文化惠民消费季拉开帷幕　890 万省级财政直补文化消费者[EB/OL]．第三届安徽文化惠民消费季官网［2016-08-26］．http：//ah.anhuinews.com/system/2016/08/26/007446912.shtml.

文化品牌，沈阳推出了“刘老根大舞台”等。①

8.8 鼓励文化金融创新和社会资本参与文化项目建设

文化消费的提升，在很大程度上也取决于供给侧的发展和支持。而文化企业运营成本较高，融资难、投资高、回报慢是制约其发展的重要因素。当前，很多文化企业的发展主要依靠自有资金和社会资金投入。在我国文化产业融资结构中，银行仅占10%，金融对文化企业的实际融资支持仍然有限。② 因此，针对不同文化形式的特性建设与该领域相适应的金融服务平台，提供完善的服务方式，为文化企业发展提供足够的资金保障，就成为一项较为紧迫的任务。对此，我国一些省市地区政府在加强财政支持的同时，也都非常鼓励文化金融创新和社会资本的参与。

北京市政府提出要加强文化消费金融服务，建立健全社会资本参与机制。具体而言，鼓励金融机构开发演出院线、动漫游戏、艺术品互联网交易等领域的支付结算系统，拓展文化旅游、教育培训、体育健身等方面的消费信贷业务，提供灵活多样的金融服务，促进个人信用消费；鼓励第三方支付机构发挥贴近市场的优势，开发移动支付系统，提升文化消费便利水平；探索开展艺术品资产托管，支持文化企业进行信用融资；推动互联网金融与文化产业融合发展，鼓励文化类电子商务平台发挥技术、信息、资金优势，为文化消费提供服务；主张建立健全社会资

① 周筱潼．提升南昌文化消费水平，推动南昌文化产业发展［EB/OL］．南昌理论网［2015-12-22］．http：//skly.nc.gov.cn/aritcle/2015-12/22/content_1484124.htm.

② 卢扬，郑蕊．国内首现促进文化消费专项政策［EB/OL］．北京商报［2015-02-06］．http：//news.hexun.com/2015-02-06/173126862.html.

本参与机制，多渠道、多层次加大对文化消费研究配套基础设施建设的投入力度，对于社会资本投资新建（含配建）文化消费研究配套基础设施，可根据研究规模和功能来申请政府固定资产投资补贴。①

南京市政府也非常重视推动文化金融创新，支持民间资本参与文化服务项目。具体而言，南京市政府提出要充分发挥南京文化金融合作基础优势，探索开展艺术品资产托管、信托投资基金、质押融资等业务，发展文化消费信贷；鼓励金融机构发挥自身优势，开发演艺娱乐、文化旅游、演出院线、动漫游戏、艺术品互联网交易等第三方支付结算系统；鼓励金融机构推出出版众筹、电影众筹、艺术众筹等文化消费众筹产品；推行“文化+金融+互联网”模式，鼓励文化类电子商务平台与互联网金融深度融合，合力提升文化消费层级；支持社会资本参与文创产品创作开发，鼓励民间资本进入公共文化服务领域，鼓励、扶持各种经济主体通过招投标等方式，参与博物场馆等基础文化设施建设、公共文化产品创作生产、公益性文化产品和服务供给、重大文化惠民工程、重大公益性文化活动等。②

广东省佛山市南海区在2011~2015年带动了200亿元社会资本进入文化建设领域。南海区积极探索“政府引导、企业参与、社会共建”的文化建设模式，动员民间资本投入文化建设。鼓励支持企业和企业家通过冠名、建立基金、捐款捐物等形式，资助文化机构和文化活动；支持民办公益性文化机构（民营文化场馆）的发展，以采购服务、财政补贴、鼓励捐赠等方式促进其向市民提供公益性服务。③

山东省政府也十分鼓励社会资本的参与。支持社会资本进入体育产

① 北京市人民政府办公厅．北京市人民政府关于促进文化消费的意见（京政发〔2014〕44号）［EB/OL］．北京市人民政府网［2015-02-05］．http：//zhengwu. beijing. gov. cn/gzdt/gggs/t1380539. htm.

② 南京市政府办公厅．关于印发《南京市引导城乡居民扩大文化消费的实施意见》的通知（宁政办发〔2016〕179号）［EB/OL］．南京市人民政府网［2016-12-17］．http：//www. nanjing. gov. cn/xxgk/szf/201612/t20161221_4316313. html.

③ 广东省文化厅公共文化处．文化引领　悦民共享（南海区）［EB/OL］．广东省文化厅公众服务网［2016-07-06］．http：//www. gdwht. gov. cn/plus/view. php？aid=41047.

业领域，健全体育设施，开发体育产品，提供体育服务；还大力推广政府和社会资本合作（PPP）模式，引导社会资本投资旅游基础设施研究。[①]

8.9 积极培育和发展各类文化消费类社会中介组织

文化消费类中介组织在促进文化消费信息流动、帮助文化企业与消费者对接，以及为文化消费企业提供人才和智力支撑等方面都具有重要的作用。因此，我国一些省市地区都在积极培育和发展各类文化消费类社会中介组织。

北京市政府非常支持同类文化企业和产业链上下游企业建立文化消费服务联盟，搭建文化消费服务平台；[②] 南京市政府也提出要充分发挥文化行业协会等中介机构作用，帮助文化人才与文化企业有效对接，为文化消费相关产业提供良好的人才和智力支撑；[③] 广东省佛山市南海区提出要壮大文化类社会力量，大力培育和发展文化类行业协会、基金会、民办非企业单位等社会组织，加强对业余文艺团队的管理和扶持，推动文化志愿服务在全区的全面铺开；[④] 山东省政府也提出要积极培育发展消费类社会组织，支持成立各类消费维权专业委员会、消费服务调

---

① 山东省人民政府关于运用综合政策措施支持扩大消费的意见（鲁政发〔2016〕22号）[EB/OL]. 山东省人民政府网 [2016-08-22]. http：//www. sdwht. gov. cn/html/2016/szf_0822/36075. html.

② 北京市人民政府办公厅．北京市人民政府关于促进文化消费的意见（京政发〔2014〕44号）[EB/OL]. 北京市人民政府网 [2015-02-05]. http：//zhengwu. beijing. gov. cn/gzdt/gggs/t1380539. htm.

③ 南京市政府办公厅．关于印发《南京市引导城乡居民扩大文化消费的实施意见》的通知（宁政办发〔2016〕179号）[EB/OL]. 南京市人民政府网 [2016-12-17]. http：//www. nanjing. gov. cn/xxgk/szf/201612/t20161221_4316313. html.

④ 广东省文化厅公共文化处．文化引领　悦民共享（南海区）[EB/OL]. 广东省文化厅公众服务网 [2016-07-06]. http：//www. gdwht. gov. cn/plus/view. php? aid=41047.

解中心等社会组织，将消费服务等公益慈善类社会组织纳入公共财政培育扶持范围，并通过政府购买服务方式予以支持，促进消费者合法权益保护，还提出要推动行业协会建立健全行业经营自律规范、自律公约，鼓励制定发布产品和服务标准，营造良好的消费环境。①

8.10 加大对农村地区的扶持力度，以缩小地区差异

安徽省非常重视农村文化消费的提升。它们认为公共文化服务的“短板”是在基层，特别是在农村，因此，文化惠民季活动组委会在补贴资金安排、活动设计等方面，都会有意识地向农村、向基层倾斜。在县及县以下商户消费，立减折扣额增加20%；安徽群星奖获奖节目赴潜山、太湖等12个国家级贫困县进行了巡回演出；农民工、环卫工人、残障人士等特殊群体应邀免费进剧场看戏；还为农民量身打造“文化乐万家惠民下基层”活动，带着文化产品、带着补贴和POS机深入田间地头，让农民朋友在家门口就能享受文化实惠；2016年，下基层活动覆盖全省50%以上乡镇，其中，省民政部门认定的28个洪涝重灾县（区）的乡镇实现全覆盖。②

另外，南京市政府也提出要统筹兼顾，将文化消费资源配置向乡村居民倾斜，逐步缩小城乡差距，有效释放文化消费潜力。③

① 北京市人民政府办公厅．北京市人民政府关于促进文化消费的意见（京政发〔2014〕44号）[EB/OL]．北京市人民政府官网［2015-02-05］．http：//zhengwu. beijing. gov. cn/gzdt/gggs/t1380539. htm.

② 李跃波．公益惠民补短板　创新杠杆促消费[EB/OL]．中安在线［2016-08-25］．http：//ah. anhuinews. com/system/2016/08/25/007444957. shtml.

③ 南京市政府办公厅．关于印发《南京市引导城乡居民扩大文化消费的实施意见》的通知（宁政办发〔2016〕179号）[EB/OL]．南京市人民政府网［2016-12-17］．http：//www. nanjing. gov. cn/xxgk/szf/201612/t20161221_4316313. html.

9 居民文化消费意愿提升的理论机制与对策研究

根据本书的定量调查、实证研究结论以及文案研究结果，本章内容将进一步对河南省居民在文化消费过程中存在的问题进行总结。在此基础上，从消费者行为模式的微观研究视角，提出并详细阐释了以个体体验感知为中心的多主体协同提升居民文化消费意愿的理论机制和框架。最后，从五大文化消费主体（顾客、文化企业、政府、媒体、文化中介组织）所应关注的重要文化问题入手，就如何提升居民文化消费意愿给出了具体的建议和对策。

9.1 文化消费中存在的主要问题

根据《中国统计年鉴》和《河南统计年鉴》相关数字资料分析，以及本次实证调查的分析结果，发现河南省居民在文化消费过程中还存在以下五大问题。

9.1.1 较弱的文化消费意愿导致文化消费整体水平偏低

虽然河南省城镇和农村居民的文化消费支出呈现逐年上升的趋势，大多数居民对文化消费的重视程度还比较高，但从整体来看，河南省居民的文化消费水平还是偏低的。从国际水平来看，发达国家居民文化消费一般占总消费的比例为30%,[①] 而2014年河南省城镇和农村居民文化消费支出占总消费支出的比例分别仅为10.64%和10.41%。[②] 从国内水平来看，河南省文化消费水平一直都低于全国平均水平，不仅低于中国中部大部分地区的平均水平，也远远低于中国东部和东北部地区的平均水平。之所以会出现这种情况，很大程度上是因为河南省居民的整体文化消费意愿还比较弱。本书实证调查发现，利用李克特7级量表测量的河南省居民文化消费意愿强度的平均得分仅为4.826，其中，消费数量意愿的测量均值为4.79，消费时间意愿的测量均值为4.84。这充分说明河南省居民文化消费意愿尚不是很高，具有较大的提升空间。

9.1.2 较低的消费价值感知水平不利于文化消费意愿提升

居民对文化消费体验价值的感知状况，在很大程度上决定了其以后是否愿意进行文化消费。本书实证分析结果表明，居民是否愿意进一步提升其文化消费，关键在于其对先前文化消费所带来的社会性、逃避性和享乐性利益和价值的评估。有研究指出，文化消费的发展会受到人们以往状态的约束，人们之所以愿意进行文化消费，是因为从中能够获得文化产品和服务所提供的符号价值、美学价值、享乐价值，以及能够满足消费者关于聚会和分享等社会层面的需求（Bourgen-Renault等，2006）。因此，如果居民在文化消费过程中感知到的体验价值较高，则此种状况将会极大增强其消费意愿；反之，其消费意愿会受到严重削弱。

当前，河南省居民在文化消费过程中所感知到的体验价值还比较低。本书调查数据结果显示，用李克特7级量表测量的河南省居民文化消费体验价值评价中，社会性体验价值、逃避性体验价值和享乐性体验价值的平均得分分别为4.798、4.421、5.036，说明河南省居民仅能感知到较低的文化消费价值，其高层次的文化消费需求远远没有得到满

① 张守营．北京文化消费全国居首　缺口仍超千亿［N］．中国经济导报，2016-06-04.

② 根据国家统计局2006~2015年统计年鉴资料分析得到。

足。正是由于人们无法从当前的文化消费中获得所期望的体验价值，致使其文化消费热情受到很大打击，进而使其文化消费意愿无法得到有效提升。

河南省居民文化消费价值感知水平之所以较低，其根本原因在于河南省文化产品和服务接触质量不高。本书实证研究结果表明，文化消费体验接触因素是居民文化消费价值形成的直接动因，文化消费环境接触（包括供给的数量、类型和选择多样性等）、提供者接触（包括服务提供者的态度、专业性、可靠性、准确性、确保性等）以及消费者间互动接触（包括顾客间关于文化消费方面的互动交流及当时的心境等）都会对文化消费价值感知产生重要的正向促进作用。而在本研究中，根据Likert 7 级量表测量的文化消费体验接触评价中，消费环境接触、文化提供者接触以及消费者间互动接触的平均得分分别为 4.773、4.050 和 4.899，皆处于较低的层次上，这直接制约了文化消费价值感知水平的提升。

9.1.3　不良的文化消费习惯抑制了文化消费意愿提升

薄弱的文化消费意识和不合理的消费习惯，影响了河南省居民文化消费意愿的提升。河南省居民在思想意识中还未完全建立起科学的文化消费观念，长期形成的被动消费和免费消费习惯抑制了人们的文化消费意愿。马克思曾指出，“精神从一开始就很倒霉，注定要受物质的纠缠”[①]，由于文化消费对于河南省居民而言仍属于“非必需品”，因此非常容易被压缩甚至完全挤出（王俊杰，2012）。这在现实生活中，就表现为重视物质消费而轻视精神文化消费。比如，一些人宁愿花很多钱去吃喝也不愿意掏出一分钱去看一场演出。人们习惯于送来的文化，在头脑中尚未形成主动掏钱购买文化产品和服务的意识。并且，中国自古以来主张的勤俭持家、节约消费理念，也在很大程度上影响了河南省居民

① 马克思恩格斯选集（第 1 卷）［M］. 北京：人民出版社，1995.

进行文化消费的主动性和积极性。

尤其值得注意的是，互联网文化消费正逐渐成为人们文化消费的主流方式，也是刺激文化消费潜力有效释放的新增长点。但是，当前人们形成的免费消费思维和习惯却极不利于整体文化消费的增长。本书实证调查分析发现，在各种文化消费产品和服务类型中，人们花费了较长时间进行与互联网文化产品和服务相关的消费活动，但在这方面的金钱支出却相对较少，甚至有一半以上的消费者在这方面没有任何金钱花费。之所以会出现这种情况，是因为互联网文化在人们头脑中还打着“免费”的标签。互联网文化企业很长一段时间内采取免费的商业模式来积累用户资源，这直接导致了人们免费的互联网文化消费习惯：搜网页知识和信息不花钱、听网络音乐不花钱、看网络新闻和视频不花钱、用移动社交工具不花钱……人们总能够在互联网上找到“免费的午餐”。比如，曾有调查显示，48.47%的被调查者说他们会“经常阅读盗版”。这种情况极不利于互联网文化市场的健康运行与发展。

9.1.4 文化消费结构失衡和地区差异制约了文化消费层次的整体提升

河南省居民文化消费结构不合理，人们更倾向于消遣型、休闲型和娱乐型的文化消费项目，而对知识型、智能型和发展型的高层次文化消费项目还处于低选择的阶段，这使当前河南省文化消费层次较低。本书调查数据也表明，旅游观光、看电影、看书和报纸等是河南省居民平时参与较多的文化活动类型，参与最少的文化活动则主要涉及较高层次的文化艺术类消费活动，包括观看表演和演出、参观博物馆和图书馆及其他各种艺术展会等。这种情况跟中国当前的文化消费结构是一致的，许多研究也指出，中国当前文化消费结构是不合理、不均衡的，休闲娱乐型文化消费为主要消费倾向，具有思想性、艺术性和观赏性的发展型文化消费比重则偏低（李蕊，2013；宋则和李伟，2000；昝胜锋，2016）。

河南省居民文化消费城乡差异较大。本书根据国家统计局 2006~

2015年相关统计数据发现，2005~2013年，河南省城乡文化消费水平长期保持4倍以上的差距，城镇居民的文化消费水平远远高于农村。虽然2014年以来，河南省城镇居民文化消费水平略有下降，而农村居民文化消费水平大幅提升，但两者差距仍保持在两倍以上。

文化消费结构的不均衡，以及城乡之间较大的差距，对于河南省整体文化消费水平和文化消费层次的提升极为不利。而之所以会出现这种情况，很大程度上是因为文化产品和服务供给侧的原因。因为文化消费具有供给创造需求的特点，文化消费需求需要通过高质量和有创新性的产品来激活潜在的文化需求（李建，2016）。而当前，文化供给规模和结构的不合理以及显著的地区差异，不能满足居民文化消费需求（李涛，2014）。有学者指出，与国外的东方内容相比，中国的文化作品常常缺乏直达心灵的力量，这样就没有消费力（李建，2016）。一些研究也指出，居民文化消费结构的不均衡可能是受到了文化消费环境接触的制约（Diniz和Machado，2011；Snowball等，2010）。因此，文化消费供给结构和质量问题可能是文化消费结构不均衡及地区差异的重要因素。

另外，河南省居民自身的消费行为习惯也可能是一个重要原因。因为文化消费本身具备一定理性成瘾特性，人们的文化消费观念和习惯一旦形成，短期内很难发生显著改变，并会由此产生较强的消费路径依赖（张梁梁和林章悦，2016）。也就是说，既有的状态将会延续下去，陷入一种低水平的循环因果链条中（洪涛和毛中根，2016），文化消费结构不均衡和城乡存在差距的状态继续被固化甚至加强，从而阻碍了河南省整体文化消费水平提升及消费结构优化。

9.1.5 人口结构特征对文化消费具有一定程度的制约

居民的人口结构特征会对其消费行为产生一定的制约，进而导致其文化消费潜力无法得到有效释放。已经有很多学者指出，消费者的人口因素，比如受教育程度、收入水平、年龄等会对文化消费产生重要影响

(Corning 和 Levy，2002；Dimaggive 和 Useem，1978；陈广等，2016；毛中根和孙豪，2016；杨晓光，2006；张梁梁和林章悦，2016)。

本书实证调查发现，一方面，文化产品和服务消费的主力军是年龄在 26~41 岁、月收入水平在 4000 元以上、自我社会阶层感知为中层和中上层的人群。而这一部分人作为社会建设事业的中坚人群，虽然具有较多的经济来源和较高的收入水平，但是其闲暇时间可能并不是太多，因为他们需要很多时间来完成工作和照顾家庭。这样一来，其文化消费行为就会受到很大的限制。另一方面，对于 25 岁及以下的年轻人、儿童和老年人而言，他们具有较多的闲暇时间，但是经济来源和消费能力相对比较弱。因此，文化消费者闲暇时间和经济消费能力的错位制约了其文化消费潜力的有效释放。

同时，本书实证调查还发现，居民的文化消费意愿受到受教育水平、收入水平的影响，会随着受教育程度和收入水平的提升而增加，而当前，河南省居民中能够接受到较高层次教育的人还不是很多。根据《2015 年河南省人口抽样调查主要数据公报》显示，河南省常住人口中，具有大学（指大专以上）教育程度人口为 639 万人，具有高中（含中专）教育程度人口为 1394 万人，具有初中教育程度人口为 3806 万人，具有小学教育程度人口为 2351 万人。[①] 并且，河南省居民人均可支配收入水平虽然继续保持增长，但与全国水平相比仍然不高。据国家统计局河南调查总队发布的调查数据，2016 年河南居民人均可支配收入为 18443.08 元，仅是全国收入水平的 77.4%。[②] 这种既有的人口特征无疑会对居民文化消费意愿产生较大影响。并且，精神文化消费与物质消费不同，它需要居民具有一定的文化素养、审美情趣和理解力。如果个体居民的经济能力、社会地位、受教育程度以及文化修养较低，将会

---

① 范鹏. 2015 年河南省人口抽样调查主要数据公报［EB/OL］. 河南省统计网［2016-06-12］. http：//www.ha.stats.gov.cn/hntj/tjfw/tjfx/qsfx/ndfx/webinfo/2016/06/1464685079173881.htm.

② 樊霞. 2016 年我省城乡居民人均可支配收入分别达到 27232.92 元和 11696.74 元［EB/OL］. 河南日报［2017-01-23］. http：//www.henandaily.cn/content/fzhan/hntsuo/2017/0123/31946.html.

极大制约其追求高层次消费的动力，比如导致其无法很好地完成高素质技能培训、艺术品鉴赏及收藏、专业书籍阅读、高雅音乐和文艺演出消费等高层次精神文化领域内的消费（毛中根和叶胥，2016）。

9.2　微观消费行为视角的文化消费意愿提升理论机制与框架

当前中国经济进入后工业时代，满足人们情感体验和精神生活需要的以创意、品位、审美为核心的文化产业异军突起，文化消费活动正逐渐成为居民社会活动的主要对象和核心领域（毛丰付和毛中根，2016）。河南省居民消费也逐渐由物质消费为主而转向精神文化消费为主，文化消费成为新的经济增长点和经济转型升级的支撑点。因此，顺应居民消费行为的变迁，发展文化消费，提升文化消费质量并优化文化消费结构，就成为当前河南省文化产业发展的一项重要任务，也是进一步促进河南省经济稳定增长、提升文化竞争力的明智之举，更是满足人民群众日益增长的、不断升级的精神文化需求的必然要求。

只有根植于消费者心理和行为的活的文化，才能成为经济发展和文化传承的载体，才能在经济新常态时期起到关键作用。从一定意义上说，文化的生命力和影响力就体现在文化被消费的广泛程度上：文化产品和服务越是被反复消费，效果越好；文化消费受众面越广泛、越是被大量消费，效果越好；消费者主观参与的态度越积极，效果越好（毛丰付和毛中根，2016）。因此，要构建科学的文化消费意愿提升机制和理论框架，树立基于个体消费者行为基础上的微观研究视角是非常重要的。实际上，自从“卢卡斯批判”改变了宏观经济学的发展方向之后，研究需要坚实的微观基础就成为一个广为接受的结论，在此背景下，文化消费理论一直建立在微观基础之上（洪涛和毛中根，2016）。因此，为了更好地解决河南省居民在文化消费过程中存在的问题和难点，构建科学的文化消费意愿提升理论机制，本书也采用基于个体居民消费心理和行为的微观研究视角。具体而言，基于实证研究结果和相关文献研究，本书采用基于个体消费者心理和行为的微观研究视角，提出了如下以居民个体体验感知为主导的多主体协同提升文化消费意愿理论机制，具体见图 9-1。

文化消费意愿的提升是居民文化需求层次不断提高的必然结果。但这里所指的文化消费意愿提升，不仅仅是指文化消费数量意愿的提升，还包括文化消费质量意愿的提高，以及文化消费结构意愿的调整和优化。换句话说，文化消费意愿提升更要求文化消费数量扩大基础上的质的提高与效的提升（毛中根和叶胥，2016）。因此在本书中，文化消费意愿提升涉及三个方面的意愿增强，即消费数量扩大、消费质量提高和消费结构调整。

文化消费意愿提升的核心驱动力是文化消费价值感知，包括个体居民（或顾客）感知到的社会性价值、享乐性价值和逃避性价值。而顾客所能感知到的消费价值的大小，又取决于文化体验接触质量。换句话说，以个体居民（或顾客）感知为中心的文化体验接触因素是文化消费价值形成和增加的重要基础。而文化体验接触因素具体包括三个维度，即个体居民（或顾客）所感知到的文化消费环境接触、文化提供者接触以及顾客间互动接触。

文化体验接触质量的提升是一个系统工程，需要文化消费市场所有主体的协同努力，具体包括文化消费者、文化企业、政府、媒体及文化中介组织等。不同主体在文化体验接触质量提升中担任不同的角色。其中，顾客作为文化消费的需求方，是最重要的主体，其他所有主体的工作都必须从个体顾客主观感知的视角来考虑如何提高文化体验接触质量；文化企业作为供给方对文化产品和服务接触质量的提升具有决定性影响；政府部门的主要责任在于为文化消费创造更好的条件，起到支持、

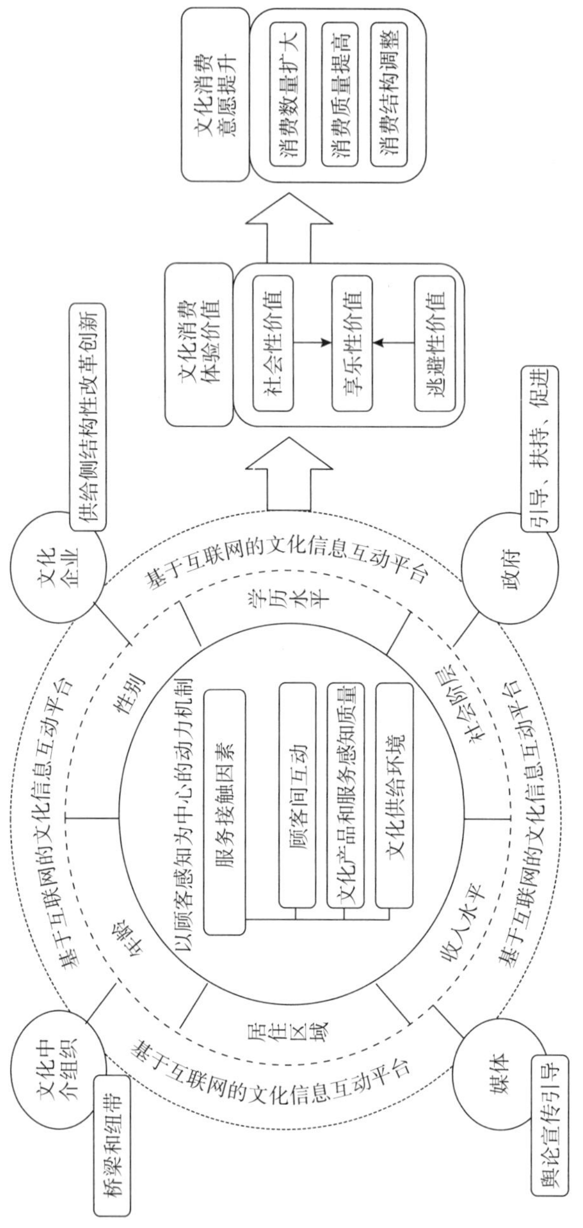

图9-1 以居民个体体验感知为主导的多主体协同提升文化消费意愿理论机制

促进和引导的作用；大众媒体的责任是营造积极的文化消费舆论氛围和社会规范；文化中介组织是促进各个文化市场主体间进行更好沟通、协作的桥梁和纽带。

需要指出的是，个体居民（或顾客）关于文化体验接触质量的感知，具有内在性和主观性特征，因此肯定会受到其人口特征的影响，这些重要特征包括性别、年龄、受教育程度、居住区域、收入水平、闲暇时间和社会阶层感知。相应地，各大市场主体在各自工作方略和措施的制定和执行过程中，也必须考虑到个体居民（或顾客）的这些差异性。另外，互联网已成为当代人们工作和生活的主要情境。自然地，文化消费市场各主体的工作也离不开互联网。因此，积极构建基于互联网的综合性的文化消费信息和资源共享平台，科学地对文化内容生产、流通和消费大数据进行分析，用“互联网+文化”的创新性思维来引领和促进文化消费的提升，也成为一种必然的趋势。

9.2.1 文化消费价值是文化消费意愿提升的核心驱动力

在一个充满竞争的、快节奏和高互动性的社会环境中，文化消费对于居民而言，不仅代表了一种全新的生活方式，更是体现了人们表达情感、宣泄压力、认识自我和建构自我的需求，能够给其带来丰富的内心体验。本书实证分析结果表明，文化消费价值是文化消费意愿提升的核心驱动力。居民在之前的文化消费过程中感知到的社会性价值、享乐性价值会对居民文化消费意愿产生直接的促进作用，另外，社会性价值和逃避性价值还会通过享乐性价值而对文化消费意愿产生显著的正向影响。这与洪涛和毛中根（2016）提出的文化消费提升的路径依赖理论相一致，即人们文化消费提升过程高度依赖于其过去的文化消费状况。个体从文化消费中体验到的收益越高，比如体验到的文化资本、人力资本和社会资本越丰富，就越可能增强其追求文化消费层次和品位的动力。

（1）获取社会性价值是居民进行文化消费的关键驱动力

作为社会一员，每个人都希望归属于某一社会群体，并得到他人的尊重、关心、认同、赏识和高度评价，而在消费社会中，这些需求在很大程度上是通过消费活动来实现的。商品和服务虚幻地喻指着各种身份、地位、品位与理念，以诱导和隐喻的方式创造着人们消费的欲望，而消费者则幻想通过消费来获得商品所标榜的象征意义，以此来定位自己个体的存在，取得自己的身份和确定性（沈蔚，2013）。尤其是，当一个人在消费活动中引发了他人的良好反应和评价，比如令人羡慕的声誉、使人仰慕的尊敬、地位提升的好印象等，社会性价值就产生了（Holbrook，2006）。

文化消费本身就具有表达、区分和象征的属性（Sintas 和 Alvarez，2002），能够向别人传递关于自我的很重要的信息。可以说，文化产品和服务常常体现了人们的身份、地位、品位与理念，人们在文化产品和服务的消费过程中，能够验证自己的文化品位、习惯、身份和地位，并借此建构出社会他人对自我的良好印象和评价。而正是因为文化产品和服务能够满足人们获取这种基于爱、归属、自尊等社会性体验价值需求的特性，才创造了人们进行文化消费的欲望，驱动了其实际的文化消费行为。比如，在现实社会中，一些富人为了显示自己的社会地位和文化品位，往往喜欢在自己家中开设专门的书房，摆上考究的书架，放上装帧精美的图书。从某种意义上讲，社会性价值给文化消费发展带来了强劲的动力，人们之所以愿意进行文化消费，就是因为其能够在文化消费过程中感知到丰富的社会性价值。本书的实证分析也证明，社会性价值对文化消费意愿的影响是最大的。社会性价值不仅对文化消费意愿具有直接的促进作用，也会通过享乐性价值对文化消费意愿产生间接的促进作用。因此，社会性价值是居民进行文化消费的关键驱动力，要提升居民的文化消费意愿，关键在于提升其关于社会性价值的感知。

（2）获取享乐性价值是居民进行文化消费的主要动机

现代社会赋予人们在生活中追求物质利益的同时也深深地感到来自物质社会的沉重压力，所以人们以尽力追求享乐来获得疏解和抚慰（沈蔚，2013）。而文化产品和服务除了具有符号和象征价值之外，还具有美学价值和享乐价值，能够给人们创造感官和精神享受的能力（Bourgen-Renault 等，2006）。因此，为了获得消遣和娱乐等享受性体验，人们常常会进行文化消费。阅读小说、诗歌和散文，欣赏音乐、舞蹈、话剧等文艺演出，观看电影、电视剧等文化活动，都能够使体验者感受到美的愉悦、心情的放松以及精神的享受、安宁或振奋。有学者指出，人们倾向于寻找特定类型的文化娱乐活动来舒缓负面情绪，听音乐的主要目的是实现情绪的自我管理和放松（Dillman-Carpentier 等，2008）。可以说，文化产品和服务的一个最重要功能就是给人以快乐，为了满足自我放松和娱乐休闲的需要，很多人都倾向于消遣类和娱乐类等精神享受类产品和服务，这也正是我国当前很多地区的文化消费倾向都以休闲娱乐型为主的原因。

本书的实证分析也证明，享乐性价值对文化消费意愿具有直接促进作用，并且社会性价值和逃避性价值也因为能够给人们带来精神享受而对文化消费意愿产生了显著的正向影响。因此，毫无疑问，享乐性价值是人们进行文化消费的一个最主要的动机，要提升居民的文化消费意愿，必须满足或实现其追求享乐性价值的需求。

（3）获取逃避性价值是居民进行文化消费的重要原因

文化产品和服务还是人们缓解和释放压力、宣泄情绪的有力武器。每个人在社会中都扮演着多个角色，个体心理很容易受到不良情绪的困扰，并且现代快节奏的生活也常常给人们的身心带来较大的压力。如果这些不良情绪和压力被长期压抑而得不到及时宣泄，就会损害个体的身心健康甚至危害社会。而通过文化消费，就可以帮助人们转移工作和生活的压力、注意力，从而使其从纷繁复杂的、枯燥乏味的现实中剥离和解脱出来，获得与现实生活截然不同的享受和快感，这也就是所谓的逃避性价值。比如，互联网文化消费活动常常给人们提供了一个逃离现实的全新空间：一位在现实生活中木讷、不善言谈的人，可能在个人博客中展现出自己的诙谐幽默和独特思想；一个在现实生活中不如意、极为懊恼的人，可能在网络小说创作中把自己设定为成功的社会精英人士，以便补偿现实中自我的匮乏感，从而获得快感；进行网络小说阅读的人，常常沉浸在小说所描绘的丰富多彩的、梦幻般的虚拟世界中，从而舒缓自己受到压抑的心理状态和不良情绪。因此，可以说，获取逃避性价值，远离现实生活的单调、枯燥和乏味，成为当前人们进行文化消费的重要原因。

本书的实证分析也证明，逃避性价值能够通过享乐性价值而对文化消费意愿产生显著的正向影响。人们从文化产品和服务消费过程中获得了逃避性价值，就意味着其逃离了现实的单调、孤独、无奈、烦恼……从而保持一种更为健康的心理状态和更为积极的情感状态，并由此增进对享乐性价值的感知，进而进一步激发了对文化产品和服务进行消费的热情和意愿。

9.2.2 文化体验接触是文化消费价值感知的重要基础

消费体验价值是顾客基于服务提供者设计的一系列体验接触和互动的解释、理解基础上而形成的（Hume 等，2006）。也可以说，消费体验价值是顾客在购买、消费相关产品和服务的整个过程中，通过多种接触点与企业进行直接或间接的接触，从而形成的对购物/消费体验的一种主观的、相对的偏好和评价（李志兰，2015）。因此，顾客关于文化消费接触点的质量感知是文化消费价值形成的重要前因变量。而体验接触点的感知质量不仅包括文化消费环境接触质量、服务提供者接触质量（Bitner，1990，1992；Hartline 和 Ferrell，1996；Keng 等，2007；Zomerdijk 和 Voss，2010），还包括消费者间互动的感知质量（Chang 和 Horng，2010；Lemke 等，2011）。本书实证分析也表明，包括消费环境接触、服务提供者接触和消费者间互动接触的文化消费体验接触因素，是居民文化消费价值形成的直接动因。

消费者间互动接触是文化消费价值形成的最重要基础，它为顾客提供了一种社会交往的利益。社会交往是人类的本能和天性，作为社会的人，每个人都需要与其他个体保持稳定的社会联系。文化消费者通过彼此间的互动，能够建构他人对自我的良好印象和评价，从而形成更为稳定的人际关系联结；能够逃离日常生活中与社会和情感孤独相关的负面状态，也能基于彼此间的移情和共鸣而感知到精神上的宽慰、放松、愉悦和舒适感。本书实证分析表明，相对于文化消费环境接触和文化提供者接触，消费者间互动接触对文化消费价值感知的影响总效应是最大的，它对社会性价值、逃避性价值和享乐性价值的影响总效应分别为0.462、0.306和0.599，而文化消费环境接触对社会性价值和享乐性价值的影响总效应分别为0.141、0.112，文化提供者接触对社会性价值、逃避性价值和享乐性价值的影响总效应分别为0.236、0.330和0.074。[①] 因此，要提高居民的文化消费意愿，就应着力提升那些能够增加其消费价值感知的文化体验接触点质量，尤其是虽不直接与文化产品和服务相关联，但却符合消费者社会和精神需求的消费者间互动接触质量。

另外，要增强人们关于文化消费价值的感知，还要关注文化消费环境接触质量和文化提供者接触质量。因为文化产品和服务与生活必需品不同，它是一种选择性很强的消费，高质量的文化产品和服务的供给是决定性的因素（祁述裕，2016）。有学者指出，文化消费具有供给创造需求的特点，只要有好的供给就一定有消费者愿意买单（李建，2016；刘坤，2016）。而文化消费供给，不仅取决于文化提供者接触感知因素，还取决于消费环境接触因素（昝胜锋，2016）。因此，增加文化产品和服务的内容创意性和原创性，提升文化提供者接触感知水平，打造数量和种类繁多的、具有多样化选择的、自由的消费环境，都是影响文化消费价值感受和文化消费意愿的重要因素。

9.2.3 五大主体的协同努力是提高文化体验接触质量的坚实保障

文化体验接触质量的提高是一个系统性的工程，需要构建顾客、企

① 具体见本书第5章表5-6和表5-7内容。

业、政府、媒体、文化中介组织等多元主体协同参与的工作机制。顾客作为文化消费的需求方，文化企业作为供给方，政府作为公共文化服务提供者、文化消费扶持者和引导者，媒体作为健康、积极向上文化消费的舆论宣传者和倡导者，文化中介组织作为衔接文化消费供求双方及相关各方的纽带和桥梁，这五大主体将共同发挥作用，成为提高文化消费体验接触力量进而提升居民文化消费价值感知和文化消费意愿的坚实保障。

首先，顾客是文化消费的需求方，要充分发挥其在文化消费方面的主动性和能动性。顾客进行文化消费的主动性越高、需求层次越高、消费行为越频繁、消费量越大，则对文化服务接触质量提升的影响就越大，其感知到的文化消费体验价值也越高。因此，作为文化服务接触点的重要互动方，顾客自身应知晓如何提升自身素质和改善消费习惯；以便增强其对文化消费体验质量和体验价值的感知，而这也是企业和政府等其他主体采取刺激文化消费战略、策略和措施之前应着重考虑的前提条件。

其次，文化企业是文化产品和服务的供给方，对文化消费的总量、质量和结构都有决定性的影响。有学者指出，文化供给远落后于文化需求是文化消费潜力未能有效释放的重要原因，当前我国文化消费领域具有独特创新能力的文化产品供给稀缺，同质化问题严重（李涛，2014；刘坤，2016）。因此，扩大文化消费应基于供给端创新，企业要想方设法生产和供给多元化、分众化、内容丰富的高品质文化产品和服务，为消费者提供更好、更多的选择，满足不同群体的特殊文化消费需求。

再次，政府部门在提升居民文化消费意愿方面也发挥着巨大的作用。基本公共文化服务体系的建设必须是以政府为主导的，文化供给侧结构性改革离不开政府的支持和推进，文化市场秩序的规范需要政府部门出台相关政策来维护，居民文化消费数量和品质的提升也需要政府部门的大力引导和支持……因此，要提高文化消费体验接触质量，增进居民文化消费价值并提升文化消费意愿，就必须发挥政府的引导、扶持和促进作用，通过各种举措来调动各类文化市场主体的积极性和创造性，为扩大文化消费创造条件，并最大限度地释放文化市场的活力。

又次，媒体所营造的积极向上的文化消费氛围会对个体居民产生非常重要的引导作用。大众媒体不仅能够给人们提供信息、知识和技能，还给人们灌输是非判断的标准。这种判断标准，既包括法律、政策、道德守则等客观的规范，也包括心理的规范，即舆论所认同的规范，也就是大多数人或某些权威人士所认同的意见或行为（沈蔚，2013）。而当人们在面临不确定的、模糊的事物时，媒体所传播的意见、态度及情感，就会被其作为一种社会规范所认同或遵循。因此，大众媒体应提高责任意识，倡导健康、理性、科学、高品位的精神文化消费需求，启发和引导居民形成积极向上的、文明的文化消费行为方式。

最后，文化中介组织在提升文化消费方面发挥着不可替代的作用。文化中介组织是指文化经济市场中为交易双方提供信息、促成交易而收取佣金等报酬的文化服务机构以及各种行业协会，它涉及文化信息、文化产品、文化人才、文化生产传播资料、设备和技术等系列文化市场要素，[①] 可在政府、企业、社会和个人间起到沟通、协调的纽带和桥梁作用。具体而言，它不仅能够及时、迅速地获取市场信息，并借此沟通文化产品/服务企业和消费者，为双方提供更多的接触机会，从而调节供需平衡；还可以给政府和企业的相关决策制定提供文化信息咨询服务，并对市场各主体发布的文化信息、政策进行落实、核实，监督文化市场的运行，规范文化经济秩序。尤其是各种文化行业协会、商会等，能够依据法律法规制定并执行行规、行约和其他各类标准，对文化产品和服务质量、竞争手段、经营作风进行严格监督，从而促进文化市场活动的公平和公正性，确保消费者、企业等各方利益不受侵害。

---

① 顾海良．世界文化市场全书［M］．北京：中国大百科全书出版社，1995.

9.2.4 文化消费信息平台是促进各主体科学联动的关键情境

当前，互联网已深深根植于人们的工作和生活当中，而文化产品和服务的生产、供给、消费的发展，也同样离不开互联网。尤其是随着信息时代而来的大数据和云计算，使围绕消费者为中心的数据收集、整合和挖掘成为趋势（毛丰付和毛中根，2016）。在这种背景下，构建基于互联网的文化消费信息和资源共享平台，科学地对文化产业的内容数据、生产行为数据、消费行为数据进行分析和应用，成为消费者、企业、政府及其他文化市场主体协力提升文化消费的关键情境。

对于消费者而言，互联网文化消费信息平台为其提供了极大的文化消费便利，尤其是随着越来越多的文化消费体验和支付活动在网络和移动端的进行，文化消费信息更畅通、渠道和手段更为便捷，从而大大降低消费者的搜寻成本并简化其消费决策行为过程；对于企业而言，互联网文化消费信息平台有助于其加快与互联网的融合，有利于其摸准未来文化消费脉搏，从而有针对性地、及时地进行产品结构调整和改进，实现文化产品和服务的多样性和创新性发展，最终满足消费者日益多元的、层次化的、个性化的文化消费需求；对于政府而言，基于互联网的文化消费信息平台有利于其制定和实施各种文化消费促进政策，准确监测和评价社会文化消费的具体发展变化情况，进行有效的宏观调控和政策引导；另外，媒体可以通过互联网文化消费信息平台及时捕获并推介最新文化消费信息，引领文化消费时尚，助推各种文化消费热潮，并高效实现对文化生产和消费的舆论监督作用；文化中介组织也可借此平台为各市场主体快捷地提供产品、服务、资金和人才的对接，促进各项文化资源合理有效的配置和交易成本的降低，并及时调节和协调各文化主体之间的利益关系。

9.3 多主体协同提升文化消费意愿的对策与建议

基于以居民个体体验感知为主导的多主体协同提升文化消费意愿理论机制，结合文献研究结果以及中国其他各省市地区在促进文化消费方面的经验启示，本书接下来将从五大文化市场主体视角出发，就如何提高文化服务接触质量，进而增进文化消费体验价值并最终提升河南省居民文化消费意愿，提出具体的对策和建议。

9.3.1 个体居民需要树立科学的文化消费行为模式

个体居民作为文化消费者，具有较强的能动性和主动性，其在与各种文化体验接触因素的互动过程中，能够寻到属于自己的快乐和美好感觉，并敏锐感知到所需求的文化消费价值。因此，对于个体居民而言，充分发挥自身的这种主动性和能动性，积极把握文化消费的理性成瘾特性和相关规律，真正理解文化消费对于获取尊重、自我发展和自我实现的重要性，主动去提升自身的文化修养水平，并全力培育和塑造科学的文化消费观念和行为习惯，是提升文化消费意愿的关键。

(1) 积极把握文化消费的规律

文化消费具有一定的理性成瘾特性，长期形成的消费习惯和生活理念一旦确立，短期内不会发生显著变化，并由此延伸出较强的消费路径依赖（张梁梁和林章悦，2016）。也就是说，居民个体文化消费的发展会受到其以前状态的约束（洪涛和毛中根，2016）。具体而言，如果一个人倾向于消费高品质的文化内容，比如看专业类书籍、高雅艺术演出等，那么这种习惯一旦形成就会呈现一种刚性特质，不会轻易改变；相反，如果一个人倾向于消费消遣和娱乐类的一般性文化活动，比如打麻将和去 KTV、歌舞厅等，那么他的消费需求品位就很容易停滞在这个层次上，并会遏制其向上一个层级跃升的动力。

深刻理解这一规律对于文化消费意愿的全方位提升非常重要，个体居民应明白自己当前文化消费行为对以后文化生活所产生的重大影响，不能仅凭感性而随意地、盲目地选择文化消费活动。尤其是文化消费需求的这种成瘾特质还会影响到后代子女的文化消费行为（洪涛和毛中根，2016）。也就是说，个体居民的文化需求一旦产生和实现，就会形成持续的黏性（李建，2016），并且会对后代子女的文化消费行为习惯都产生重要影响，即具有传承性特征（王玉霞，2016）。因此，个体居民任何时候都应主动培育较高品位的文化消费需求，并理性地、谨慎地来选择适当的文化消费活动。

（2）真正理解文化消费对于获取尊重和自我发展的重要性

个体居民只有真正理解了文化消费对自己所产生的重大影响，才会成为自主的、积极的和理智的文化消费者，才不会陷入消费主义和娱乐主义的陷阱，才不会产生不成熟的文化消费心理，包括趋附心理、从众心理和炫耀攀比心理。

相对于物质消费，文化消费过程不仅蕴含着人力资本、文化资本、社会资本和经济资本的增值和积累过程（洪涛和毛中根，2016；毛中根和叶胥，2016；Siu 等，2013），而且也是人的自我实现和再生产过程。首先，高水平的文化消费能够丰富个体居民的知识、经验和提高其专业技能，也能够提高其文化素质和综合修养（毛中根和叶胥，2016），这会直接影响其文化资本的形成。文化资本的形成和积累，可以促使个人融入特定社会阶层，通过生活方式改变增加获取社会资本的概率。而文化资本和社会资本又可以通过影响教育水平而促进人力资本的形成和积累，进而间接地增加其经济资本（洪涛和毛中根，2016）。其次，文化消费本身具有表达、区分和象征等社会功能（Sintas 和 Alvarez，2002），个体居民不仅可以通过文化消费的内容和方式来建构自己的自我概念和身份认同，还可以借此来确认自己在社会分层中的地位或达到转换社会身份和地位的目的，进而塑造自己的人生价值观和世界观。因此，文化消费活动过程实质上是人的再生产过程。最后，个体居民的文化消费不仅深深地影响其自身的发展和提升，也会影响其后代子女的文化消费品质和自我发展（洪涛和毛中根，2016）。总而言之，文化消费对于个体居民赢得社会尊重和认同、构建自我身份和地位，以及获取文化资本、社会资本、人力资本和经济资本都具有重要影响。

（3）主动提升自身的文化修养水平和文化品位

个体居民的文化修养水平和文化品位在很大程度上对其文化消费质量和结构的提升具有决定性影响。文化修养水平和文化品位越高的居民，越倾向于选择高品质的文化产品和服务，越容易产生追求高层次文化消费进而促进自我提升的动力。有学者强调，居民个体文化消费的发展具有路径依赖性，会受到其以前状态的约束，例如具有高知识水平或处于较高社会阶层感知的个体，会选择阅读专业书籍和倾听高雅音乐等较高层次的文化消费活动，而那些受教育程度较低或处于较低社会阶层感知的人，则比较偏好通俗小说或流行音乐这种消遣和娱乐性质的文化消费活动（洪涛和毛中根，2016）。还有学者指出，文化消费需要居民有一定的物质基础和较高的文化理解力和鉴赏力（张梁梁和林章悦，2016），因为精神文化领域的消费，比如高素质技能培训、艺术品鉴赏及收藏、专业书籍阅读以及高雅音乐消费等，必须要有一定的知识和技能基础才能很好地完成消费行为（毛中根和叶胥，2016）。

因此，个体居民应努力提升自身的文化修养水平和文化需求品位。而根据本书实证分析及前人的研究，人们的经济能力、受教育程度、生活场域和文化修养都会影响到文化消费质量的提升（杨晓光，2006；周俊生，2016），因而居民文化修养水平和文化品位的提升，还可以从主动优化人口特征入手，比如努力提升自身的受教育水平和文化素养，努力通过与较高社会阶层感知的人进行互动交流以获取对其身份和社会地位的认可，努力提升自己的收入水平以便提升自身进行文化消费的能力，等等。

（4）在文化消费体验过程中注重与其他居民的分享和互动

本书实证分析结果表明，消费者间互动是文化体验接触的重要组成部分，也是增进顾客文化消费价值进而提升文化消费意愿的最强有力的因素。有学者指出，体验分享行为是人们实现尊重和自我实现需求的重要途径（王爽，2016），尤其是在互联网时代，借助各种即时通信工具和网络媒介，人们彼此间可以更为便捷地互动沟通，感受社会交往的乐趣并借此获得情感维系和社会资源。因而，个体居民在文化消费的过程中，应主动加强与他人的沟通和交流，积极分享自己的文化消费体验和感受，从而极大地提升自己关于各种文化消费价值的感知。

首先，个体居民应积极与那些与自己兼容的其他居民（或顾客）进行互动交流。互动双方只有在交流内容和风格方面都是兼容的，才能产生令人满意的互动结果（Sheth，1976）。而兼容性好，意味着他们彼此间要有共同感兴趣的文化消费话题，要有相似的生活场域和文化消费方式或习惯。因此，个体居民在选择互动交流的对象时，应有意识地选择具有相似的生活和成长背景、相似的人口统计和个性特征的人，尤其是应积极选择那些与自己同属一个社会群体或具有相同喜好的人来进行互动。

其次，个体居民应充分了解不同文化消费情境中的互动礼仪、规则、知识和技巧。一般而言，分享同一文化消费情境的顾客对其他顾客违反规则的行为是非常敏感的，因此每一个个体居民在文化消费过程中，都应该对什么是被允许/不允许的、什么是应该做的/不应该做的都心中有数，同时还应该注意自身的衣着打扮、言谈举止等，以防给他人带来不愉快的感受。

再次，个体居民应积极参与由文化企业、文化中介组织或所在社区举办的各种文化活动，并以此为契机，开展与其他居民（或顾客）的对话交流。为了增加居民对文化产品和服务的认知和了解，增强其关于文化消费的意愿，一些文化企业、居民社区或文化中介组织常常会举办一些俱乐部聚会活动，这为个体居民与其他具有共同文化爱好的居民进行互动交流提供了机会。个体居民应充分认识到这些聚会活动的宝贵性，积极参与对话交流，以便融入并拓展文化社交圈，同时提升自己的价值感和幸福愉悦感。

最后，个体居民应积极培育自身的文化素养和文化鉴赏力，从而提升自身参与互动的能力和信心。个体居民文化素养和文化鉴赏能力的提升，会使其在文化体验分享中更为自信，也会增强其寻找文化交流话题、保持顺畅沟通的能力。因此，个体居民在文化消费过程中，一定不能只局限于消遣和娱乐性的文化消费活动，而应有意识地选择那些具有高品质、高水准的产品和服务，选择那些有助于自我发展和提升的知识性、文艺性产品和服务。

(5) 形成科学的文化消费意识和行为习惯

文化消费意愿提升的一个长效机制，关键在于居民能否形成科学的文化消费意识和行为习惯。只有居民在思想意识中真正地重视文化消费，才会改变盲目、被动的消费倾向，才能对高品质的、有助于促进自我发展和提升的文化产品和服务形成偏好，并养成为优质文化内容付费的行为习惯。

首先，居民应转变文化消费观念，真正重视文化消费生活。当前，还有很多人对文化消费不太重视，常常将其视为可有可无、无足轻重的东西，更愿意在物质消费而非精神文化消费方面投入大量的金钱、时间和精力。本书实证调查分析发现，仍有29%的居民认为文化消费对自己是不重要或无所谓的，并且整体上看居民对文化消费的重要性认识还不够，态度平均值仅为5.35（用Likert 7级量表测量，态度值从1到7，数值越大表明文化消费越重要）。因此，文化消费意愿能否提升，首先在于居民能否彻底转变重物质而轻文化的消费心态，真正将文化消费视为日常生活的重要组成部分。

其次，居民应形成积极主动的文化消费观念和行为习惯。对于文化消费，当前仍有很多人习惯于被动地接受，他们在等着政府和所在单位“安排的”文化活动，等着所在企事业单位出资购得的文化产品和服务，等着通过社会贤达和亲友的人情渠道来获得优惠甚至免费的文化产品和服务。而这些基于第三方赠送而非自己主动选择的文化产品和服务，往往并不一定符合自身的文化品位和偏好，不能很好地展现文化消费的魅力和好处，甚至会损害其关于文化消费体验价值的感知。因此，为了获取更好的文化消费体验价值，居民应积极地根据自身需求去主动选择和购买自己喜欢的文化产品和服务，而非一味地被动等待。

再次，居民应养成为优质内容付费的文化消费习惯。无论是线下还是线上，“免费”都是一个非常有吸引力的卖点，然而长期下去，对文化消费并非好事。尤其是在互联网时代，由于为获取用户注意力而形成的“免费的商业模式”的普及（王爽，2016），使人们形成了对网络文化资源免费使用的习惯，这不仅会对文化知识产权保护产生不利影响，也降低了很多文化企业进行供给创新的积极性，进而造成高品质的文化产品和服务极为缺乏，因而无法真正满足居民的较高层次的精神文化需求。因此，居民应树立付费的文化消费观念，形成愿意和乐于为优质文化内容付费的行为习惯。

最后，居民应端正文化消费的动机和态度，有意识地优化自身的文化消费结构。很多居民进行文化消费仅仅是为了消磨时间或者获得即时的欢乐，因此往往容易滞留在较浅层次的消遣娱乐型文化消费活动上，甚至沉溺于诸如麻将、赌博等有害的文化消费活动中；还有一些比较富裕的人出于炫耀、追求时尚的心态来购买文化产品和服务，但往往过于注重文化消费的形式而忽略了内容，因此并不能真正获得文化消费的价值。而我们知道，不同类型的文化消费类型具有不同的功能，有的文化消费活动有利于人们消磨时间、减少孤独与无聊、带来精神的愉悦和快乐，有的文化消费活动能够帮助人们提升知识水平和文化素养，增加获取尊重、实现自我发展的可能性。因而，人们在选择文化活动时，不能只选择那些娱乐消遣性的、较低层次的文化消费产品和服务，还应该有意识向那些知识型、发展型、艺术型的文化消费活动靠拢，以便促进文化消费层次的提升和结构的优化，以免陷入文化消费品位停滞或衰退的困境。

9.3.2　文化企业应通过供给侧结构性改革创新来提升居民文化消费水平

文化企业作为文化消费的供给方，在文化消费意愿提升中起着决定性的作用。从一定意义上讲，文化供给能够创造文化需求（李建，2016；刘坤，2016），加强文化产品和服务的有效供给，给消费者提供更多、更好的选择，是文化消费提升的前提和基础（吴金艳，2016）。如果文化产品和服务的供给数量不够、供给质量和层次低，就不能激活居民潜在的文化需求和欲望，从而会对居民的文化消费意愿产生极大的制约作用。因此，文化企业的眼光要长远，要沉下心来认真实施供给侧结构性改革创新。其中，应尤其注意以下几个方面的工作：

（1）以体验、互动和“互联网+”思维为导向，提升文化创新力

文化企业的生命力在于原创力，没有原创力，就无法推动消费力，无法形成独特的文化竞争力。实际上，很多时候，人们的文化消费需求都处于无意识或潜意识的模糊状态，需要企业通过新的、有创意的、能够直达消费者心灵的产品和服务来激活。而在互联网新时代，文化企业要提升创新力，应着眼于三个相互联系的视角，即文化产品和服务消费的体验性、互动性及“互联网+”思维的导向性。

首先，应致力于增加产品和服务的体验特征。具有体验性的文化产品和服务，充满了感性的力量，会给人们留下难忘的愉悦记忆。实际上，文化产品和服务本身就是极具体验性的，它能够创造丰富的感官和精神享受体验，能够创造令人沉迷的逃避现实体验，能够创造充满情感和乐趣的互动体验。因此，要提升文化消费意愿，文化企业需要为消费者提供完整的、丰富的文化体验，需要围绕消费者的体验需求来设计、增加其提供物的体验特征，从而形成直击消费者心灵的力量，使消费者在文化消费过程中能够得到从精神享受、逃避现实到互动分享的多层次快乐。比如当前各种网络虚拟游戏软件之所以能够流行起来，很大的一部分原因在于它们通过帮助人们实现虚拟世界的角色扮演而弥补了其在现实生活中所担任角色的单调感、无助感，并使其从中体验到与现实截然不同的角色扮演乐趣和满足感。

其次，要打造交互性文化消费形式，吸引消费者积极参与。消费体验并不是如何取悦顾客，而是设法让其置身于其中。① 只有让消费者积极参与到文化企业所提供的体验情境中去，才能使其感知到其中所蕴含的丰富体验价值。Chang 和 Horng（2010）认为，顾客间良好的相处和互动是体验质量的主要决定维度；Langeard 等（1981）认为，服务体验价值的生成过程就是顾客 A 与服务人员、服务场景和顾客 B 之间的互动过程；Baron 和 Harris（2010）认为，消费者之间的互动以及消费者与其他体验驱动因子②的互动是消费体验价值形成和增加的最重要因素。因此，文化企业设法提供具有交互性的产品和服务，吸引消费者积极参与并提升消费者的互动程度，是文化消费体验价值增加的重要因素，也是文化消费意愿提升的重要驱力。

最后，树立“互联网+”的思维导向，积极开发和探索各种文化创意产品。在互联网时代，企业必须高度重视互联网、全力适应并积极主动利用互联网来进行营销创新，通过线下和线上融合来创造新的文化竞争力和消费增长点。比如，故宫博物院就借助互联网，以故宫经典 IP 形象为原型，通过“表情设计”“游戏创意”等多种形式来开发创意性产品，从而极大地刺激和释放了文化消费力，不仅迅速吸引了大量粉丝，还产生了强大的文化辐射力。③ 再如，当前流行的各种可穿戴设备，这种以互联网为载体的新型数字信息产品，开拓了全新的文化消费

① B. 约瑟夫·派恩，詹姆斯·H. 吉尔摩. 体验经济［M］. 夏业良，鲁炜等译，北京：机械工业出版社，2002.

② 体验驱动因子是指那些能为消费者提供足够的能量、方法或机会从而促成体验价值形成的实体，比如企业服务人员、商场管理人员、服务设施、特殊事件等，具体见 Baron S.，Harris K. Toward an Understanding of Consumer Perspectives on Experiences［J］. Journal of Service Marketing，2010，24（27）：518-531.

③ 刘坤. 文化消费“喜”与“忧”——2016 年上半年我国文化消费市场大观［N］. 光明日报，2016-08-18（014）.

形态，为文化消费的发展注入了极大的活力。因此，面对互联网大潮，文化企业需要主动与互联网融合，用“互联网+文化内容”实现产品和服务的多样性和创新性发展，从而满足群众日益多元化、个性化、智能化的文化消费需求。

（2）基于用户体验需求打造独特的文化品质和特色，提高有效供给水平

在一定意义上，供给可以创造需求，只要有好的文化产品和服务，就不乏消费者的热情和青睐。而当前文化消费潜力之所以未能有效释放，一个重要原因就是文化供给水平较低，不能真正满足人们日益提升的文化需求（刘坤，2016）。有学者指出，文化消费是一种选择性很强的消费，低劣的文化产品和服务即使免费供应也可能无人问津（祁述裕，2016）。因此，文化企业应该树立以消费者为中心的经营理念，更加注重其体验感知，努力通过文化产品和服务服务质量的提高以及良好供给环境的营造来提升有效供给水平，以满足消费者多元化、多层次和个性化的文化消费体验需求。

首先，企业应以用户体验需求为导向，开发和提供符合消费者品位的文化产品和服务。要做到这一点，企业应具有长远眼光，不能只顾眼前和短期收益，不能一味地追逐热门和流行的文化题材，以免陷入产品和服务同质化、庸俗化、低劣化的泥潭。具体而言，企业应该：①对文化需求和消费情况进行深入的市场调研和大数据跟踪分析，及时准确地掌握消费者的兴趣偏好和消费行为习惯，了解其对文化产品和服务需求的内容、类型、品质、层级及新的消费需求动向，并从消费体验价值入手来设计和开发文化提供物。②进行科学的市场细分，根据企业自身实力选择最佳文化目标市场。当前，人们的文化需求越来越趋近于个性化和多样化，任何企业都不可能实现所有消费者的需求，因此，企业必须根据自身优势选择一个或几个分众化细分市场作为目标市场。③根据消费者行为特征和偏好为消费者开发并提供个性化的、有价值的文化产品和服务。比如，北京字节跳动科技有限公司推出的个性化信息推荐产品

"今日头条"，之所以成为近年来国内移动互联网领域成长最快的产品，是因为其秉承着"你关心的才是头条"的用户至上原则，基于数据化挖掘来确定用户兴趣分配并尽力为其量身定做个性化的、有价值的新闻资讯服务。

其次，注重文化供给质量，有效满足并提升消费者的文化体验需求。这要求企业：①关注文化产品和服务品质的提升，为消费者提供更为专业化、多样化和便利化的选择。企业应为消费者提供丰富的、喜闻乐见的精品力作和高雅产品，打造周到的、令人满意的优质文化服务，及时无误地兑现自己的承诺，进而通过提升消费者的文化消费体验价值感知来赢得其信赖、认可和支持，并借此吸引、刺激和引导消费者的消费需求和行为偏好。②提高员工服务能力和水平，营造良好的体验环境。文化产品的有效供给不仅包括产品和服务的供给，还包括消费氛围和环境的供给（昝胜锋，2016）。因此，企业除关注主要产品和服务质量之外，还应重视文化消费场所的安全、服务人员的素质和服务水平培训、纠纷解决机制的建立等，因为这些都是影响消费者体验感受、消费意愿及自主选择的重要因素（李建，2016）。

再次，应实施差异化的营销战略和策略。文化消费需求的层次性和文化产品的多样性决定了文化消费市场中，市场经营者之间的竞争不能单纯依靠数量和价格，更多地要依靠产品质量与服务的差异性（毛中根和叶胥，2016）。尤其是对于享受性和发展性的高层次文化消费类型，消费者更多考虑的是个人的需求偏好和发展目标，而那些依靠价格优势的、无差异的文化消费产品和服务却无法有效刺激这些消费需求。因此，文化企业应明确其目标市场定位，为该市场提供具有特色的、专业化的和差异化的产品和服务，提高资源配置的效率，从而最大限度地发挥文化辐射力，并据此构建自身的核心竞争力。

最后，要注重文化品牌建设，提升品牌的知名度、美誉度和竞争力。一个强势的文化品牌，暗示着可靠的品质、卓越的服务、独特的个性和品位，能够给消费者带来购买信心和保证，降低搜寻成本和购买风险。有学者指出，品牌在某种意义上还可以被称为消费者的自我象征，消费者通过与品牌的互动，将会获得丰富的体验价值，形成自我认同（靳代平、王新新和姚鹏，2016）。可以说，一个具有一定知名度和美誉度的品牌对消费者而言是非常重要的，是其做出购买选择的重要依据。因此，文化企业应努力使其产品和服务品牌化。企业必须了解消费者对文化消费体验的关注点、渴求点和需求诉求点，寻找与其竞争者的共同点和差异点，在此基础上确立独特的品牌定位，并对品牌名称、品牌标识、品牌角色、品牌广告语、品牌故事、品牌包装和造型等品牌要素进行精心设计，从而在文化消费者心中占据一个独特的、有利的位置，在文化市场中脱颖而出并占据一个有利的竞争地位。

（3）建立合理的文化价格机制，提高居民的消费价值感知

价格是影响文化消费选择的重要因素（昝胜锋，2016），建立合理的文化价格机制，是提升居民消费体验价值感知的重要方面。有学者指出，较低的成本和较高的回报是文化消费质量高的重要体现，企业如果能有效地提供物美价廉的文化产品和服务，那么消费者的文化消费感知质量就会提高（何昀、谢迟和毛中根，2016）。还有学者指出，文化企业如果要提高顾客的体验感知价值，就必须建立合适的定价策略，让消费者在消费过程中感到物超所值（王红、孙敏和李亚林，2016）。

当前，我国文化产品和服务的价格还是偏高的，与居民的收入水平不相适应。以电影为例，2013 年中国电影业的平均票价占居民月收入的 1.75%，是发达国家的 4~8 倍（王玉霞，2016）。虽然近几年政府大力实施惠民政策和加大补贴力度，使文化产品的价格出现了下降趋势，但是很多文化产品和服务的价格还是比较高，尤其是文艺演出票价对普通民众而言更是显得“贵不可攀”。中国音乐学院声乐歌剧系教授吴碧霞曾指出，中国演出票价均价为 450 元，高的达到千余元，而低收入人群的月收入才 2000 元左右；俄罗斯普通演出票价为 100~150 卢布，而其低收入人群的月均收入是 15000 卢布；美国艺术演出票价平均每张 45 美元，低收入人群月均收入为 3000 美元左右（焦元溥，2016）。

当然，很多文化企业的投资和运营成本较高，但回报却较慢（卢阳和郑蕊，2015），这是致使价格偏高的一部分原因。另外，很多文化企业为了尽快获利或获得更高利润，倾向于将目标市场锁定在高收入群体，并习惯于用较高的价格暗示其产品和服务的高品质和高水准。但这样一来，占人口大多数的中低收入人群就会因经济承受能力的制约而被远远地拒之门外，进而导致文化市场潜在需求尤其是高层次文化需求无法转化为现实，人们的文化消费结构也不能得到平衡和优化。而同时，很多文化企业将目标市场瞄向高收入阶层，也会导致这一市场的竞争加剧，反而增加企业生存和发展的难度。

因此，有远见的文化企业不能将目标仅局限于高收入阶层，否则将会失去蕴藏无限商机的大众市场。在制定价格策略时，也不能总倾向于高价策略，而应该考虑到民众的经济承受能力，形成合理的价格策略，并适当让利以降低文化消费的门槛。这样，将会使消费者有更大的热情和能力去进行文化消费，养成良好的文化习惯，然后才能继续回馈给企业，实现供求的良性循环。

要降低文化产品和服务的价格，第一，企业可基于需求导向定价法而采用认知价值定价、价值定价或逆向定价策略，也可根据不同的顾客群或不同的时间和地点采用差别定价策略。第二，企业应积极在创新上下功夫，用新的技术和创意来降低投资、生产和经营成本。第三，企业还可积极参与政府主导的各种文化惠民活动，争取文化补贴，减少经营压力。比如 2013 年和 2014 年，中国木偶剧院积极参加北京惠民文化季消费活动，成为文惠卡商户，虽然向持卡顾客提供甚至低至五折的优惠，但由于观众人次的上涨，反而获得良好的收益：2014 年票房收入达到 4511 万元，同比增长了 46.4%。①

（4）创建和培育独特的文化品牌社群，积极促进社群成员间的互动

品牌社群非常关注顾客之间的关系，是“一种基于使用同一品牌的

① 卢扬，郑蕊．国内首现促进文化消费专项政策［EB/OL］．北京商报［2015-02-06］．http：//news．hexun．com/2015-02-06/173126862．html．

消费者之间的一整套社会关系而建立的、非地理意义上的专门化社群”（Muniz 和 O'Guinn，2001）。创建和培育一个独特的文化品牌社群不仅是文化企业保持与消费者联系、建立品牌忠诚度的重要途径，也是消费者获取丰富消费体验价值的重要平台。薛海波（2011）曾指出，品牌社群可以为其成员提供丰富的价值，这包括：①信息价值，消费者通过它可以获得产品使用的知识和经验，感知品牌的历史和文化。②社会性价值，品牌社群提供了一个社交场所，消费者在此可以交朋友。同时，它还为消费者提供了一个个人展示、才艺比拼和内容创造的舞台，消费者可借此来获得他人的认同、尊重甚至崇拜。③逃避价值，品牌社群可作为消费者紧张繁忙生活之外的休闲吧，让其暂时忘记紧张的工作和烦琐的事务，尽情享受品牌活动的快乐和体验。因此，从某种程度上说，文化企业营销成功的关键，就在于成功地将消费者凝聚起来并使之同企业共同创建和培育一个独特的文化品牌社群。

文化企业要创建和培育一个成功的品牌社群，关键在于设法促进消费者之间的良性互动，因为这是社群提供价值和利益的重要方式，也是社群得以形成和维持的关键。具体而言，企业可以采取以下措施：①搭建能够吸引社群成员聚集的舞台，营造轻松、舒适和安全的实体或虚拟互动空间。文化品牌社群的形成和成功运作需要一定的外部条件，比如能够满足消费者各种文化体验需求的产品、服务、信息、场景以及网络技术等。因此，根据消费者的需求特点以及网络技术来积极开发和设计具有个性化交互功能的安全空间，为消费者之间的交流、评论和沟通提供高效平台，就成为品牌社群创建的基础。比如，美国户外衣物和器材专家 REI 为其顾客提供了一个交互空间，即 REI Co-op Community，消费者在此可以交朋友、提升户外知识技能、了解户外运动获得信息、展示自我户外运动生活和技巧、获得各种优惠以及会员独享权利的信息等。再如，著名的 eBay 公司，在成立之初就非常注重客户间的联系，为此它们创建了各种虚拟和实体交互空间，包括聊天室、消息栏、反馈论坛、eBay 大学、客户之声等。②举办与品牌相关的各种仪式或活动，为社群成员间互动创造机会和条件。这些仪式和活动包括新成员的入群仪式和教育活动、消费者才艺展示活动、与品牌相关的竞赛活动、节日或庆典活动（薛海波，2011）。比如，哈雷车主俱乐部的新成员要通过赛车入会仪式来接受老成员的评判，消费者还在哈雷越野赛中基于对赛事的共同投入和专注来收获友谊和归属感。再如，小米运动消费者常将自己使用小米产品的经验以及运动生活的状态、经历、情境和独特见解以照片、文字等方式分享到小米运动的“米动圈”，并从中获得快乐和认同。③对品牌社群管理和服务人员进行培训，确保其在引导和管理消费者之间互动过程中的行为合宜性。品牌社群管理者和服务人员作为常常与消费者接触的一线人员，对消费者之间的互动具有重要影响，尤其是对消费者之间可能出现的消极互动进行及时的干预和处理，并积极促动良性的消费者间互动的发生与有效进行，因为这些都会影响到消费者关于消费体验价值的感知以及再消费意愿。因此，文化企业要注意对品牌社群管理者和相关服务人员的培训，使其了解良性的社群成员互动对于社群有效运行的重要性，知晓干预社群成员互动的恰当时机及技巧，并具有提升社群成员互动热情、信心的能力。而对那些在此方面表现优良的社群管理者，则应给予适当的物质或精神方面奖励。

（5）基于互联网和顾客价值导向创新商业模式，促进文化供求良性循环

随着互联网应用的不断深入，越来越多消费者的精神文化生活开始与网络紧密相关。并且，一些互联网文化产品和服务，比如网络新闻、网络游戏、网络音乐、网络视频、网络文学、在线教育、在线旅行预订、网络演出等，也逐渐成为人们生活中不可分割的一部分。根据CNNIC发布的第39次《中国互联网络发展状况统计报告》，截至2016年12月，中国网民规模达到7.31亿，手机网民规模达到6.59亿。其中，网络新闻用户达到6.14亿，网络视频、网络音乐和网络游戏用户皆超过4亿，网络文学用户约为3.3亿，旅行预订用户达到2.99亿，在线教育用户达到1.38亿。网民的人均周上网时长为26.4小时，而作为文化消费的主力消费人群，20~39 岁群体的网民占整体网民的 53.5%。[①] 毫无疑问，这意味着网络文化消费规模非常可观，网络日渐成为人们文化消费的主要途径。有学者甚至指出，我国新的“互联网+”消费形态，已成为文化消费中最有活力的领域，其市场份额已大大超过传统的文艺市场（刘稚亚，2015；雒树刚，2016）。

当越来越多消费者的文化消费生活趋于网络化的同时，文化企业势必也要顺应这一潮流，将企业营销的主阵地逐步向互联网靠拢和转移，并及时通过创新商业模式来保持或扩大自身的文化影响力和竞争力。

对于传统文化企业而言，尤其不能忽略在线市场及网络带来的冲击，而应主动引入和构建自身的电子商务系统。具体而言：①重视在线数据的获取和运用并将之作为企业的一项核心竞争力。要重视网络信息技术和大数据挖掘带来的商业变革，建立企业的在线营销数据库，并提升自身在消费者行为追踪和数据获取与运用方面的能力，时刻关注在线文化消费需求的特征及发展趋势，精准找到潜在消费者并及时洞悉新的市场机会。同时，还要善于利用微博、微信、移动互联网等方式，向文化消费者及时提供最新文化消费信息。②积极开辟网络经营的渠道，提升在线服务水平，促进线上线下融合，扩大市场规模。传统文化企业要将那些经常上网的消费者纳入战略考虑范围内，并通过深入的市场调研来探析在线消费者与离线消费者的异同，借此进行新的战略选择。即使发现在线消费者和离线消费者的行为特征相同，也可以通过在线分销渠道的建立而提升离线交付的服务水平和客户关怀水平。并且，由于网络能够消除地理界线，文化企业也可能会发现其通过网络渠道能联系到更多消费者，进而大大拓展原有市场规模。③借助网络提升产品和服务的定制能力，开拓新的高价值分众市场。文化企业通过及时的网络信息能够识别高度个性化的文化需求和偏好，并提升大规模定制产品和服务的

---

① 中国互联网络信息中心．第 39 次中国互联网络发展状况统计报告[EB/OL]．中国互联网络信息中心［2017-01-22］．http：//www.cnnic.net.cn/hlwfzyj/hlwxzbg/hlwtjbg/201701/P020170123364672657408.pdf.

能力，进而开拓出一个高价值的小众文化市场，为企业持续发展找到新的方向或机会。④借助网络进行产品和服务创新。传统文化企业一方面可以借助物联网、云计算、智能数据挖掘与分析、网络通信新技术等来改造原有产品和服务，比如可穿戴运动设备、VR电影等都给消费者带来了全新的消费体验。另一方面可以基于“互联网+内容”的思路进行文化创意设计和开发，转向提供完全数字化的产品和服务，比如艺术演出的网络视频化、在线教育培训产品和服务等。

而对于纯粹的互联网文化企业而言，在创新商业模式时则应积极引入付费模式，并以优质产品和服务内容来培养用户的付费习惯。这是因为，当前网络经营思维模式已从流量思维、粉丝思维转向生态思维（冯英健，2016）。换句话说，以免费来最大化获取流量和吸引人们注意力的商业模式已不再是主流模式，用更具专业性、艺术性、欣赏性、创意性的优质文化产品和服务体验来为顾客提供价值、建立顾客之间及顾客与文化企业之间的价值关系网络开始成为新商业模式的重要内容。付费的商业模式超越了原来纯粹靠广告收入的商业模式，它不仅能够缩短从文化产品和服务内容生产到销售的周期，也有利于文化企业加速商业投入的回收，更有利于文化知识产权的发展，对于互联网文化企业的创意设计、精品制作和优质服务打造都会起到推动作用。因此，致力于提供优质产品和服务体验的付费商业模式的形成是互联网发展的一个必然趋势，比如手机网络游戏和手机网络文学都通过会员制实现了收费，而付费听音乐并基于音质和内容的不同分级付费的模式也逐渐成为网络音乐企业较为认可的模式（刘坤，2016）。

9.3.3 政府应进一步加强对文化消费的引导和扶持

政府作为文化消费市场中一个非常重要的能动主体，在文化消费意愿提升过程中担任着多重角色，发挥着不可替代的作用。一方面，政府作为公共文化服务的提供者，对居民文化消费感知及其消费意愿具有直接影响；另一方面，作为文化消费的引导者、支持者和促进者，政府也致力于为文化消费的实现创造着各种条件。我国各省市地区的很多政府部门，已经开始重视并实施了一系列刺激文化消费需求的专项政策和措施，初步取得了良好的效果。因此，河南省要打造文化强省、提升居民文化消费，政府部门也必须以消费者文化消费体验感知为着眼点，身体力行地采取支持和刺激文化消费的行动，从而最大限度地激发文化市场活力。

（1）要加强文化消费基础设施建设，提高社会公共文化有效供给

为了保障人民群众基本的文化权益，对于那些文化企业和社会组织不愿提供或无力承担的产品和服务，尤其是具有公共品性质的文化基础设施，政府应承担主导作用。很多学者也指出，政府部门进行文化消费提升的政策着力点，应侧重于基础性和公共性，应致力于为文化消费健康发展提供良好的社会物质条件，建立覆盖城乡的文化服务体系，从而丰富居民的文化消费方式（毛中根和叶胥，2016；吴金燕，2016；张梁梁和林章悦，2016）。这些社会化基础设施包括具有公益性的博物馆、科技馆、展览馆、纪念馆、图书馆、演艺中心、影剧院、游乐设施、文化艺术中心、文化体育广场、体育馆、公园、广播电视站、历史文化保护区等建筑物、场地和设备。当前，我国很多省市地区的政府部门都非常重视文化消费基础设施的建设，比如北京、南京、上海、广州佛山南海区等，都将文化基础设施建设和社会公共文化供给作为提升文化消费的一项重要任务。

要进行文化消费基础设施建设，提高社会公共文化有效供给，必须以居民消费体验需求为主导，从以下两个方面下功夫：①注重打造综合性的、布局合理的、“一站式”的文化消费场所。这样大型的文化消费场所，常常集文化展示、聚会休闲、互动交流、创意生活等功能于一体，共享程度非常高，并具有较高的便民性、聚客力和吸引力。具体而言，它能让人们更容易接触到各种各样的文化产品和服务，从而满足其个性化、多样化、多层次的文化消费需求；同时，还能节省人们搜寻到心仪文化产品和服务的时间、精力、金钱等成本，从而极大地提升了文化消费的便捷性体验和感知价值；另外，它还提供了一个舒适的休闲娱乐空间，人们在此既可以获得社会交往的机会和互动交流的欢乐，也能暂时逃离工作和生活的烦恼从而得到精神上的安宁和休憩。当前，北京市和南京市政府都提出要打造大型的文化消费综合体，提供“一站式”的文化服务。上海市徐汇区提出要实施“一带两圈”文化发展战略，打造3个文化目的地消费综合功能区。广东省佛山市南海区也大力推进“城乡十分钟文化圈”建设。②要顺应“互联网+”的时代潮流，大力提供科技含量和附加值高的文化产品和服务。以美国公共图书馆为例，不仅提供图书借阅服务，还为人们提供免费的信息咨询服务，比如举办就业讲座、进行就业信息查询、为社区小学生提供家庭作业咨询等（王玉霞，2016）。广东省佛山市南海区正在积极构建智慧图书馆（24小时“读书驿站”）服务网络，现已建成21家。另外，比较成功的上海市政府官方微信“上海发布”，专门设立了美编的岗位，尽力将各种文字信息转换成市民喜闻乐见的话语方式和呈现方式，从而极大地提升了信息质量和市民感知体验。

（2）举办各种文化惠民活动，对居民文化消费实施专项财政补贴

在很多情况下，个体居民对于文化消费的需求，尤其是对于高层次文化消费的需求，是处于无意识或潜意识状态的，因此，要提升居民文化消费水平，政府就需要采取适当的措施来激发和诱导其对某项文化消费的欲望。而举办各种文化惠民活动，对居民文化消费实施专项资金补贴，降低文化消费的门槛，就成为进一步提升居民文化消费意愿的重要刺激诱因。

首先，政府部门应积极举办文化惠民活动，集中地展示当地居民最需要的或高品质的特色文化消费研究，使其充分体验到文化消费的便捷性、美感、艺术性和愉悦性，进而激发其进行文化消费的热情和积极性。我国多个省市地区，比如北京市、合肥市、佛山市南海区等，都有效组织了诸多优秀的、具有特色的文化消费惠民活动，极大地提升了居民文化消费意识，减少了居民搜寻合意文化产品和服务的成本，刺激了居民进行文化消费的欲望。比如，安徽省第三届文化惠民季活动，集中组织了工艺美术精品博览会、徽菜博览会、宣纸文化体验月、青铜文化博览会、黄梅戏展演周、竹简文化惠民行等一批精彩的展会展演展销。①

其次，政府应注重打造新兴的、高科技的文化消费集中展示体验。通过呈现一系列创意文化的最新发展成果，大大拓展人们的文化消费眼界，诱导其提升文化消费的层级，进而激发文化创意市场的活力。比如，北京市第三届惠民季活动中，举办了“穿阅中塔 3D 中国行”、北京文化数码产业博览会等活动，利用 3D 技术将明信片、书签、装饰画等变成立体画面，通过 VR（虚拟现实）技术眼镜感受 4D 影像，让消费者充分体验到文化产品的娱乐性、便捷性、艺术性和创新性；② 安徽省在安徽图书城举办了文化科技和信息消费产品展，其中，克洛斯威智能钢琴、声讯语音速记本、阿法蛋智能早教机器人、“时光流影”文化生活自出版、豚宝宝互动电子课件、新知数媒美丽化学、奥希瑞斯全自动胶片冲洗机等一大批中国首创、世界一流高科技含量的文化消费智能终端产品和服务集中呈现给消费者，给其带来非同一般的难忘体验。③

再次，政府可以对居民文化消费实施专项资金补贴政策，以便降低居民文化消费的成本，最大限度增进其文化消费体验的感知价值。在这方面，可以借鉴北京等地的经验，免费发放文化惠民卡，通过刷卡打折优惠、积分抽奖方式对居民文化消费行为进行直接补贴；也可以参考武汉市武昌区的做法，通过让市民关注微信公众号来引导和激励其参与文化消费。具体就是当市民关注了微信公众号“文化汇”并在文化场所

---

① 彭旖旎．第三届安徽文化惠民消费季拉开帷幕 890 万省级财政直补文化消费者［EB/OL］．第三届安徽文化惠民消费季官网［2016-08-26］．http：//ah. anhuinews. com/system/2016/08/26/007446912. shtml.

② 林凯．第三届北京惠民文化消费季拉动消费效果显著［EB/OL］．［2015-12-25］．http：//mt. sohu. com/20151225/n432538202. shtml.

③ B. 约瑟夫·派恩，詹姆斯·H. 吉尔摩．体验经济［M］．夏业良，鲁炜等译，北京：机械工业出版社，2002.

签到、评价、分享后可以获取积分，这些积分可兑换成文化消费券，这些消费券在指定的书店、剧场、影院等文化消费场所可以冲抵现金，冲抵资金部分由政府进行补贴，居民最高可享受消费金额50%的优惠；[①②]还可以根据实际情况借鉴广州佛山市南海区的经验对居民文化消费进行间接补贴，具体就是通过政府采购与竞争性分配的方式，对文化提供者进行补贴，从而使文化产品和服务价格大大降低。相应地，居民进行文化消费的成本也大大减少。

又次，政府财政补贴的领域要以居民的实际文化需求为导向。只有将补贴资金用于居民最需要、最实用的文化消费上，才能最大限度地激发居民的文化消费需求。在这方面，安徽省和佛山市南海区的做法值得借鉴。安徽省在文化惠民消费季活动中，将财政补贴资金专门安排在看书、看报、看电影、看电视和看大戏这五项城乡居民最常涉及的文化消费上，既很好地实现了居民的基本文化需求，也有效培养了居民的文化消费意识和购票习惯。[③] 佛山市南海区在选取消费补贴领域时，也是以当地居民文化的实际需求为出发点，择取了四个大众文化消费领域，即送戏下乡、送图书去基层、社区文化活动和文化经典门票。[④]

最后，针对不同文化消费类型政府应设置不同的补贴比例，以便更好地引导居民优化文化消费结构。在这方面，安徽省合肥市和贵州省遵义市汇川区的做法值得学习。安徽省合肥市将文化消费划分为娱乐型和发展型两大类，并按市场消费需求对每一大类进行细分，设置更为细致的补贴比例。比如，对合肥市民具有较高消费热情和需求量大的图书消费，适当降低补贴比例，给予20%的消费补贴。而对人们消费热情不高

---

① 黄磊，屠非，昌宣．武昌试点拉动文化消费[EB/OL]．湖北日报［2015-10-15］．http：//news. xinhuanet. com/local/2015-10/15/c_128322136. htm.

② 郭婷婷．拉动城乡居民文化消费试点项目武昌区试点工作稳步推进[EB/OL]．［2016-01-28］．湖北省文化厅网站，http：//www. hbwh. gov. cn/xwdt/whdt/13149. htm.

③ 李跃波．公益惠民补短板　创新杠杆促消费[EB/OL]．中安在线［2016-08-25］．http：//ah. anhuinews. com/system/2016/08/25/007444957. shtml.

④ 南文．佛山南海：打造文化消费补贴新样本[EB/OL]．［2014-07-25］．http：//www. zjwh. gov. cn/dtxx/2014-07-25/166792. htm.

的艺术表演类消费，则适当提高补贴比例，给予50%的消费补贴。这样就能引导市民培养新的消费需求和习惯。[①] 另外，贵州省遵义市汇川区规定，居民通过文化消费网进行文化消费，出版类可享受20%的政府补贴，广播影视类补贴为20%，文艺表演类补贴为50%，文化艺术培训补贴为10%。[②]

（3）着力提高居民的收入水平与文化水平，建立完善的社会保障体系

城乡居民可支配收入水平的高低在很大程度上决定着其消费能力的强弱。2016年，河南省城乡居民的人均可支配收入为18443.08元，仅为全国收入水平的77.4%，[③] 在扣除日常的衣食住行等必需品的开支之后，只有少量的闲钱可供进行文化消费，这在很大程度上抑制了文化消费数量和质量的提升。并且，在收入水平还不够高的情况下，人们的文化消费需求弹性往往较大，出现任何风吹草动，文化消费都是首要的削减对象。因此，提升居民可支配收入水平，成为释放文化消费潜力的关键推动因素。对此，政府部门应建立城乡居民收入持续增长机制，以可支配收入的增加来促进文化消费数量的扩大、质量的提升和结构的优化。具体而言要：①规范初次分配，加大再分配调节力度，较快增加城乡居民收入；②逐步提高企事业单位人员工资及退休人员养老金；③完善最低工资标准调整机制，引导企业合理增加职工工资；④健全农民收入增长支持政策，扩展农民增收渠道，增加农民收入水平。

居民受教育程度和文化素养越强，意味着其文化理解力、鉴赏力越高，意味着其对精神层面的消费尤其是发展型、智力型和艺术型的文化消费需求越高。因此，政府应大力提升居民的知识教育水平，以便从根

---

① 合肥市引导城乡居民文化消费试点工作总结[EB/OL]. 安徽省文化厅网站 [2016-12-20]. http://www.ahwh.gov.cn/zwgk/jcbslsqk/45617.shtml.

② 汇川区政府办公室. 汇川区上网进行文化消费最高补贴50%[EB/OL]. 中国贵州网 [2016-01-19]. http://www.gzgov.gov.cn/xwzx/gszdt/zy/201601/t20160119_367695.html.

③ 梁新翠. 2016年河南全省居民人均可支配收入增长7.7%[EB/OL]. 河南省人民政府门户网站 [2017-01-24]. http://www.henan.gov.cn/jrhn/system/2017/01/24/010704085.shtml.

本上提升文化消费需求的品质和层级。当前，在河南省居民中，高学历居民数量还比较少。根据《中国统计年鉴》（2016）显示，在河南省居民中，具有大专及以上学历的人数占 6 岁以上总人口数的比例仅为 8.744%，初中及以下学历人数占比为 72.424%。[①] 就此，河南省政府应继续改善各类学校办学条件，完善义务教育经费保障机制，扶持和支持各种社会量兴办教育和文化培训，尤其是应加大对高等教育的投资和扶持力度，全力提升河南省居民的文化教育程度和文化素养水平。

只有建立了完善的社会保障体系，才能消除居民文化消费的后顾之忧。很多时候，居民并不是主观上不愿意进行文化消费，而是无力或无心进行文化消费。当前较大的生活压力，包括住房压力、教育压力、养老压力、医疗压力等，都会对居民文化消费产生负面影响（李志和李雪峰，2016）。以教育为例，相关数据表明，英国居民的休闲、奢侈品花费占一生全部消费的比重约为 16%，教育和子女花费仅占 2%。而在我国，教育消费几乎占全部教育、文化和娱乐消费的五成左右（祁述裕，2016）。因此，政府部门要提升居民的文化消费，就应该为居民提供更多、更好的公共服务，逐渐兼顾各类人员的社会保障待遇稳定居民消费预期。只有这样，才能有效降低居民对未来风险不确定性的预期和预防性储蓄的动机，减少居民消费文化产品和服务的后顾之忧，提高其对未来生活品质的预期，从而间接刺激其对文化消费的需求欲望（张梁梁和林章悦，2016）。

（4）重点培育和扶持文化创意企业和具有核心竞争力的文化企业

为了推动文化产业供给侧的创新和改革，引导和促进文化企业提供数量更多、品质更好、层次更高的文化精品，活跃文化消费市场，刺激消费需求，政府部门还应对文化创意企业及具有核心竞争力的文化企业给予重点扶持。

---

① 根据《中国统计年鉴》（2016）中的数据计算而得，详细数据见分地区按性别、受教育程度分的 6 岁及以上人口（2015），网址：http：//www.stats.gov.cn/tjsj/ndsj/2016/indexch.htm。

第一，政府部门应适当放松对文化市场的管制。具体而言，应进一步规范文化市场管理体制，精简文化项目审批环境、手续和费用，以降低文化企业运营成本。

第二，通过购买产品和服务的方式，支持文化企业的生产和销售。比如山东省政府通过购买服务的方式来大力发展体育竞赛表演业、体育休闲旅游业以及文化软件产品和服务业。大连市 2014 年安排资金 243 万元，曾购买了 100 场民营院团的演出服务配送到基层。①

第三，通过提供财政资金补贴，刺激文化企事业单位的活力。尤其是对文化消费评价绩优的企业和项目，对具有强势文化品牌的、具有核心竞争力的企业和项目，对智力型、发展型、艺术型、高科技型的文化创意企业和项目，要给予优先的财政补贴扶持。比如，南京市提出要设立南京艺术基金，以加大对文化艺术产品创作生产、文化交流等扶持力度，激活文艺创作热情。② 广东省佛山市南海区在“送戏下乡”项目中，对国家级舞台艺术精品演出每场给予 30 万元补贴。③

第四，通过提供奖励的方式，引导、激发文化事业单位提供原创精品和提升服务质量。比如，山东省提出要加大对原创影视、动漫精品的奖励力度，鼓励文化企业提供原创精品。对确定为省重点出版研究的出版物，或获得国际、国内重要奖项的优秀出版产品，根据获奖等级给予奖励。对新增世界遗产地、5A 级旅游景区、国家旅游度假区、国家旅游改革创新示范区、国家生态旅游示范区等给予一次性奖励。④ 再如，

① 周筱潼．提升南昌文化消费水平，推动南昌文化产业发展[EB/OL]．南昌理论网［2015-12-22］．http：//skly. nc. gov. cn/aritcle/2015-12/22/content_1484124. htm.

② 南京市政府办公厅．关于印发《南京市引导城乡居民扩大文化消费的实施意见》的通知（宁政办发〔2016〕179 号）［EB/OL］．南京市人民政府网［2016-12-17］．http：//www. nanjing. gov. cn/xxgk/szf/201612/t20161221_4316313. html.

③ 南文．佛山南海：打造文化消费补贴新样本[EB/OL]．浙江省文化厅［2014-07-25］．http：//www. zjwh. gov. cn/dtxx/2014-07-25/166792. htm.

④ 山东省人民政府关于运用综合政策措施支持扩大消费的意见（鲁政发〔2016〕22 号）［EB/OL］．山东省人民政府网［2016-08-22］．http：//www. sdwht. gov. cn/html/2016/szf_0822/36075. html.

北京市政府主张提高对北京文化惠民卡加盟商户的绩效奖励，以此激发其提升服务质量及参与文化惠民活动的热情。①

第五，加大对文化企业的税收优惠和金融创新支持，打破制约文化企业发展的资金束缚。比如，北京市和南京市政府都提出要加强文化消费金融服务，建立健全社会资本参与机制。具体而言，可鼓励金融机构发挥自身优势开发第三方支付和移动便捷支付结算系统；探索开展艺术品资产托管、信托投资基金、质押融资等业务，拓展消费信贷；鼓励金融机构推出出版众筹、电影众筹、艺术众筹等文化消费众筹产品；支持社会资本参与文创产品创作开发，鼓励民间资本进入公共文化服务领域；等等。另外，对一些文化创意企业或公益性质的展览企业、演艺公司，以及小微文化企业，政府部门应适当进行税收减免，以降低其运营成本。

第六，鼓励文化企业之间进行多种形式的合作，通过集中化服务发挥溢出或关联效应。政府部门还可以积极创造条件，利用科技园、实训基地、实验室、孵化基地等产业聚集载体，来促进文化企业和其他相关企事业单位开展多种形式的合作，从而聚焦文化消费项目，提升文化消费市场的集中度。这样不仅有利于培育以创新为导向的全产业式大型文化企业，也有利于降低消费者的时间成本和转换成本，更有利于提供更为丰富的文化消费体验，最终实现文化产业供求的良性发展。

（5）牵头搭建互联网信息共享平台，促进文化信息资源的有效流动和对接

所谓互联网信息共享平台，是由政府、媒体、各类文化企业及相关文化组织进行数据资源整合和共享的综合性、一体化的平台。它能够集成并及时提供、推介文化产业发展和市场需求的信息，促进供给和需求的有效对接；能够为文化企业及其他相关组织部门提供研究、资金和人

① 南京市政府办公厅．关于印发《南京市引导城乡居民扩大文化消费的实施意见》的通知（宁政办发〔2016〕179号）[EB/OL]．南京市人民政府网〔2016-12-17〕．http：//www.nanjing.gov.cn/xxgk/szf/201612/t20161221_4316313.html.

才等资源的对接，提升其运营效率并提供联合营销机会；能够深入开展文化消费和文化市场的调查统计监测，促进政府、企业及其他相关部门准确掌握文化消费动态发展，从而有效地引导文化消费并及时进行相关策略调整；能够加快文化产品和服务消费的数字化和网络化进程，促进新型消费业态的形成，极大地提升了文化消费的便捷化水平，甚至缩小城乡之间的文化鸿沟从而推进城乡文化消费的一体化进程……而这样功能强大的信息资源共享平台，不是任何单一的企业或社会组织所能够承担的，唯有政府才最具有号召力和能力。因此，相关政府部门应积极主动地承担这一责任，主导互联网信息资源共享平台的建设事宜，全力提升文化消费服务的水平。

当前，我国很多省市地区的政府部门，都已经或正在全力搭建互联网信息资源共享平台，并取得了不少成功经验。比如第 7 章中提到的，北京市的在线“文汇天下”国家文化消费服务平台，南京市政府正要建设的、可实现项目申报、机构审核、电子支付、文化消费信息查询等功能于一体的智能型综合服务平台，湖北省武汉市集消费、演出、交易、技术、生产、运营、管理、预测、预警等为一体的“武汉智慧文化消费平台”，安徽省在文化惠民季活动中搭建的文化消费信息发布平台和营销推广平台，等等。河南省政府及相关部门，可以对这些先进的经验进行学习，并结合本地文化消费市场的具体情况，提出适合自身的、科学的互联网信息资源共享平台建设方案，然后全力推进这一巨大工程的实施进程。

（6）优化文化消费发展环境，建立制度和法律保障并加强市场监管力度

不良的文化消费市场发展环境，不仅会打击人民群众文化消费的热情和信心，抑制文化消费数量的扩大和品质的提升，还会引发文化企业经营的混乱和无序，最终破坏文化行业发展的生态平衡。根据中国消费者协会的投诉统计数据，文化娱乐投诉的数量近年来呈上升态势，2015 年全年文化娱乐体育类投诉共计 9038 件，比 2014 年的 6577 件增加了

37.42%。而文化类投诉中，合同纠纷高达3098件，紧随其后的是服务质量纠纷和售后服务投诉，分别是2022件和1488件。[①] 实际上，当前文化消费市场存在的虚假宣传、服务滞后、价高质劣、商业欺诈、安全问题、信息不对称等诸多问题，已经大大抑制了人民群众的文化消费需求。因此，政府部门应注重文化消费发展环境的优化，加强市场监管并维护公平交易和诚实守信的市场秩序。

首先，政府部门应积极出台促进文化消费的专项政策和措施，尽力培育和创造一个能够最大限度释放文化消费潜力和活力的环境氛围。在这方面，可以参考北京市、南京市、佛山市南海区、江西省南昌市等省市地区的经验，它们均已经出台了很多促进文化消费的专项政策和措施，甚至已经构建了较为完备的文化消费政策体系（具体参见第7章内容），相关做法很有借鉴的价值。另外，在制定相关政策和措施时，应充分尊重不同群体的文化消费选择和行为习惯，谨慎使用行政力量，以免发生挤出效应（祁述裕，2016）。而对于老年人群体、孩童和学生群体、农民和城市务工者、低收入人群等特殊群体，在相关政策的制定和实施过程中应适当给予倾向性重点帮扶，为其提供优惠和各种消费便利，以实现文化消费的均衡发展并保障文化消费权益的平等。

其次，提供坚实的文化消费制度和法律保障，建立有助于文化消费供给和需求均衡的长效机制。比如，有助于保护创作者权益的知识产权制度、侵权行为出现时的版权赔偿法律、文化产业税收减免制度和法律、历史文化古迹保护法律和制度、职工的带薪休假制度和规定、可以促进居民消费意愿提升的文化消费券制度、文化中介制度等。这些与文化消费相关的制度和法律体系的健全，是文化消费市场健康并高效运行的后盾。

再次，加快推进文化消费领域产品、服务标准化体系和评价指标体系的建设，健全和完善重点文化领域及新兴业态的关键标准。相关标准

① 李建．唱好文化消费重头戏[N]．中国消费者报，2016-04-11.

和评价指标体系的完善，对于规范市场发展机制、建设安全与可信的消费环境具有重大支撑作用。对此，北京市政府曾提出要进行文化消费领域产品、服务标准化体系建设，健全以市场为导向的文化产品与服务评价指标体系，建立由第三方实施的消费者评价和反馈机制，把市场认可度作为评价和支持文化消费研究的重要依据；山东省政府也提出要加快制定和完善重点领域及新兴业态的相关标准，出台完善健康、体育、文化、旅游等领域关键标准。

最后，加强市场监管力度，遏制低俗文化产品的生产和传播，净化文化消费环境。当前，仍有部分文化企业一味追求经济利益，提供违法和具有灰色内容的低俗、媚俗性产品和服务。对此，政府部门必须加强监管力度，建立事前、事中和事后动态监管机制，严厉打击各种文化盗版侵权、商业欺诈、虚假宣传、假冒伪劣、非法营销及其他损害消费者权益的行为，完善产品和服务质量监督抽查制度，并利用科技手段逐步建立文化市场的监控监管平台，全面提升监管的力度、效率和精准度，从而达到净化社会文化环境、规范和维护公平交易、诚实守信的文化市场秩序的目的。

9.3.4 媒体应致力于营造科学健康的文化消费舆论氛围

社会媒体作为文化消费市场的一个重要主体，担负着提升人们文化素养，培育健康、文明、高雅文化消费需求，倡导积极向上文化消费氛围的重要职责。利维斯（E. R. Leavis）和丹尼斯·桑普森（Denys Thompson）在《文化与环境：培养批判意识》一书中曾指出，在商业动机的刺激下，新兴的大众传媒所普及的流行文化，往往推销着一种低水平的满足，这种低水平的满足将误导社会成员的精神追求，尤其会对青少年的成长产生各种负面的影响。[①] 而大众媒体作为社会舆论的主导者，应该主动担当教育文化消费者、提升其文化素养的职责，尽力消除

---

① 宋小卫．学会解读大众传媒——国外媒介素养教育概述（上）［J］．当代传播，2000（2）：61-63.

低俗、媚俗文化产品和服务带来的各种负面影响，并有效利用自身的影响力来帮助人们树立健康向上的文化消费理念，提高其文化消费的自觉性和积极性。

第一，应开展形式多样的文化消费主题宣传活动，创建良好文化消费氛围。可以综合发挥电视、报纸、广播、微博、微信及其他网络新媒体的舆论引导功能，充分利用现代媒体技术和明星效应，来引导消费者树立科学、理性、文明、积极向上、健康的文化消费意识，并逐渐形成喜欢文化消费、享受文化消费并受益于文化消费的良好氛围。

第二，应充分利用舆论力量来教育、启发、引导人们形成合宜的文化消费行为习惯。通过户外宣传屏幕、文化广场、文化演出传播、社区宣传栏等方式在居民生活中进行贴近宣传，提高人们的文化素养和消费知识水平，提升其对各类文化产品和服务的理解力、鉴别力、欣赏力，促使人们养成健康有益的业务文化爱好和消费行为习惯，激发人们的文化消费需求由初级层次向高级层次跃升，由追求感官愉悦到渴慕心灵升华、由娱乐消遣型转向精神享受型、由单一性向多重性趋势发展。

第三，通过对各种文化活动和事件的生动传播来再现文化产品和服务的魅力和吸引力，最大限度提升人们的文化消费意愿。可以利用新媒体技术构建先进的文化传播体系，生动及时地为人们报道与文化产品和服务相关的最新信息，剖析文化市场发展行情，增强文化产品和文化服务的表现力、吸引力和感染力，从而真正发挥其引导文化消费、扩大文化消费的功能。

第四，充分发挥大众媒体的舆论监督作用。大众媒体还具有舆论监督的功能，它能够及时曝光各种不良文化消费的阴暗面，有效遏制文化消费中的盲目、迷信、低俗化倾向，防止居民在文化消费中迷失方向和丧失主体性。

第五，应调动居民主动参与舆论宣传的积极性。在新媒体和信息时代，每一个人通过电脑、手机、互联网及各种允许“用户生成内容”的网络平台工具，都能够在一定范围内形成一个自媒体。这种自媒体能够通过自主的文化内容创造和互动，对各地域文化产品和服务的艺术价值、审美特色、历史意义等进行有效的介绍、推介和传播，这对于提升地域文化形象、增强当地特色文化影响的辐射力是一种非常有效的力量。

9.3.5 文化中介组织要充分发挥其在文化市场中的桥梁和纽带作用

文化中介组织是连接文化生产、流通和消费等环节的服务性组织，是消费者、文化企业、政府、媒体之间进行沟通的桥梁和纽带。文化中介结构可以分为三类，即交易型、准则型和管理型。其中，交易型文化中介机构包括经纪类、代理类和交易类，如文艺演出经纪、文化产品销售代理以及文化拍卖组织等；准则型文化中介机构主要包括咨询、认证、评估和担保类，如技术咨询、投融资担保和信用担保等；管理型文化中介机构主要是指民间文化组织、行业协会等社团类文化中介组织，这类中介组织承担着政府的一部分职能，能够提高政府的管理效率（朱静雯和孙庆庆，2014）。这三类文化中介组织并不是互相排斥的，而是相互有交叉的，比如一些书画协会，既具有行业协会的管理功能，又可能具有连接书画家和消费者的交易功能。

文化中介组织通过调度文化信息、知识、创意、产品和服务、资金等的流向，能够推进文化供给侧的创新改革，增强居民文化消费体验并提升其消费意愿，甚至激活、培育和规范文化消费市场。因此，文化中介组织的作用十分重要，在提升文化消费的过程中，各种文化中介组织应充分发挥积极性和能动性，不断提高自身的服务质量，以促进文化消费数量的扩大和品质的提升。

首先，要基于顾客体验来提升沟通文化消费供求双方的能力和技巧。当前，阻碍文化消费提升的一个重要因素在于文化供给和需求方的不对接，消费者不知道哪里有合意的文化产品和服务，而文化企业无法接触到最契合的目标消费者群体。因此，设法在文化供给者和消费者之间建立联结，并通过为顾客提供卓越的文化消费体验来促成文化交易的达成，就成为交易型文化中介组织的重要职责。具体而言，文化中介组织可以从两个方面着手：①学会用独特的展示方式来彰显文化产品和服务的魅力。文化产品和服务展示方式对于交易的达成非常重要。如果某种文化产品和服务所在的位置、环境或氛围能够赋予其“被发现”或“探索性”的特性，那么就更容易使消费者产生新鲜的、幻想的、难忘的体验，并获得亲自探寻的乐趣感和自豪感，从而对消费者更富有吸引力。这就如一位艺术评论家所提到的“物的魔力与其被发现的偶然性密不可分”（Maurice，1961）。因此，交易型文化中介组织在力促交易达成的过程中，必须洞察消费者的文化品位，通过调控文化产品和服务的展示环境、氛围以及包装与展示的具体方式，来诱导消费者产生对文化产品和服务的需求和欲望。②通过编织有感染力和说服力的文化故事，来阐释文化产品和服务独特的意义和价值，进而引发消费者的联想和认同感。如何描述文化产品和服务，对于消费者如何认识和判断其价值以及是否愿意购买都具有重要影响。因此，文化中介结构需要借助文化故事来更好地向消费者解释或阐释文化产品和服务的来源地、制造者、文化象征意义、传统用途甚至从原产地到达市场的路径。唯有这样，才会使消费者的购买体验更加完整和丰富，才能更好地激发消费者的兴趣和购买欲望。

其次，努力提升为文化企业服务的质量，降低其运营成本，促进文化供给侧的创新改革。很多文化企业的规模比较小，并且面临投资高、融资难、回报慢、人才少、信息不通畅的难题，对此，文化中介机构尤其是准则型文化中介机构可以充分发挥积极性和能动性，结合自身的知识和能力，为文化企业提供各种法律法规和产业政策信息、文化行业发展和培训信息、文化市场发展和消费者品位偏好及行为习惯信息、文化产品价值评估、融资和信用担保、人才挖掘和推荐、文化项目招商、文化版权及创意交易等各种服务，以便为其提供最大限度的经营便利并帮助其降低运营成本，进而促使其通过生产和交付更多、更好的文化产品和服务而为消费者提供丰富而卓越的文化消费体验。

再次，通过举办一系列群体性的文化主题活动，来提升顾客的文化理解力和鉴赏力，诱发其进行文化消费的兴趣和欲望。交易型和管理型文化中介机构，可以通过举办艺术展览、文化展会、艺术表演、文化讲座、文艺鉴赏、读书会、社区展览和讲座、民间交流会等多种形式的主题活动，在各类消费者群体中进行言传身教，着重普及和介绍相关文化产品的艺术价值、审美特色、历史意义、传统用途等，在推动特色文化资源的传承与发展的同时，切实提高普通民众的文化知识水平和理解鉴赏水平，激发其文化消费欲望并提升其文化消费的质量层级。

最后，规范文化市场秩序，对文化市场运行加强监督和协调。文化中介机构尤其是管理型文化中介机构，还承担了政府的某些社会职能，能对文化市场运行进行监督和协调。有学者也指出，文化中介组织的其一个重要作用，就是培育良好的文化市场，使大家都遵守游戏规则并更加规范地从事文化产业（张国，2015）。具体而言，由于文化中介机构比政府更为贴近文化市场，因此对市场运行及各方利益相关者的情况也更为了解，它们通过自身的信息收集、评价和传播机制，能够及时发现各种不良的文化市场事宜，及时进行干预和引导。另外，一些行业协会和商会性质的文化中介组织，还会依据法律法规来制定并执行行规、行约和各类标准，对文化企业的产品和服务质量、竞争手段、经营作风进行严格监督，对各种侵犯消费者权益的行为给予曝光和惩罚，从而引导文化行业内的自律行为，促进文化市场运行的规范性、诚信性和公平性。

参考文献

[1] Abdel-Ghany, M. , & Schwenk, F. N. Difference in Consumption Patterns of Single-Parent and Two-Parent Families in the United States [J]. Journal of Family and Economic Issues, 1993, 14 (4): 299-315.

[2] Aitken R. , Lesley K. , & Adrian B. A Comparison of Australian Families' Expenditure on Active and Screen-Based Recreation Using the Abs Household Expenditure Survey 2003/04 [J]. Australian and New Zealand Journal of Public Health, 2008, 32 (2): 238-245.

[3] Ajzen I. The Theory of Planned Behavior [J]. Organizational Behavior and Human Decision Processes, 1991, 50 (2): 179-211.

[4] Alderson A. S. , Junisbai A. , & Heacock I. Social Status and Cultural Consumption in the United States [J]. Poetics, 2007, 35 (2-3): 191-212.

[5] Al-Sabbahy H. , Alotaibi E. , & Lockwood A. Interaction Quality in Service Encounter: Scale Development and Validation [A] //ICHRIE Annual Conference [C]. Denver, Colorado USA, 2011, 7.

[6] Ateca-Amestoy V. Determining Heterogeneous Behavior for Theater Attendance [J]. Journal of Cultural Economics, 2008, 32 (2): 127-151.

[7] Atkinson S. , & Mary R. Arts and Health as a Practice of Liminality: Managing the Spaces of Transformation for Social and Emotional Wellbeing with Primary School Children [J]. Health & Place, 2012, 18 (6): 1348-1355.

[8] Aucouturier J. J., Fujita M., & Sumikura H. Experiential Response and Intention to Purchase in the Cocreative Consumption of Music: the Nine Inch Nails Experiment [J]. Journal of Consumer Behaviour, 2015, 14 (4): 219-227.

[9] Babin B. J., Darden W. R., & Griffin M. Work and/or Fun: Measuring Hedonic and Utilitarian Shopping Value [J]. Journal of Consumer Research, 1994, 20 (4): 644-656.

[10] Baek, E., & Hong, G. S. Effects of Family Life-Cycle Stages on Consumer Debts [J]. Journal of Family & Economic Issues, 2004, 25 (3): 359-385.

[11] Baron S., & Harris K. Toward an Understanding of Consumer Perspectives on Experiences [J]. Journal of Services Marketing, 2010, 24 (7): 518-531.

[12] Baron S., & Harris K. Consumers as Resource Integrators [J]. Journal of Marketing Management, 2008, 24 (1-2): 113-130.

[13] Baumol W. J., & Ide E. A. Variety in Tetailing [J]. Management Science, 1956, 3 (1): 93-101.

[14] Bearden W. O., & Etzel, M. J. Reference Group Influence on Product and Brand Purchase Decisions [J]. Journal of Consumer Research, 1982, 9 (2): 183-194.

[15] Becker G. S. A Theory of the Allocation of Time [J]. Economic Journal, 1965 (9): 493-517.

[16] Bihagen E., & Katz-Germ T. Culture Eonsumption in Sweden: The Stability of Gender Differences [J]. Poetics, 2000 (5): 327-349.

[17] Bitner M. J. Evaluating Service Encounters the Effects of Physical Surroundings and Employee Responses [J]. Journal of Marketing, 1990, 54 (2): 69-82.

[18] Bitner M. J. Servicescapes: The Impact of Physical Surroundings

on Customersand Employees [J]. Journal of Marketing, 1992, 56 (2): 57-71.

[19] Borowiecki K. J. , & Navarrete, T. Fiscal and Economic Aspects of Book Consumption in the European Union [J]. Journal of Cultural Economics, 2018, 42 (2): 309-339.

[20] Bourdieu P. Distinction: A Social Critique of the Judgment of Taste [M]. Harvard University Press, 1984.

[21] Bourgeon-Renault D. , Urhain C. , Petr C. , et al. An Experiential Approach to the Consumption Value of Arts and Culture: The Case of Museums and Monuments [J]. International Journal of Arts Management, 2006, 9 (1): 35-47.

[22] Brakus J. J. , Schmitt B. H. , & Zarantonello L. Brand Experience: What Is It? How Is It Measured? Does It Affect Loyalty? [J]. Journal of Marketing, 2009, 73 (3): 52-68.

[23] Brito P. , & Barros C. Learning-by-Consuming and the Dynamics of the Demand and Prices of Cultural Goods [J]. Journal of Cultural Economics, 2005, 29 (2): 83-106.

[24] Brocato E. D. , Voorhees C. M. , & Baker J. Understanding the Influence of Cues from Other Customers in the Service Experience: A Scale Development and Validation [J]. Journal of Retailing, 2012, 88 (3): 384-398.

[25] Brook O. Spatial Equity and Cultural Participation: How Access Influences Attendance at Museums and Galleries in London [J]. Cultural Trends, 2016, 25 (1): 21-34.

[26] Butcher K. , Sparks B. , & O' Callaghan. Beyond Core Service [J]. Psychology & Marketing, 2003, 20 (3): 187-208.

[27] Carpentier, F. R. D. , Brown, J. D. , Bertocci, M. , et al. Sad Kids, Sad Media? Applying Mood Management Theory to Depressed Adoles-

cents' Use of Media [J]. Media Psychol, 2008, 11 (1): 143-166.

[28] Chan, T. W., & Turner, H. Where Do Cultural Omnivores Come from? The Implications of Educational Mobility for Cultural Consumption [J]. European Sociological Review, 2017, 33 (4): 576-589.

[29] Chan W., & Goldthorpc H. Social Stratification and Cultural Consumption: Music in England [J]. European Sociological Review, 2007, 23 (1): 1-19.

[30] Chandon J. L., Leo P. Y., & Philippe J. Service Encounter Dimensions-A Dyadic Perspective: Measuring the Dimensions of Service Encounters as Perceived by Customers and Personnel [J]. International Journal of Service Industry Management, 1997, 8 (1): 65-86.

[31] Chang T. Y., & Horng S. C. Conceptualizing and Measuring Experience Quality: The Customer's Perspective [J]. The Service Industries Journal, 2010, 30 (14): 2401-2419.

[32] Chenery H. B. Patterns of Development: 1950-1970 [M]. London: Oxford University Press, 1975.

[33] Cheng, W. Cultural Goods Creation, Cultural Capital Formation, Provision of Cultural Services and Cultural Atmosphere Accumulation [J]. Journal of Cultural Economics, 2006, 30 (4): 263-286.

[34] Clore, G. L., Gasper, K., & Garvin, E. Affect as Information [A]. J. P. Forgas. Handbook of Affect and Social Cognition [C]. Mahwah, NJ: Lawrence Erlhaum, 2001: 121-144.

[35] Corning J., & Levy A. Demand for Live Theatre with Market Segmentation and Seasonality [J]. Journal of Cultural Economics, 2002, 26 (3): 217-235.

[36] Cragg, J. G. Some Statistical Models for Limited Dependent Variables with Application to the Demand for Durable Goods [J]. Econometrica, 1971, 39 (5): 829-844.

[37] Danko W. D., & Schaninger C. M. Attitudinal and Leisure Activity Differences across Modernized Household Life Cycle Categories [J]. Advances in Consumer Research, 1990, 17 (1): 886-894.

[38] Dardis R., Derrick F., & Lehfeld A. Cross-Section Studies of Recreation Expenditures in the United States [J]. Journal of Leisure Research, 1981, 13 (3): 181-194.

[39] Dewenter R., & Westermann M. Cinema Demand in Germany [J]. Journal of Cultural Economics, 2005, 29 (3): 213-231.

[40] Dholakia U. M., Bagozzi R. P., & Pearo L. K. A Social Influence Model of Consumer Participation in Network-and Small-Group-Based Virtual Communities [J]. International Journal of Research in Marketing, 2004, 21 (3): 241-263.

[41] Dillman-Carpentier F. R., Brown J. D., Bertocci M., et al. Sad Kids, Sad Media? Applying Mood Management Theory to Depressed Adolescents' Use of Media [J]. Media Psychology, 2008, 11 (1): 143-166.

[42] Dimaggio P., & Useem M. Social Class and Arts Consumption: The Origins and Consequences of Class Differences in Exposure to the Arts in America [J]. Theory and Society, 1978, 5 (2): 141-161.

[43] Diniz S. C., & Machado A. F. Analysis of the Consumption of Artistic-Cultural Goods and Services in Brazil [J]. Journal of Cultural Economics, 2011, 35 (1): 1-18.

[44] Eagly A. H., & Chaiken S. The Impact of Attitudes on Behavior [A]. Eaglya H., Chaiken S. The Psychology of Attitudes [C]. Harcourt Brace Jovanovich College Publishers, USA, 1993.

[45] Fan J. X., & Abdel-Ghany, M. Patterns of Spending Behavior and the Relative Position in the Income Distribution: Some Empirical Evidence [J]. Journal of Family & Economic Issues, 2005, 25 (2): 163-178.

[46] Faria D. M. C. P. , & Machado A. F. Factors Associated to Art Museum Visitation: The Inhotim Case [J]. Business and Management Review, 2015, 4 (5): 196-207.

[47] Fernández-Blanco V. , Prieto-Rodríguez J. , & Suarez-Pandiello J. A Quantitative Analysis of Reading Habits in Spain [J]. International Journal of Arts Management, 2017, 19 (3): 19-32.

[48] Gallarza M. G. , & Saura I. G. Value Dimensions, Perceived Value, Satisfaction and Loyalty: An Investigation of University Students' Travel Behaviour [J]. Tourism Management, 2006, 27 (3): 437-452.

[49] Gentile C. , Spiller N. , & Noci G. How to Sustain the Customer Experience: An Overview of Experience Components That Co-Create Value with the Customer [J]. European Management Journal, 2007, 25 (5): 395-410.

[50] Grove S. J. , & Fisk R. P. The Impact of Other Customers on Service Experiences: A Critical Incident Examination of "Getting Along" [J]. Journal of Retailing, 1997, 73 (1): 63-85.

[51] Gummesson, E. From One-to-One to Many-to-Many Marketing [A]. Edvardsson B. Proceedings from QUIS 9 [C]. Karlstad, Sweden: Karlstad University, 2004: 1-11.

[52] Gwinner K. P. , Gremler D. D. , & Bitner M. J. Relational Benefits in Services Industries: The Customer's Perspective [J]. Journal of the Academy of Marketing Science, 1998, 26 (2): 101-114.

[53] Hager M. A. , & Winkler, M. K. Motivational and Demographic Factors for Performing Arts Attendance across Place and Form [J]. Nonprofit & Voluntary Sector Quarterly, 2012, 41 (3): 474-496.

[54] Hand C. Do the Arts Make You Happy? A Quantile Regression Approach [J]. Journal of Cultural Economics, 2018, 42 (2): 271-286.

[55] Hargittai E. Open Portals Gates? Channeling Content of the World

Wide Web [J]. Poetics, 2000 (27): 233-253.

[56] Harris K., & Baron S. Consumer-to-Consumer Conversations in Service Settings [J]. Journal of Service Research, 2004, 6 (3): 287-303.

[57] Hart C., Farrell A. M., Stachow G., Reed G., & Cadogan J. W. Enjoyment of the Shopping Experience: Impact on Customers' Repatronage Intentions and Gender Influence [J]. The Service Industries Journal, 2007, 27 (5): 583-604.

[58] Hartline M. D., & Ferrell O. C. The Management of Customer-Contact Service Employees an Empirical Investigation [J]. The Journal of Marketing, 1996, 60 (4): 52-70.

[59] Holbrook M. B. Consumer Value. A Framework for Analysis and Research [M]. London: Routledge, 1999.

[60] Hills, P., & Argyle, M. Positive Moods Derived from Leisure and Their Relationship to Happiness and Personality [J]. Personality & Individual Differences, 1998, 25 (3): 523-535.

[61] Holbrook M. B. Consumption Experience, Customer Value, and Subjective Personal Introspection: An Illustrative Photographic Essay [J]. Journal of Business Research, 2006 (59): 714-725.

[62] Hosany S., & Witham M. Dimensions of Cruisers' Experiences, Satisfaction, and Intention to Recommend [J]. Journal of Travel Research, 2010, 49 (3): 351-364.

[63] Hoyer W. D., Chandy R., Dorotic M., Krafft M., & Singh S. S. Consumer Cocreation in New Product Development [J]. Journal of Service Research, 2010, 13 (3): 283-296.

[64] Hume M., Mort G. S., Liesch P. W., & Winzar H. Understanding Service Experience in Non-Profit Performing Arts: Implications for Operations and Service Management [J]. Journal of Operations Management, 2006, 24 (4): 304-324.

[65] Jamal A., & Naser K. Customer Satisfaction and Retail Banking: An Assessment of Some of the Key Antecedents of Customer Satisfaction in Retail Banking [J]. International Journal of Bank Marketing, 2002, 20 (4): 146-160.

[66] Jing X., Soyeon S., Sherry L., & Almeida D. Ethnic Identity, Socialization Factors, and Culture-Specific Consumption Behavior [J]. Psycholoty & Marketing, 2004, 21 (2): 93-112.

[67] Katz-Germ T. Highbrow Cultural Consumption and Class Distinction in Italy, Israel, West Germany, Sweden, and the United States [J]. Oxford Journal, 2002 (1): 207-229.

[68] Katz-Gerro T. Cultural Consumption and Social Stratification: Leisure Activities, Musical Tastes, and Social Location [J]. Sociological Perspectives, 1999 (5): 55.

[69] Katz-Gerro T., & Sullivan O. Voracious Cultural Consumption the Intertwining of Gender and Social Status [J]. Time and Society, 2010, 19 (2): 193-219.

[70] Kekäläinen, T., Wilska, T. A., & Kokko K. Leisure Consumption and Well-Being among Older Adults: Does Age or Life Situation Matter? [J]. Applied Research in Quality of Life, 2016, 12 (3): 671-691.

[71] Keng C. J., Huang T. L., Zheng L. J., & Hsu M. K. Modeling Service Encounters and Customer Experiential Value in Retailing: An Empirical Investigation of Shopping Mall Customers in Taiwan [J]. International Journal of Service Industry Management, 2007, 18 (4): 349-367.

[72] Kim I., Jeon S. M., & Hyun S. S. The Role of Effective Service Provider Communication Style in the Formation of Restaurant Patrons' Perceived Relational Benefits and Loyalty [J]. Journal of Travel & Tourism Marketing, 2011, 28 (7): 765-786.

[73] Kneafsey M. Rural Calturaleconomy Tourism and Social Relations [J]. UK Annals of Tourism Research, 2001 (3): 762-783.

[74] Kottasz, R. Understanding the Cultural Consumption of a New Wave of Immigrants: The Case of the South Korean Community in South West London [J]. International Journal of Nonprofit & Voluntary Sector Marketing, 2015, 20 (2): 100-121.

[75] Kraaykamp G., Notten N., & Bekhuis H. Highbrow Cultural Participation of Turks and Moroccans in the Netherlands: Testing an Identification and Social Network Explanation [J]. Cultural Trends, 2015 (6): 1-13.

[76] Kuksov D., & Villas-Boas J. M. When More Alternatives Lead to Less Choice [J]. Marketing Science, 2010, 29 (3): 507-524.

[77] Langeard E., Bateson J. E. G., et al. Marketing of Services: New Insights from Consumers and Managers [M]. Marketing Science Institute, Cambridge, MA, 1981.

[78] Lazzaro, E., & Frateschi C. Couples' Arts Participation: Assessing Individual and Joint Time Use [J]. Journal of Cultural Economics, 2017, 41 (1): 47-69.

[79] Lee J. K., Han K. H., & Kim J. G. A Comparative Study on the Motivation & Behavioral Intentions according to Visit Experience of Tourism-Comparison between First-time Visitors and Repeat Visitors [J]. Korean Journal of Tourism Research, 2014, 28 (3): 269-289.

[80] Lemke F., Clark M., & Wilson H. Customer Experience Quality: An Exploration in Business and Consumer Contexts Using Repertory Grid Technique [J]. Journal of the Academy of Marketing Science, 2011, 39 (6): 846-869.

[81] Lewis G. H. Rats and Bunnies: Core Kids in an American Mall [J]. Adolescence, 1989, 24 (Winter): 881-889.

[82] Li M., Choi T. Y., Rabinovich E., & Crawford A. Self-Service

Operations at Retail Stores: The Role of Inter-Customer Interactions [J]. Production and Operations Management, 2013, 22 (4): 888-914.

[83] Mackenzie S. B., Podsakoff P. M., & Podsakoff N. P. Construct Measurement and Validation Procedures in Mis and Behavioral Research: Integrating New and Existing Techniques [J]. MIS Quarterly, 2011, 35 (2): 293-334.

[84] Loon R. V., & Rouwenda J. Travel Purpose and Expenditure Patterns in City Tourism: Evidence from the Amsterdam Metropolitan Area [J]. Journal of Cultural Economics, 2017, 41 (2): 109-127.

[85] Martin C. L. Consumer-to-Consumer Relationships: Satisfaction with Other Consumers' Public Behavior [J]. The Journal of Consumer Affairs, 1996, 30 (1): 146-169.

[86] Martin C. L., & Pranter C. A. Compatibility Management: Customer-to-Customer Relationships in Service Environments [J]. Journal of Services Marketing, 1989, 3 (3): 5-15.

[87] Mathwick C., Malhotrab N., & Rigdonc E. Experiential Value: Conceptualization, Measurement and Application in the Catalog and Internet Shopping Environment [J]. Journal of Retailing, 2001, 77 (1): 39-56.

[88] Maurice, R. The Stange Life of Objects [M]. New York: Atheneum, 1961: 212.

[89] McGrath M. A., & Otnes C. Unacquainted Influencers: When Strangers Interact in the Retail Setting [J]. Journal of Business Research, 1995, 32 (3): 261-272.

[90] Meyer C., & Schwager A. Understanding Customer Experience [J]. Harvard Business Review, 2007, 85 (2): 117-126.

[91] Miquel-Romero M. J., & Montoro-Pons J. D. Consumption Habits, Perception and Positioning of Content-access Devices in Recorded Music [J]. International Journal of Arts Management, 2017, 19 (3): 4-18.

[92] Mogilner C., et al. The Mere Categorization Effect: How the Presence of Categories Increases Choosers' Perceptions of Assortment Variety and Outcome Satisfaction [J]. Journal of Consumer Research, 2008, 35 (8): 202-215.

[93] Moore R., Moore M. L., & Capella M. The Impact of Customer-to-Customer Interactions in a High Personal Contact Service Setting [J]. Journal of Services Marketing, 2005, 19 (7): 482 - 491.

[94] Muniz A. M., & O' Guinn T. C. Brand Community [J]. Journal of Consumer Research, 2001, 27 (4): 412-432.

[95] Newberry C. R., Bruce R. K., & Christo B. Managerial Implications of Predicting Purchase Behavior from Purchase Intentions: A Retail Patronage Case Study [J]. Journal of Services Marketing, 2003, 16 (6-7): 609-618.

[96] Nicholls R. New Directions for Customer-to-Customer Interaction Research [J]. Journal of Services Marketing, 2010, 24 (1): 87-97.

[97] Oh H., Fiore A. M., & Jeoung M. Measuring Experience Economy Concepts: Tourism Applications [J]. Journal of Travel Research, 2007, 46 (2): 119-132.

[98] Oldenburg R. The Great Good Place: Cafaes, Coffee Shops, Bookstores, Bars, Hair Salons, and Other Hangouts at the Heart of a Community [M]. New York: Marlowe, 1999.

[99] Park C. W., & Lessig V. P. Students and Housewives: Differences in Susceptibility to Reference Group Influence [J]. Journal of Consumer Research, 1977, 4 (2): 102-110.

[100] Peterson, R. A., & Simkus, A. How Musical Tastes Mark Occupational Status Groups [A]//Lamont, M. and Fournier, M. (eds.) Cultivating Differences [C]. University of Chicago Press, Chicago, 1992: 152-186.

[101] Pine B. J. , & Gilmore J. H. Welcome to the Experience Economy [J]. Harvard Business Review, 1998, 76 (7/8): 97-105.

[102] Podsakoff P. M. , MacKenzie S. B. , Lee J. Y. , Podsakoff N. P. Common Method Biases in Behavioral Research: A Critical Review of the Literature and Recommended Remedies [J]. Journal of Applied Psychology, 2003, 88 (5): 879-903.

[103] Prendergast G. P. , Tsang A. S. L. , & Chan C. N. W. The Interactive Influence of Country of Origin of Brand and Product Involvement on Purchase Intention [J]. Journal of Consumer Marketing, 2010, 27 (2): 180-188.

[104] Pullman M. E. , & Gross M. A. Ability of Experience Design Elements to Elicit Emotions and Loyalty Behaviors [J]. Decision Sciences, 2004, 35 (3): 551-578.

[105] Rheims M. The Strange Life of Objects [M]. New York: Atheneum, 1961.

[106] Richards G. Production and Consumption of European Cultural-Tourism [J]. Annals of Tourism Research, 1996, 23 (2): 261-283.

[107] Rosenbaum M. S. Exploring the Social Supportive Role of Third Places in Consumers' Lives [J]. Journal of Service Research, 2006, 9 (1): 59-72.

[108] Rosenbaum M. S. , & Massiah, C. An Expanded Servicescape Perspective [J]. Journal of Service Management, 2011, 22 (4): 471-490.

[109] Schmitt B. Experiential Marketing [J]. Journal of Marketing Management, 1999, 15 (1-3): 53-67.

[110] Schouten J. W. , McAlexander, J. H. , & Koenig, H. F. Transcendent Customer Experience and Brand Community [J]. Journal of the Academy of Marketing Science, 2007, 35 (3): 357-368.

[111] Sheth, J. N. Buyer-Seller Interaction: A Conceptual Framework [J]. Advances in Consumer Research, 1976, 3 (1): 382-386.

[112] Sintas J. L., & Alvarez E. G. The Consumption of Cultural Products: An Analysis of the Spanish Social Space [J]. Journal of Cultural Economics, 2002, 26 (2): 115-138.

[113] Situmeang F. B. I., Leenders M. A. A. M., & Wijnberg N. M. The Good, the Bad and the Variable: How Evaluations of Past Editions Influence the Success of Sequels [J]. European Journal of Marketing, 2014, 48 (7-8): 1466-1486.

[114] Siu N. Y. M., Zhang T. J. F., Ho C. K. Y., et al., Cultural Consumption and Consumer Wellbeing: Implications from the Self-Determinationtheory [A] //Service Fifth International Conference on Service Science and Innovation [C]. IEEE: 2013.

[115] Siu, Y. M., Kwan, H. Y., Zhang, J. F., & Ho, K. Y. Arts Consumption, Customer Satisfaction and Personal Well-being: A Study of Performing Arts in Hong Kong [J]. Journal of International Consumer Marketing, 2016, 28 (2): 77-91.

[116] Snowball J. D., Jamal M., & Wills K. G. Cultural Consumption Patterns in South Africa: An Investigation of the Theory of Cultural Omnivores [J]. Social Indicators Research, 2010, 97 (3): 467-483.

[117] Spitz A., & Horvát E. Measuring Long-Term Impact Based on Network Centrality: Unraveling Cinematic Citations [J]. Plos One, 2014, 9 (10): 1-12.

[118] Steiger J. H. Structure Model Evaluation and Modification: An Interval Estimation Approach [J]. Multivariate Behavioral Research, 1990, 25 (2): 173-180.

[119] Sweeney J. C., & Soutar G. N. Consumer Perceived Value: The Development of a Multiple Item Scale [J]. Journal of Retailing, 2001, 77

(2): 203-220.

[120] Tamir M., & Robinson M. D. The Happy Spotlight: Positive Mood and Selective Attention to Rewarding Information [J]. Personality and Social Psychology Bulletin, 2007 (33): 1124-1136.

[121] To P. L., Liao C., & Lin T. H. Shoping Motivation on Internet: A Study Based on Utilitarian and Hedonic Value [J]. Technovation, 2007, 27 (12): 774-787.

[122] Tobin, J. Estimation of Relationships for Limited Dependent Variables [J]. Econometrica, 1958, 26 (1): 24-36.

[123] Turner B. S., & Edmunds J. The Distaste of Taste Bourdieu, Cultural Capital and the Australian Postwar Elite [J]. Journal of Consumer Culture, 2016, 2 (2): 219-239.

[124] Urrutiaguer, D. Programming Strategies and Demand in the Performing Arts: The Case of the Forum in Le Blanc-Mesnil, France, International Journal of Arts Management, 2014, 17 (1): 31-42.

[125] Van Hek M., & Kraaykamp G. Cultural Consumption across Countries: A Multi-Level Analysis of Social Inequality in Highbrow Culture in Europe [J]. Poetics, 2013 (4): 323-341.

[126] Verhoef P. C., Lemon, K. N., Parasuraman, A., Roggeveen, A., Tsiros, M., & Schlesinger, L. A. Customer Experience Creation: Determinants, Dynamics and Management Strategies [J]. Journal of Retailing, 2009, 85 (1): 31-41.

[127] Wakefield K. L., & Blodgett J. G. Customer Response to Intangible and Tangible Service Factors [J]. Psychology & Marketing, 1999, 16 (1): 51-68.

[128] Watson D., Wiese D., Vaidya J., & Tellegen A. The Two General Activation Systems of Affect: Structural Findings, Evolutionary Considerations, and Psychobiological Evidence [J]. Journal of Personality and

Social Psychology, 1999 (76): 820-838.

[129] Weiss R. S. Loneliness [M]. Cambridge, MA: MIT Press, 1973.

[130] Whang H., Yong S., & Ko E. Pop Culture, Destination Images, and Visit Intentions: Theory and Research on Travel Motivations of Chinese and Russian Tourists [J]. Journal of Business Research, 2015 (2): 1517-1523.

[131] Wheatley D., & Bickerton C. Subjective Well-being and Engagement in Arts, Culture and Sport [J]. Journal of Cultural Economics, 2016 (41): 1-23.

[132] Williams K. C., & Spiro R. L. Communication Style in the Salesperson-Customer Dyad [J]. Journal of Marketing Research, 1985, 22 (4): 434-442.

[133] Woodruff R. B. Customer Value: The Next Source for Competitive Advantage [J]. Journal of the Academy of Marketing Science, 1997, 25 (2): 139-153.

[134] Wu C. H., & Liang R. D. Effect of Experiential Value on Customer Satisfaction with Service Encounters in Luxury-Hotel Restaurants [J]. International Journal of Hospitality Management, 2009, 28 (4): 586-593.

[135] Yoo J. J., Arnold T. J., & Frankwick G. L. Effects of Positive Customer-to-Customer Service Interaction [J]. Journal of Business Research, 2012 (65): 1313-1320.

[136] Zhang J., Beatty S. E., & Mothersbaugh D. A Cit Investigation of Other Customers' Influence in Services [J]. Journal of Services Marketing, 2010, 24 (5): 389-399.

[137] Zomerdijk L. G., & Voss C. A. Service Design for Experience-Centric Services [J]. Journal of Service Research, 2010, 13 (1): 67-82.

[138] 白国庆. 提升"文化消费"要"对症下药"[N]. 光明日

报，2014-02-20（014）.

［139］陈广，顾江，水心勇．农村地区人口结构对居民文化消费的影响研究——基于省际面板数据的实证研究[J].农村经济，2016（1）：75-80.

［140］陈海波，朱华丽．居民文化消费满意度影响因素分析[J].统计与决策，2014（14）：104-107.

［141］陈强．高级计量经济学及Stata应用［M］.北京：高等教育出版社，2014.

［142］冯英健．网络营销基础与实践（第五版）［M］.北京：清华大学出版社，2016.

［143］傅才武，曹余阳．中英政府有关促进文化消费政策的比较研究——以英国“青年苏格兰卡”与中国“武昌文化消费试点”为中心[J].江汉论坛，2017（10）：34-43.

［144］甘宇，赵驹，宋海雨．农民工文化消费的影响因素：来自1046个样本的证据[J].消费经济，2015，31（1）：52-55.

［145］高莉莉，顾江．能力、习惯与城镇居民文化消费支出[J].软科学，2014，28（12）：23-26.

［146］高莉莉，赵岳峻．我国文化消费水平评价及提升对策[J].文化产业研究，2015（1）：75-89.

［147］郭鹏，李兵，梁辉煌．文化产品消费者购买行为影响的实证研究——以湖南文化产品品牌为例[J].湖南社会科学，2014（5）：153-156.

［148］郭熙保，储晓腾，王艺．文化消费指标体系的设计与比较——基于时间利用的新视角[J].消费经济，2015，31（6）：44-50.

［149］毛丰付，毛中根．中国文化消费的主体性构建及时代价值[N].光明日报，2016-08-11（016）.

［150］何昀，谢迟，毛中根．文化消费质量：内涵刻画、描述性评价与现状测度[J].财经理论与实践（双月刊），2016，37（203）：115-

120.

[151] 贺和平，刘雁妮，周志民．体验营销研究前沿评介[J]. 外国经济与管理，2010，32（8）：42-51.

[152] 洪涛，毛中根．文化消费的结构性与层次性：一个提升路径[J]. 改革，2016（1）：105-112.

[153] 胡功胜．优化消费结构　扩大文化消费[N]. 合肥日报，2015-09-24（A05）.

[154] 胡小莉，张宜春．我国城镇居民文化消费行为特征及区域差异研究[J]. 消费经济，2015，31（5）：35-40.

[155] 胡雅蓓，张为付．基于供给、流通与需求的文化消费研究[J]. 南京社会科学，2014（8）：40-46.

[156] 胡忠良，齐培潇．中国文化消费研究评述[J]. 贵州社会科学，2014，298（10）：149-151.

[157] 冀福俊．引导和扩大我国文化消费的对策研究——以山西省为例[J]. 消费经济，2013，29（6）：59-62.

[158] 江林．2013 中国文化消费指数［R］. 文化中国：中国文化产业指数发布会，2013-11-09.

[159] 江林，马椿荣．我国最终消费率偏低的心理成因实证分析[J]. 中国流通经济，2009，23（3）：57-60.

[160] 姜宁，赵邦茗．文化消费的影响因素研究——以长三角地区为例[J]. 南京大学学报（哲学人文社会科学版），2015（5）：27-35.

[161] 蒋婷，张峰．游客间互动对再惠顾意愿的影响研究[J]. 旅游学刊，2013，28（7）：90-100.

[162] 焦元溥．中国的文艺演出票价世界最贵[EB/OL]. 中华网文化频道，http://culture.china.com/art/music/11170653/20160415/22437919.html，2016-04-15.

[163] 金元浦．文化消费滞长考：习惯上没把文化当消费品[N]. 中国经济导报，2014-02-15.

［164］靳代平，王新新，姚鹏．品牌粉丝因何而狂热？——基于内部人视角的扎根研究[J]. 管理世界，2016（9）：102-119.

［165］昝胜锋．区域中心城市文化消费比较研究[J]. 文化产业研究，2016（12）：98-110.

［166］黎建新，刘薇，刘洪深，何昊．共享服务中的“其他顾客”如何促进顾客的服务体验？基于人际吸引理论的实证研究[J]. 营销科学学报，2015，11（3）：71-86.

［167］李惠芬，付启元．城市文化消费比较研究[J]. 南京社会科学，2013（4）：143-149.

［168］李建．唱好文化消费重头戏[N]. 中国消费者报，2016-04-11（003）.

［169］李蕊．中国居民文化消费：地区差距、结构性差异及其改进[J]. 财贸经济，2013（7）：95-104.

［170］李蕊．中国城镇居民文化消费：现状、趋势与政策建议[J]. 消费经济，2014，30（6）：32-38.

［171］李涛．供给经济学视角下文化消费问题论要[N]. 光明日报，2014-01-20.

［172］李志，李雪峰．中国城镇居民文化消费的影响因素——以中国4011个城镇家庭为例[J]. 城市问题，2016（7）：87-94.

［173］李志兰．消费者间互动风格与体验价值创造［M］. 北京：经济管理出版社，2015.

［174］李志兰．消费者间互动研究综述与展望[J]. 外国经济与管理，2015，37（12）：73-85.

［175］李志兰，江林．家庭生命周期对我国居民消费意愿的影响研究[J]. 上海经济研究，2014（2）：126-132.

［176］李忠飞，朱晓杰．基于JJ检验的河南农村文化消费时间序列模型分析[J]. 消费经济，2013，29（2）：65-68.

［177］刘海军．对市场需求与人口、购买力水平、购买意愿三者之

间关系的分析[J]. 山西统计，2002（6）：32-35.

[178] 刘惠军，高磊. 趋近和回避动机的区分及其对心理病理学的影响[J]. 心理科学进展，2012，20（11）：1803-1811.

[179] 刘坤. 文化消费“喜”与“忧”——2016年上半年我国文化消费市场大观[N]. 光明日报，2016-08-18（014）.

[180] 刘敏. 居民文化消费意愿和行为影响因素实证研究——基于北京市1500个样本调查数据[J]. 消费经济，2014，30（5）：40-47.

[181] 刘全，张勇. 西部地区居民文化消费分析[J]. 调研世界，2016（1）：45-48.

[182] 刘毅. 居民文化消费潜力待激发[N]. 中国社会科学报，2014-04-09.

[183] 刘玉珠. 发展文化产业需扩大文化消费[N]. 经济日报，2014-09-18.

[184] 刘智勇，刘裕. 城乡文化消费现状、问题及变化趋势分析——基于四川的调查[J]. 理论与改革，2016（6）：155-160.

[185] 刘稚亚. 互联网在文化消费中扮演的角色[J]. 经济地理，2016（1）：109-111.

[186] 鲁虹，李晓庆. 上海市城镇居民文化消费影响因素实证研究[J]. 消费经济，2013，29（6）：55-58.

[187] 马晓京. 原真性与非洲旅游艺术商的文化中介之术[J]. 中南民族大学学报（人文社会科学版），2012，32（3）：42-46.

[188] 毛中根，孙豪. 中国居民文化消费增长阶段性分析——兼论文化消费“国际经验”的不适用[J]. 财经科学，2016（1）：111-120.

[189] 毛中根，杨丽姣. 文化消费增长的国际经验及中国的政策取向[J]. 经济与管理研究，2017，38（1）：84-91.

[190] 毛中根，叶胥. 经济新常态与中国文化消费提升：一致性、新挑战及政策建议[J]. 哈尔滨工业大学学报（社会科学版），2016，18（6）：118-124.

［191］聂正彦，苗红川．我国城镇居民文化消费影响因素及其区域差异研究[J]．西北师范大学学报（社会科学版），2014，51（5）：139-144.

［192］潘勇．公众文化消费现状及需求调查报告——以河南为例[J]．调研世界，2014（3）：28-30.

［193］祁述裕．扩大文化消费要避免走入误区[N]．光明日报，2016-07-21（014）.

［194］沈蔚．数字阅读研究：从文化消费到意义生产［D］．武汉大学博士学位论文，2013.

［195］宋小卫．学会解读大众传媒——国外媒介素养教育概述（上）［J］．当代传播，2000（2）：61-63.

［196］宋则，李伟．提升我国消费层次的新思路[J]．经济与管理研究，2000（5）：21-26.

［197］王红，孙敏，李亚林．文化产品消费满意度影响因素研究——以湖北省为例[J]．品牌研究，2016（5）：73-80.

［198］王俊杰．基于面板数据的河南农村文化消费地区差异研究[J]．经济地理，2012（1）：37-40.

［199］王琪延，徐玲．城市文化竞争力提升的障碍何在[N]．中国社会科学报，2014-09-03（B06）.

［200］王爽．互联网与文化生产、推广和消费研究［D］．济南：山东大学博士学位论文，2016.

［201］王宋涛．收入分配对中国居民文化消费的影响研究[J]．广东财经大学学报，2014（2）：21-27.

［202］王亚南，方彧．全国各地农村文化消费影响因素比较[J]．广义虚拟经济研究，2010，1（3）：79-90.

［203］王玉霞．大连扩大文化消费长效机制和路径选择研究[J]．环渤海经济瞭望，2016（3）：52-55.

［204］文启湘．在（中国）消费经济学首届年会暨第十八次全国

消费经济理论与实践研讨会上的发言［R］//刘铭．新常态下的消费人潮将呼啸而至［N］．中国消费者报，2015-11-23（02）．

［205］温忠麟，刘红云，侯杰泰．调节效应和中介效应分析［M］．北京：教育科学出版社，2012．

［206］吴金艳．推动文化消费转型升级［N］．广西日报，2016-04-12．

［207］向明．中国农村居民文化消费研究［J］．农业技术经济，2015（7）：121-128．

［208］徐雪高，张振．我国城乡居民文化消费的特征及趋势［J］．经济纵横，2014（10）：35-38．

［209］薛海波．品牌社群的组织界定与形成机理研究［J］．外国经济与管理，2011，33（10）：33-41．

［210］薛海波．品牌社群作用机理理论研究和模型构建［J］．外国经济与管理，2012，34（2）：50-57．

［211］杨晓光．关于文化消费的理论探讨［J］．山东社会科学，2006（3）：156-159．

［212］姚琦，符国群．中国城镇家庭发展类文化消费决策行为的影响因素模型——基于扎根理论的探索性研究［J］．珞珈管理评论，2017，14（2）：88-102．

［213］占绍文，杜晓芬．农民工文化消费现状调查［J］．城市问题，2014（5）：68-73．

［214］张国．文化产业中介组织研究综述［J］．经济论坛，2015（12）：92-95．

［215］张理想．文化消费如何搭上“网络快车”？［N］．安徽日报，2016-12-16（005）．

［216］张梁梁，林章悦．我国居民文化消费影响因素研究——兼论文化消费的时空滞后性［J］．经济问题探索，2016（8）：56-64．

［217］张守营．北京文化消费全国居首　缺口仍超千亿［N］．中国经济导报，2016-06-04（B03）．

[218] 张苏秋，顾江．居民教育支出对文化消费溢出效应研究——基于全国面板数据的门限回归[J].上海经济研究，2015（9）：70-76.

[219] 赵吉林，桂河清．中国家庭文化消费影响因素分析：来自CHFS的证据[J].消费经济，2014，30（6）：25-31.

[220] 周俊生．扩大文化消费试点需要出台更具体政策[EB/OL].光明网，http：//wenyi.gmw.cn/2016-05/05/content_19954596.htm，2016-05-05.

[221] 朱静雯，孙庆庆．关于我国文化中介机构的思考[J].出版科学，2014（3）：16-18.

后　记

本书是国家自然科学基金青年项目“社会化媒体环境下品牌爱恋的生成：顾客间互动模式及其作用机理研究”（71602048）和国家社会科学基金青年项目“基于渠道变革、时空质均衡发展的零售业竞争力提升研究”（16CYJ060）的主要研究成果，其顺利出版也是我学术生涯中的一个重要节点。从构思到完稿，其间伴随着无数个不眠之夜。

近年来，我一直非常关注从微观消费心理视角探析中国的文化消费问题。文化消费不仅是实现人们精神富足、文化自信和生活幸福的主要手段，对文化产业的健康成长及经济增长也具有重要的促进作用。可以说，促进文化消费繁荣发展已成为新时代人民幸福和中华民族复兴的必然要求。

本书强调个体心理感知的微观视角，因为文化消费与人们的消费生活紧密相关，只有从文化生活细节着手，密切关注消费者自身的心理与感知因素，才能真正解锁文化消费行为“暗箱”。本书尝试揭示中国河南背景下文化消费意愿的内在影响机制，构建了文化体验接触、消费价值感知对消费意愿影响的理论模型，系统分析了文化消费体验接触因素、消费价值感知、参照群体影响、个体资源约束及个体人口特征等诸多因素对文化消费意愿的影响关系，以及不同人口结构的居民在文化消费方面的差异化表现和消费偏好特征，详细阐释了以个体体验感知为中心的多主体协同提升文化消费意愿的理论机制和框架，并就如何提升居民文化消费意愿给出了具体的建议和对策。

本书的有幸问世，得益于很多人的帮助。首先要感谢中国人民大学商学院的江林教授。江林教授一直关注中国文化消费问题的研究，她的渊博学识、深刻见解以及对我的言传身教，对于本书的成稿至关重要；还要感谢河南财经政法大学的牛全保教授和南开大学商学院的李东进教授，他们对书稿内容提出了许多中肯的建议，为本研究的顺利进行提供了助力；最后，我还要感谢经济管理出版社的杨雪编辑，有了她的认真、耐心、细心和全力付出，才让本书得以顺利面世。

李志兰

2018 年 8 月